kailash

DOROTHEE RÖHRIG

Die 5 magischen Momente des Lebens

Wie wir die Chancen ergreifen, die uns das Schicksal schenkt

kailash

FSC
www.fsc.org
MIX
Papier aus verantwortungsvollen Quellen
FSC® C014496

Verlagsgruppe Random House FSC® N001967

1. Auflage
Originalausgabe

in der Verlagsgruppe Random House GmbH
Neumarkter Str. 28, 81673 München
Lektorat: Anne Nordmann
Umschlaggestaltung: ki 36 Editorial Design, München, Daniela Hofner
Umschlagmotiv: iStockphoto/Anastasila Streichenko
Satz: Satzwerk Huber, Germering
Druck und Bindung: GGP Media GmbH, Pößneck
Printed in Germany
ISBN 978-3-424-63113-5
www.kailash-verlag.de

Meiner Mutter. Meiner Tochter. Meinem Mann.
Für festen Stand und Rückenwind.

Inhalt

Vorwort

Sie kennen das bestimmt auch – dieses Gefühl, wie auf der Autobahn durchs Leben zu rasen, den Blick stur auf das nächste Etappenziel gerichtet. Und dabei fast alles auszublenden, was darüber hinaus noch lebens- und liebenswürdig sein könnte.

Bei mir war das so. Woher ich komme, hatte ich längst vergessen. Wohin ich wollte, wusste ich auch nicht so richtig. Hauptsache, das Tempo war hoch, die Spur sicher und der Tank voll. Doch in den kurzen Pausen, die zum Nachtanken nötig waren, etwa bei Spaziergängen und Gesprächen, wurde mein Gefühl immer deutlicher: Ich verpasse mich! Ich muss dieses Grundrauschen in meinem Leben stoppen. Und erst neu durchstarten, wenn ich mich besonnen habe: Auf welcher Strecke bin ich eigentlich? Welche Abzweigungen habe ich genommen? Warum diesen Weg und nicht den anderen?

Ich empfand plötzlich das Bedürfnis, mir die verschiedenen Stationen, die Haltestellen und Wendepunkte meines Lebens bewusst zu machen. Die Momente, in denen sich entschieden hat, wer ich heute bin. Mich wieder zu öffnen für Neues, für die Lebendigkeit, die irgendwo in mir vergraben liegt. Und der Vielfalt des Lebens eine Chance zu geben.

Das brachte mich zu der Frage: Was geht eigentlich in mir vor, wenn ich so etwas spüre wie Jetzt! Oder: Das war's! Oder: Dieser Satz, dieser Gedanke, dieser Hinweis verändert alles? Wenn sich in Sekunden mein Leben dreht? Was genau passiert in solchen entscheidenden Momenten?

Ich nenne sie magische Momente, weil sie für einen kurzen Augenblick die Routine stoppen, diesen Tunnelblick auf der Lebensautobahn, und aus dem Alltäglichen herausführen. Weil sie einen Impuls auslösen, der einen Richtungswechsel möglich macht. Ohne Scheu oder bequeme Ausreden nehmen wir dann plötzlich einen Weg, von dem wir nicht mit Sicherheit sagen können, wohin er führt. Voller Vertrauen, denn in einem magischen Moment sind wir ganz bei uns. In uns selbst verankert. Wir lassen uns nicht von Zweifeln beherrschen, sondern vom Leben berühren. Von der Fülle seiner Möglichkeiten. Von einer Intensität des Erlebens, nach der wir uns heimlich sehnen. Magische Momente sind für mich wie Aussichtspunkte auf der Lebensstrecke. Wie im Touristenführer würde ich sie mit einem Stern markieren. Da muss man hin, um mehr zu sehen, mehr zu erleben, mehr zu begreifen als sonst.

Magische Momente können laut daherkommen oder leise, sie können fast unsichtbar nach außen stattfinden oder sich nahezu dramatisch äußern. Die Form ist nicht entscheidend. Auch nicht, wie viele Ihnen, liebe Leserinnen und Leser, bereits begegnet sind oder noch begegnen werden. Es mag einer sein oder viele mehr. Ich selbst habe für mein Leben fünf besondere Momente ausgemacht. Vielleicht werden es schon bald mehr. Entscheidend ist, dass jeder von uns solche Augenblicke erlebt hat und erleben kann. Hier und jetzt. In jeder Sekunde. In jedem Moment. Überall finden sich Impulse, denen nur wir selbst eine Bedeutung geben können. Allerdings: Erstmal müssen wir sie überhaupt bemerken. Danach fühlt sich das Leben größer an und erfüllter. Ich habe es selbst so erlebt.

Den magischen Momenten auf die Spur zu kommen, ist Anliegen dieses Buches. Dafür habe ich mich durchgefragt, wie es meinem Beruf als Journalistin entspricht. Bei Fachleuten, von denen ich weit mehr erfahren konnte, als ich jemals geahnt hatte. Experten aus Neurowissenschaft, Theologie, Philosophie, Psychologie, aus der Biografieforschung, der Medizin oder aus dem

Zen verdanke ich wunderbare Gespräche. Und Erkenntnisse, die mir ebenso überraschend wie verständlich und nachvollziehbar erscheinen.

Für das Buch durfte ich weiterhin mit mir nahestehenden Menschen sprechen, die mir ihre besonderen Momente anvertraut oder selbst aufgeschrieben haben. Manche sind in der Öffentlichkeit bekannt, manche nicht. Jedem Einzelnen bin ich dafür dankbar. Mir selbst ist die Suche nach meinen magischen Momenten nicht immer leichtgefallen, aber sie war ein Abenteuer, bei dem ich mich besser kennengelernt habe und das ich nie mehr missen möchte.

Aus vielen Zuschriften, Leserinnenabenden und Gesprächen in meiner Zeit als Chefredakteurin weiß ich, dass die meisten Frauen – und, warum auch nicht, Männer – das Bedürfnis haben, für sich herauszufinden, wo sie im Leben stehen und wie sie dahin gekommen sind. Weil sie ihre Zukunft bewusster und gezielter gestalten wollen als bisher. Dazu ist es wichtig, all die größeren und kleineren Erfahrungen nicht nur in Windeseile vorbeiziehen und geschehen zu lassen, sondern intensiver wahrzunehmen und aktiv daran teilzuhaben. Wir erleben jede Menge Krisen, aber keine magischen Momente. Unser Leben, das auf Effizienz ausgerichtet ist und unter Erfolgsdruck steht, braucht ein Gegengewicht, bildlich gesprochen den Parkplatz an der Autobahn. Wer anhält, findet wieder Kontakt mit sich selbst.

Mein wichtigstes Anliegen ist, Sie auf meiner spannenden Reise zu den magischen Momenten mitzunehmen. Werden Sie beim Lesen zur Sammlerin, zum Sammler Ihrer eigenen, ganz besonderen Augenblicke. Nehmen Sie Inspirationen auf – und vor allem mit! Plankton sammeln, nannte das eine wunderbare Kollegin früher. Fangen Sie den leuchtenden Nährstoff Ihres Lebens ein!

Ich möchte Sie von dem Thema so begeistern, wie ich selbst beim Schreiben begeistert war. Sie anregen, Ihre eigenen Momente zu entdecken und Erfahrungen, die Sie gemacht haben, vielleicht neu zu bewerten. Sie können ab sofort Einfluss nehmen – auf Ihr Denken, Ihr Spüren, Ihre Aufmerksamkeit. Und sich so für den magischen Moment vorbereiten. Durch eine unvoreingenommene, positive Grundhaltung. Den Anfängergeist, wie die Buddhisten es nennen. Entdecken Sie Ihre eigene Lebendigkeit. Öffnen Sie sich der Fülle Ihres reichhaltigen Lebens. Haben Sie den Mut, glücklich zu sein. Im besten Fall wird das Lesen dieses Buches für den einen oder anderen von Ihnen ein magischer Moment.

Dorothee Röhrig,
Spiekeroog im April 2016

Der magische Moment

Um es gleich vorwegzusagen: Ich habe mein Leben auf dem Boden der Realität verbracht, bis heute. Dieser Boden hat mich immer gut getragen.

Trotzdem gibt es Momente, in denen mich eine emotionale Intensität erfasst, für die ich keine Erklärung habe. Wo mir der Verstand nicht weiterhilft. In denen ich deutlich tiefer berührt bin als sonst, ohne zu wissen, warum. Ein überraschendes Gefühl von Lebendigkeit breitet sich in solchen Augenblicken in mir aus und der spontane Gedanke: Das ist jetzt nicht von dieser Welt. Der magische Moment hat also unmittelbar mit mir zu tun, mit meinem Erleben. Ich gebe ihm seine Bedeutung.

Solche Momente kann ich bei einem Spaziergang in der Natur erleben, wenn ich eine besonders schöne Stimmung aufnehme. Sie zwingt mich zum Stehenbleiben, während meine Begleiter scheinbar unbeeindruckt weitergehen. Es kann auch eine Begegnung sein, eine erstaunliche Vertrautheit mit jemandem, die mehr ist als bloße Sympathie. Ich spüre, dass ich etwas mit einem fast fremden Menschen teile, ohne Worte für dieses Etwas zu finden. Ich weiß nur, dass es so ist. Sogar kleinste Impulse, ein Satz, ein kaum sichtbarer Hinweis, eine blitzartige Erkenntnis, können solche einzigartigen Augenblicke auslösen.

Wenn ich von magischen Momenten schreibe, meine ich genau solche Momente, allerdings mit noch einer zusätzlichen, besonderen Qualität: Sie markieren einen Wendepunkt im Leben. Eine sekundenkurze Begebenheit, die eine unerwartete Entwicklung in Gang setzt. Es geht um Veränderung, die groß sein kann oder klein, nach außen sichtbar oder leise im Inneren. Wie auch immer, die magischen Momente, die ich beleuchten möchte, geben dem Leben in jedem Fall eine neue Richtung.

Das Wort magisch verwende ich, wenn ich einen Zauber empfinde, eine Kraft, die mich aus dem Alltäglichen herausführt. Wenn ich etwas nicht erklären kann. Ich glaube, viele tun das. Ich fühlte mich wie magisch angezogen, sagen wir am Anfang einer Liebesbeziehung. Unglaublich, nicht zu fassen, irgendwie magisch! umschreiben wir die Situationen im Leben, in denen das Geheimnis größer ist als unser Verstand.

Magische Momente haben viel mit unserer Intuition zu tun. Unseren Träumen und Ahnungen. Manche sagen, mit dem siebten Sinn, also mit unserem Unbewussten.

Sie treffen uns ungeplant, für eine Sekunde, eine Minute, oder länger.

Es sind Momente, in denen wir hellwach sind und von großer Offenheit. Wir stehen mit uns selbst und mit unserer Umgebung in einem stärkeren Kontakt als sonst. Wir staunen. Und werden unter Umständen still. Empfinden uns dabei aber als quicklebendig, spüren Verbundenheit und fühlen uns eins mit der Welt. Wir sind maximal beteiligt an allem, was außen oder innen passiert. Für Buddhisten bedeutet dieser Zustand: Präsenz.

»Magische Momente sind Augenblicke tiefer Berührung, in denen das Leben auf eine Weise zu leuchten beginnt, die wir vorher nicht kannten. Und oft haben sie einen hohen persönlichen Erkenntniswert«, sagt die Philosophin Natalie Knapp, mit der ich für dieses Buch ausführlich sprechen konnte. Die Vorstellung, dass das Leben in diesen Momenten aufleuchtet, gefällt mir gut. Ich stelle mir, zugegeben fast kindlich, gelbe Sonnenstrahlen vor, die punktuell auf mein Leben leuchten, das sich unter ihnen ausbreitet. Solche hellen Strahlen sind das Gegenteil von Grau, so, wie uns der Alltag manchmal vorkommt.

In magischen Momenten verbirgt sich der Zauber des Lebens. Er hält sich jeden Tag bereit, nur nehmen wir ihn viel zu selten wahr. Weil uns Routine am Wickel und Druck im Griff hat. Weil wir zu gern auf der vertrauten Spur und möglichst ohne Risiko weiter wollen. Weil eingefahrene Denkmuster und Ängste unsere Offenheit für Neues, Unerwartetes blockieren. So verpassen wir das Leben mit seinen vielen Möglichkeiten, die uns ein magischer Moment schenken kann. Übrigens auch das Glücksgefühl, die Zufriedenheit, die mit ihm verbunden sind.

Magische Momente, so behaupte ich, erlebt jeder. Mehr oder weniger bewusst. Nur lassen wir ihnen oft keine Chance, sich zu entfalten. Deshalb versuche ich in diesem Buch, Sie, liebe Leser, anzuregen, Ihren besonderen Momenten auf die Spur zu kommen. Aus der Gedächtnisforschung ist bekannt, dass wir Erinnerungen vor allem über Emotionen speichern. Denken Sie an Situationen, in denen Sie völlig bei sich waren, so sehr, dass Sie sich selbst vielleicht nahezu vergessen haben. Denken Sie an Momente, in denen Sie wichtige Entscheidungen getroffen, Ihrem Leben eine neue Wendung gegeben haben. Welche Momente waren das? Wie kam es dazu? Was haben Sie in diesem Augenblick empfunden? Gesehen? Gehört? Welcher Geruch lag in der Luft?

Holen Sie sich Ihre besonderen Augenblicke zurück, das geht auch noch Jahre später. Magische Momente verlieren nichts von ihrer Kraft. Sie führen Ihnen auch im Rückblick vor Augen, was Sie ganz persönlich ausmacht. Die Intensität, mit der Sie Ihrem Leben begegnen, Ihre Fähigkeiten, Ihre ganz persönliche Entwicklung. Erfahren Sie mehr über sich. Öffnen Sie Ihre verborgene Schatzkiste. Für die Vergangenheit – und für die Schätze, die Sie in Zukunft noch hineintun werden. Reisen Sie zu Ihren magischen Momenten. Ich steige jetzt in mein Buch ein, fahre schon mal voraus und freue mich, wenn Sie mir folgen.

Warum fünf?

»You are the sum of your moments« – so warb einmal eine Automarke in einer kanadischen Zeitung. Du bist die Summe deiner Momente. Das Motiv, die dunkle Kontur eines Bergrückens gegen den verblassenden Abendhimmel und ein winzig kleiner Mensch, der, kaum erkennbar, den Weg zum Gipfel nimmt, dieses Motiv hat mir so gefallen, dass ich die schon etwas abgegriffene, aus Kanada mitgebrachte Anzeigenseite irgendwann zum Poster vergrößern ließ. Das Bild hängt jetzt im Wohnzimmer.

Die Couch darunter ist gewissermaßen mein Parkplatz an der Autobahn. Dort halte ich inne, bin auf der Suche nach den Momenten in meinem Leben, die mir magisch erscheinen, weil sie etwas Wesentliches in mir ausgelöst haben. Wendepunkte, Veränderungen, die mich ausmachen, Richtungswechsel, die meinem Leben seine heutige Form geben und die mich schließlich bis hierher gebracht haben, auf das Sofa unter diesem wundersamen Bild.

Von hier aus beginne ich meine Reise rückwärts. Für mein Buch, und für mich. Du bist die Summe deiner Momente. Was in fast verblichenen Buchstaben auf dem Poster steht, kommt mir plötzlich wie eine Aufforderung vor, meine eigenen Momente zu zählen. Wie lange habe ich mich nicht mehr mit dem beschäftigt, was einmal war. Was zu mir gehört. Was immer noch in mir ist. Nur unsichtbar, weggesteckt, verborgen unter dem Alltäglichen, Schnellen, dem Hektischen. Ich sollte mal Ruhe geben. Die Augen zumachen. Schließlich bin ich ja auf meinem Sofa, auf meinem Parkplatz sozusagen. Die Augen bleiben nicht lange geschlossen, eher blinzele ich vor mich hin, betrachte aus halb geöffneten Lidern das Poster über mir wie ein sorgfältig gemaltes Mantra. Und langsam, ganz langsam wird die Erinnerung wach, Bilder entstehen. Sie erscheinen zahlreich, ungeordnet, ohne Zusammenhang. Ist ja auch klar, schließlich habe ich einiges erlebt in all den Jahren. Immer mehr tauche ich ein in meine Vergangenheit, Details blitzen auf, eine wütend weggeworfene Brezel, als ich etwa vier Jahre alt war, eine Autofahrt durch das bayerische Voralpenland mit Rod Stewart und Grateful Dead, die verzweifelte Suche nach einem Ohrring, den ich nie mehr wiederfand. Erinnerungen reihen sich scheinbar willkürlich aneinander.

Ich bin dabei, mich auf meiner Reise zu verlieren, bemerke ich. Wenn ich die Lebensmomente finden will, denen ich ganz bewusst die Bedeutung »magisch« gebe, die ich gezielt heraushebe aus der Summe meiner Momente, muss ich genauer hinschauen. Mir konkretere Fragen stellen. Tiefer in mich hineinspüren. Wann hat eine weitreichende Veränderung stattgefunden, wann habe ich dieses Gefühl gehabt: Jetzt! Jetzt passiert etwas Entscheidendes. Neues. Einmaliges. Etwas, was nie mehr rückgängig zu machen ist, was längst in mir lauert und in diesem unerwarteten Augenblick den Weg nach draußen findet. Dieses Gefühl von Klarheit an der Weggabelung, von der Richtigkeit einer Entscheidung, von Verbundenheit mit meiner inneren Stimme. In welchen Situationen ging mir so ein Licht auf? Wann gab es diesen magischen Moment? Einmal? Mehrmals? Wie oft genau?

Zweiter Versuch. Ich krieche noch einmal in mich und mein Leben hinein. Konzentriere mich. Oder, besser gesagt, lasse meinem Gefühl, meiner Intuition freien Lauf. Ich fange an, gewissermaßen die Kamera über mein Leben zu schwenken. Nur wenige Minuten, so kommt es mir vor. Von Anfang bis jetzt, los geht's. Das Gefühl dabei ist leicht, fast schwebend, so, als ob ich die Spurensuche nach meinen magischen Momenten sportlich nehme.

Zielgerichtet, aber nicht verbiestert. Ein gutes Gefühl. Waren es Sekunden oder ein paar Minuten, keine Ahnung.

Plötzlich ist sie da, die Zahl Fünf. Ich mache fünf eindeutige Momente in meinem Leben aus, die ich von nun an als magisch bezeichnen werde und von denen Sie, liebe Leserinnen und Leser, in diesem Buch erfahren.

Fünf. Die Zahl gefällt mir. Sie kommt mir erstaunlich vertraut vor. Ich vermute, ich habe sie schon immer gern gemocht. Was hat es mit der Fünf auf sich? Die Frage fängt an mich zu interessieren. Ach ja, die Fünf Freunde – Bücher von Enid Blyton. Jeden Band habe ich verschlungen. Fünf Mutmacher, Vorbilder, inklusive Timmy, dem Hund. Schon als Kind hat mich also die Zahl Fünf begleitet. Ich erinnere mich weiter. An die Fünf Tibeter, die Entspannungsübungen, die wohl fälschlicherweise den tibetischen Mönchen zugeschrieben werden und die in den 1990er-Jahren mein Morgenritual bildeten, noch bevor ich wusste, wie Yoga geschrieben wird. Die Fünf Tibeter zogen dann Bücher über Ernährung nach den Fünf Elementen nach sich, das fand ich damals auch spannend. Mit den Elementen Holz, Feuer, Erde, Metall, Wasser verbindet man in Asien seit vielen tausend Jahren die unterschiedlichen Wandlungsphasen des Lebens. Die Fünf begleitet mich tatsächlich schon lange.

Wo ist diese Zahl noch vorhanden? Ich denke an die fünf Weisen, die sogenannten Wirtschaftweisen, exzellente Sachverständige, sie begutachten die Entwicklung unseres Bruttosozialprodukts. Und an die Big Five, die Tiere in Afrika, die man angeblich gesehen haben sollte auf einer erfolgreichen Safari. Ich denke aber auch an unsere fünf Sinne. Hören, Sehen, Fühlen, Schmecken, Riechen – daraus setzen wir uns zusammen. Und, ach ja, der menschliche Körper hat fünf Enden, den Kopf, zwei Hände und zwei Füße. Zeichnet man die Form eines ausgestreckten Menschen nach, entsteht ein Stern mit fünf Zacken, der sogenannte Fünfstern, das Pentagramm. Die Zahl Fünf scheint mit uns eng verbunden zu sein, bei den Indianern, so lese ich, symbolisiert sie die Zahl des Menschen. Sie setzt sich zudem aus der ersten geraden Zahl, der Zwei, und der ersten ungeraden Zahl, der Drei zusammen. Das gefällt mir, denn in der Fünf könnte so etwas wie Balance, Ausgewogenheit, in gewissem Sinn auch Erfüllung stecken.

Die Fünf ist also eine vielfältige Zahl, so vielfältig wie meine fünf magischen Momente. Wer weiß, schon morgen könnten es ja sechs sein! Sie, liebe Leserinnen und Leser, kommen vielleicht auf eine andere Zahl magischer Momente in Ihrem Leben. Eine kleinere, oder eine größere. Egal. Sicher ist nur, dass Sie Ihre Wendepunkte, Ihre inneren wie äußeren Richtungswechsel, Ihre Momente, in denen Sie vollständig in einer Begegnung, einer Situation, einer Umgebung aufgegangen sind, erkennen werden. Und dass Sie einen neuen Blick auf sich und Ihre Fähigkeiten werfen können anhand Ihrer ganz besonderen Augenblicke.

Sollten Sie wie ich zunächst Schwierigkeiten beim Aufspüren haben, fangen Sie doch einfach mal an, nach der Zahl Fünf zu suchen. Nach fünf magischen Momenten in Ihrem Leben. Sie liegen nämlich auf der Hand. Ich meine das wirklich so. Betrachten Sie aufmerksam Ihre Hand, schauen Sie auf die Linien und Verzweigungen der Innenfläche, die Ihr Leben darstellen, wenn Sie so wollen. Und betrachten Sie vor allem Ihre fünf Finger. Für jeden Finger gibt es einen Moment in Ihrem Leben. Davon bin ich überzeugt. Machen Sie sich auf Ihre ureigene Erinnerungsreise, Finger für Finger, und sollte es nicht auf Anhieb klappen, lassen Sie die Fünf ruhig mal gerade sein. Auch vier Momente zählen, oder zwei, oder nur ein einziger. Wie auch immer das Ergebnis aussieht, die Summe Ihrer Momente sind ganz einfach: Sie.

Kapitel 1

Flashback – wie man in die eigene Geschichte eintaucht und magische Momente ans Licht holt

Ich weiß nicht, wie es Ihnen geht. Für mich kann ich sagen, dass ich mich bei größeren Veranstaltungen, Einladungen oder beruflichen Events ziemlich oft gelangweilt habe. Warum? Weil viele Themen an mir vorbeigingen, mich nicht interessierten. Oder nur kurz, dann kam schnell der Punkt, an dem ich glaubte, das alles schon einmal gehört zu haben. Egal, ob es politische Diskurse waren, Erkenntnisse über Mann und Frau oder die detailgenaue Schilderung einer Bergwanderung im September. Dabei bin ich nicht uninteressiert. Ganz im Gegenteil. Was mich nur auf Dauer müde macht, ist eine bestimmte Art des Vortrags. Eine Tonlage, bei der ich zu spüren glaube, dass vom Erzähler so etwas wie Routine ausgeht. Dass er eine Platte auflegt, die sich geschmeidig immer wieder aufs Neue dreht.

Präsent, mitfühlend, wie frisch aufgeweckt bin ich jedes Mal, wenn ich den Eindruck gewinne: Hier spricht jemand, der nicht wie auf Knopfdruck ins Reden kommt. Keine abrufbaren Statements bereithält. Der echt ist. Nicht in vorgestanzten Begriffen redet, sondern in diesem Moment selbst zu erleben scheint, was er sagt. Der bei sich ist, an der eigenen Wahrheit, die übrigens nicht mit meiner übereinstimmen muss. Solchen Menschen, solchen Momenten gegenüber bin ich neugierig, da packt mich jedes Thema.

Immer wieder habe ich mir die Frage gestellt, woran es liegen könnte, dass ich mal gähnen muss und mal so animiert bin, dass ich mir wünsche, das Gespräch möge nie enden. Sicher geht es um Sympathie, um die Energie zwischen Menschen, um Resonanz, die einer beim anderen auslöst. Für mich geht es aber noch um etwas anderes. Mich interessieren Menschen, die sich auch der Frage stellen: Wo stehe ich? Wer bin ich im Lauf der Zeit geworden? Wo will ich hin? Das ist ihnen natürlich nicht auf die Stirn geschrieben, aber ich glaube, ich spüre es, wenn jemand versucht, das eigene Leben zu verstehen. Wenn er sich die Zeit nimmt, sich erst selbst zuzuhören, bevor er anderen etwas erklärt. Wenn jemand weiß, dass er sein Leben gestaltet, und gleichzeitig davon geformt wird. Wenn er sich dieser wundersamen Wechselwirkung bewusst ist, Widersprüche entdeckt und Vertrauen in Veränderung hat, mit der wir ja sowieso ständig konfrontiert sind. Kurz gesagt: Ich mag Menschen, die mehr Selbsterkenntnis als Selbstdarstellung ausstrahlen.

Es sind oft diejenigen, die besondere Momente erlebten. Überraschungen, Brüche, Neustarts. Die Wendepunkte erreicht und Entscheidungen getroffen haben. Die irgendwann ein einziger Satz, ein Gedankensplitter, eine Beobachtung aufgerüttelt hat. Die bereit sind, neue Wege auszuprobieren. Weil das Alte überholt ist, nicht mehr stimmig. Die ein Gespür dafür haben, wann eine Erkenntnis Veränderung nach sich zieht. Weil irgendwo neue Chancen warten. Auf jeden Fall nehmen Menschen, die mich inspirieren, ihre magischen Momente bewusst wahr. Davon bin ich überzeugt. Sie haben Augenblicke erfahren, in denen das Leben eine Vollbremsung gemacht hat und sie sich berühren ließen von einer Ahnung, einer Intuition. Sekunden, in denen sich alles so intensiv anfühlte, dass sie sich dabei fast vergessen haben. Ich bin mir sicher: Das sind die Menschen, mit denen ich mich stundenlang unterhalten kann, ohne müde zu werden.

Offen sein, die Möglichkeiten ergreifen, die mir das Leben wie maßgeschneidert anbietet. Dazu gehört doch, dass ich ausprobiere, was mir passt, welche Größe ich habe und was mir steht. Mich kenne und jeden Tag noch besser kennenlerne.

Wie kann das konkret gehen, frage ich mich. Immerhin habe ich in all den Jahren schon einiges erlebt, bestehe aus einer Vielzahl von Eigenschaften und Facetten, Widersprüchen und Überzeugungen. Je mehr ich darüber nachdenke, desto mehr scheint die Person Dorothee vor meinen Augen zu verschwimmen. Als ob ich den Überblick verliere. »Identität ist heute Patchwork. Ein großer Teppich, der viele Flecken hat. Wir glauben nicht mehr, dass wir eine einzige Identität haben«, erklärt mir der Münchner Psychoanalytiker Andreas Hamburger. Wo sollte in dem Wirrwarr eine Spur zu finden sein? Und welche?

Vielleicht helfen ja Momente, einzelne Begebenheiten. Stationen auf meinem Weg, an denen sich etwas zeigte, was unmittelbar mit mir, mit meinem Innersten, zu tun hat. Momente, die ich im Gedächtnis als ganz besondere abgespeichert habe. Denen ich, aus welchen Gründen auch immer, eine einzigartige Qualität zuspreche. Magische Momente, die mein Ich ausmachen. Weil sie etwas in mir ausgelöst haben, was unwiderruflich ist, nachhaltigen Eindruck hinterlassen oder mich auf einen neuen Weg gebracht hat. Der Kognitionsforscher und Nobelpreisträger Daniel Kahnemann stellte fest, dass in unserer Erinnerung alles zusammenschnurrt, was wir als dauerhaft und gleichmäßig erlebten. Übrig bleiben sollen nur die Höhe- und Endpunkte eines Geschehens. Das wäre doch schon mal eine hilfreiche Voraussetzung, um die besonderen Augenblicke im Leben herauszufiltern.

Ich werde mich durchfragen. Und bei mir selbst anfangen. Wie bin ich denn auf die fünf magischen Momente in meinem Leben gekommen? Auf dem Sofa, zugegeben, meiner Haltestelle an der Autobahn. Ich habe die tägliche Raserei unterbrochen. Pause gemacht. Lockergelassen. Einfach in den Himmel geschaut. Bin allein um die Alster gegangen. Hab mir Zeit genommen. Das ging sicher nicht im schnellen Takt einer Arbeitswoche. Da war selten die Möglichkeit, um den Blick auf Vergangenes zu richten. Manchmal vielleicht zwischendurch, beim Yoga, oder in guten Gesprächen, wenn ich von mir erzählte, von meiner Freude am Beruf, aber auch von dem Gefühl des Gehetztseins, der Verantwortung, die ich auf den Schultern spürte. Von der nebulösen Furcht, aufgefressen zu werden, mich zu verpassen. Und meinem Bedürfnis innezuhalten. Auszusteigen aus dem Karussell. Den Tunnelblick aufzugeben, der stets konzentriert war auf alles, was noch zu erfüllen, zu erledigen, abzuarbeiten war. Zeit für mich zu haben, statt von diversen Verpflichtungen bestimmt zu werden.

Vor meiner Reise rückwärts, in die Erinnerung, stand eine Entscheidung: Ich will das Kino in meinem Kopf wieder anknipsen. Bilder sehen, die ich haufenweise, ungeordnet und nachlässig in meine gut verschlossene Lebenskiste verbannt hatte. Weil die Gedanken immer bereits woanders waren und ein Erlebnis das nächste jagte. Und ausschließlich die Gegenwart zählte, nicht die Vergangenheit. Mit Ulrike Murmann, der Hamburger Theologin und Pröpstin, spreche ich über den Raum, den man sich so selten gönnt und der mir doch überlebenswichtig erscheint. Das ist er auch, stimmt sie mir zu. »Es hat Folgen, wenn man sich aus dem Blick verliert«, sagt sie. Und erläutert: »Menschen, die sich immer unter äußere Bedingungen stellen und andere diktieren lassen, sei es die Arbeit oder die Familie oder irgendein Über-Ich, die werden glaube ich krank. An der Seele oder am Körper oder an der Beziehung.«

Also tauche ich weiter ein in meine Erinnerung, versuche, den Kopf auszuschalten, die Geschichten nicht bewusst hervorzuholen, sondern mal ohne Ziel in mich hineinzuhören. Meiner Intuition Raum zu geben. Einfach Bildern zu folgen, die ungefragt zum Vorschein kommen und die sich über Jahrzehnte erstrecken, durch die Höhen und Tiefen eines reichhaltigen Lebens. In einem Interview mit dem Gedächtnisforscher Professor Hans J. Markowitsch lese ich: »Erinnerungen werden stimmungsabhängig eingespeichert und genauso wieder abgerufen. Bei jedem Abrufen sind die Bilder anders. Das Einstufen der Ereignisse hat immer mit unserem aktuellen Lebensgefühl zu tun.«

Was da wohl auftaucht, jetzt, wo ich mich gerade sauwohl fühle auf meinem Sofa? Erinnerungen steigen auf, Gefühle werden wach. Die Holztreppe im Klosterhof in Bad Aussee, wo ich in meiner Kindheit alle Ferien verbrachte. Dieser einzigartige Geruch der dunklen, knarzenden Stufen. Der Hauseingang, fensterlos wie eine gemütliche, geborgene Höhle. Die Garderobe, an der zu jeder Jahreszeit zwei bis drei alte Lodenmäntel hängen. Ihr Geruch mischt sich mit dem der Holztreppe. Ich entdecke meine Kinderskistiefel unter der Heizung, nass und das Leder wie erstarrt, dann geht es weiter nach oben, die Stiege herauf. Jede Stufe tönt anders. Ich höre das Geräusch der Heizungspumpe, wie ein Versprechen: In ein paar Stunden ist das Haus warm. Und ich sehe meinen Vater, seine schwarze Winterjacke, den Hut, den er jeder Mütze vorzog. Er, der ständig unterwegs ist, wird diese Ferien mit uns verbringen. Wir sind hier alle zusammen. Ich spüre dieses Glücksgefühl auf meinem Hamburger Sofa, als sei diese Kindererinnerung noch taufrisch. »Emotionen sind wie Klebstoff fürs Gedächtnis«, erklärt mir der Freiburger Psychologe und Neurowissenschaftler Marc Wittmann. Stimmt, denke ich. Je mehr ich die Vergangenheit ans Licht hebe, desto bewegter bin ich. Als ob ich noch einmal durch mein Leben reise, durch meine Jahrzehnte. Denn ich bemerke, dass ich unwillkürlich in Zehnerschritten vorwärts eile, bis in die Gegenwart. Mich überrascht die Fülle der Bilder, die plötzlich auftauchen. Fast als ob ich mein Leben noch einmal erlebe.

Erzähl mal! Über meine Geschichte lerne ich mich kennen

In Berlin besuche ich die Biografin Katrin Rohnstock. Sie betreibt seit Jahren eine Firma, in der sie in Buchform bringt, was Menschen aus ihrem Leben erzählen. »Wer sich erinnert, lebt zweimal«, bestätigt sie. Und: Wer sich nie mit der Vergangenheit konfrontiere, sei, so sagt sie, »hohl nach hinten«. Von Katrin Rohnstock erfahre ich auch, dass man sich »aus dem Täglichen rausnehmen« muss, nur so bekomme die Erinnerung ausreichend Platz. »In solchen Momenten darf draußen kein Leben stattfinden, oder nur ganz reduziert.«

Warum interessieren sich Menschen für ihre Geschichte, will ich wissen. Weil sie sich ihrer selbst versichern, die eigene Spur finden wollen. Darum geht es ja auch bei den magischen Momenten. Ich bin also auf dem richtigen Weg. Katrin Rohnstock meint, für dieses Interesse gäbe es zwei Motive. Erstens: Menschen wollen verstehen, warum sie so sind, wie sie sind, mit all ihren Bedürfnissen, Fehlern, Unzulänglichkeiten. Sie wollen erfahren, wo bestimmte Eigenschaften herkommen, und deren Wurzeln aufspüren. Und ihnen damit auch eine gewisse Akzeptanz geben. Sie sagt: »Wenn ich erkenne, diese Ängste hat mir mein Vater mitgegeben, weil ihm als Kind alles genommen wurde, kann ich leichter mit ihnen umgehen. Die Ängste bekommen einen Namen, einen Ort, eine Identität.«

Ein guter Gedanke für einen Psychoanalytiker, finde ich, und frage noch einmal Andreas Hamburger. »Ich bin ein Fan davon, sich mit seiner Vergangenheit zu beschäftigen«, gibt er zu. »Das macht einfach Spaß, ist anregend und spannend. Ich kann die Beziehungen in meiner Herkunftsfamilie durchleuchten und vielleicht verstehen, warum ich zum Beispiel Ängste habe, die der Realität gar nicht mehr angemessen sind.« Der Münchner Coach und Psychotherapeut Jens Corssen sieht das ähnlich: »Um zu verstehen, warum wir so sind, wie wir sind, hilft oft der Blick zurück. Das ist ein Weg, um Erfahrungen zu reflektieren und zu begreifen, warum wir bestimmte Muster entwickelt haben. Nur so können wir sie überwinden.«

Ich verstehe. Meine Zweifel zum Beispiel, ob ich dieses Buch überhaupt schreiben kann, darf, soll. Das Über-Ich, wie es Ulrike Murmann nach der Theorie von Sigmund Freud nennt, dieses Über-Ich, das mir Ängste diktierte statt Mut. Mein magischer Moment, als ich mich plötzlich stark genug fühle. JA! sage zu dem Vorhaben. Die Angst überwinde. Und mich jetzt, um halb sechs Uhr morgens, in einem begeisterten Schreib-Flow befinde.

»Viele Verhaltensweisen speisen sich aus der frühen Kindheit. Aus einer Zeit, in der wir verinnerlicht haben, was man von uns dachte.« Der Satz von Eva Wlodarek klingt nach. Ja, was hat man wohl von mir als Mädchen gedacht? Manches sei aber inzwischen dank positiver Erfahrungen überholt, hat die Psychologin auch gesagt. Klingt beruhigend. Und: Das Wühlen in der Vergangenheit dürfe nicht zum Selbstzweck werden. Gedanken seien immerhin eine starke Kraft, und wenn ich mir ständig schmerzliche Geschichten von früher in die Erinnerung hole, binde ich diese negative Kraft in mir. Man baue dann bildlich gesprochen eine Autobahn im Gehirn aus, auf der ungute Erlebnisse auf immer mehr Spuren Platz haben, um dort herumzusausen. Und Kopfweh zu machen.

Ich frage Katrin Rohnstock nach dem zweiten Motiv, warum Menschen sich für ihre eigene Vergangenheit interessieren. »Verunsicherung«, sagt sie. »Situationen, in denen das Alte nicht mehr funktioniert und das Neue noch nicht eingerichtet ist. In der Phase konfrontieren sich Menschen mit ihren Erinnerungen.« Als Beispiele führt Rohnstock den Verlust des Arbeitsplatzes, das Ende einer Beziehung oder den Tod eines nahen Menschen an. »Immer wenn etwas unsicher ist, will ich mich vergewissern, wer ich bin, und das kann ich, indem ich zurückschaue.«

Dennenesch Zoudé über ihren magischen Moment

Wenn ich an den besonderen, alles entscheidenden Moment in meinem Leben denke, kommt mir ein Telefonat mit New York sofort in den Sinn. Es war DER Anruf schlechthin. Der Augenblick, in dem ich meiner inneren Stimme folgte und glasklar eine Entscheidung traf.

Während meiner ersten TV-Auslandsproduktion wurde mir die Neighbourhood Playhouse School of Theatre in New York empfohlen. Ich griff also zum Telefon, rief dort an und erkundigte mich, ob sie meine Unterlagen denn erhalten hätten. Als dann Mrs Sanders auf der anderen Seite der Leitung dies bejahte und mich einlud im Herbst zum Vorsprechen zu kommen, war ich total perplex: »Ich komme doch nicht extra aus Europa angeflogen und Sie schicken mich eventuell wieder nach Hause!«, rief ich entsetzt in den Hörer. Ich weiß nicht, was mich da geritten hat. Auf jeden Fall eine unglaubliche Chuzpe. Mrs Sanders war verblüfft, und wir sprachen noch weitere fünfzehn Minuten. Am Ende fragte sie mich, ob ich denn bereit wäre, zur Summer School zu kommen, die in sechs Woche begänne. Das könnte dann meine Aufnahmeprüfung werden, am Ende des Sommers würde entschieden, ob ich den Studiengang belegen könnte. Ich müsse das aber sofort entscheiden, denn die Klassen seien eigentlich schon voll.

Ich sagte sofort am Telefon zu. Das war ein unglaublicher Moment, ich war so klar wie noch nie zuvor. Mein einziger Gedanke: Ihr müsst mich nehmen, ich will nach New York. Ich will bei Euch lernen, an eurer Schule!
Sechs Wochen, um alles zu regeln. Visum, Finanzen klären, Wohnung organisieren. Ich hatte keine Ahnung, was mich in New York erwarten würde. Darüber hatte ich auch nicht nachgedacht – keine einzige Sekunde. Weder kannte ich jemanden in der Stadt, noch hatte ich viel Geld. Aber mögliche Probleme kamen mir gar nicht erst in den Sinn.
Nach sechs Wochen Summer School wurde ich dann über diesen Umweg am Studiengang Schauspiel aufgenommen. Es war die eindrucksvollste, intensivste Zeit, weil ich dort gelernt habe, auf eigenen Füßen zu stehen und mir zu vertrauen.
Geholfen hat mir sicher eine Portion Naivität. Ich mag das Wort übrigens. Es bedeutet für mich Unvoreingenommenheit, Offenheit und keineswegs Dummheit. Im Gegenteil, mit einer Spur Naivität ist man oft mehr bei sich. Meine Klarheit in diesem Moment, als ich die Entscheidung treffen musste, auf der Stelle nach New York zu gehen, fasziniert mich noch heute.

Heißt das, wir befinden uns in einer Krise, wenn wir die eigene Geschichte ins Visier nehmen? Ich fahre nach Kiel und besuche Bijan Amini von der Europäischen Gesellschaft für Krisenpädagogik. Er versteht Krisen als »Angebote des Lebens« und behauptet: »Ein Leben ohne Krisen wäre öde.« Ich frage den Wissenschaftler, ob es eine bestimmte Lebensphase gibt, in der Menschen vorwiegend Bilanz ziehen und sich Fragen stellen. Amini verneint. »Eine bestimmte Zeitspanne gibt es nicht. Der Mensch kann zwar schon mit einem Jahr eine Vorstellung von sich selbst entwickeln, aber in diesem Alter fragt er noch nicht: Wozu bin ich hier? Das geschieht erst in der Krise, in der Pubertät, beim Berufseintritt und am Ende der Berufstätigkeit, auch in der Midlife-Krise, an den typischen Wendepunkten im Leben.«

Ich überprüfe mich selbst. Da ist was dran. Ich bin nicht mehr Chefredakteurin und komme nicht darum herum einzugestehen, dass ich die Menschen aus meinem Team oft vermisse und mich an das Alleinsein beim Schreiben erst noch gewöhnen muss. Es war meine Sehnsucht, mein Wunsch nach einem freieren Leben, aber die Realität ist auch, dass ein enorm wichtiger Lebensabschnitt, die tägliche Arbeit mit anderen, zu Ende ist. Krise? Irgendwie schon. Unsicherheit? Ganz bestimmt. Veränderung? Auf jeden Fall.

Wenn ich Katrin Rohnstock und Bijan Amini glauben soll, ist es keineswegs verwunderlich, dass ich in dieser kritischen Phase meines Lebens in den Himmel schaue und dabei an die knarzende Holztreppe im Klosterhof denke. Oder an die Autofahrt von Nürnberg zurück nach München, wo ich bis vor wenigen Jahren lebte. An den leuchtenden Vollmond, der mich wie ein guter Geist begleitete nach einem wichtigen Gerichtstermin. Damals war ich Mitte vierzig, kurz vor der Scheidung, und kämpfte mit meiner Krankenkasse um die Möglichkeit, eine Therapie zu machen. Mit Erfolg übrigens.

Mitte vierzig. Plötzlich erinnere ich mich daran, was die Philosophin Natalie Knapp sagte, als ich sie fragte, in welchem Alter das Sich-selbst-Verstehen wichtig wird. Sie hat einen Kollegen zitiert und geantwortet: »Bis vierzig ist das Erleben zentral und dann das Verstehen des Lebens.« Das wollte ich näher wissen. »Es gibt ein Alter, in dem es erstmal darauf ankommt, eine Erlebensgrundlage zu schaffen für das, was erkannt werden könnte. Wo es wirklich um das Leben geht. Dann gibt es eine Phase, in der das Erkennen immer wichtiger wird. So eine Mitte des Lebens, die man nicht mit Zahlen belegen kann, in der sich genug Stoff, Sinneseindrücke, Erfahrungen von Körper und Seele angesammelt haben, die dann in eine Ordnung gebracht werden können. Das ist der Moment, wo man entweder alles wiederholt, sich zum Beispiel einen neuen Partner sucht und die gleichen Fehler noch einmal macht. Oder man fängt an mit der Selbsterkenntnis.«

Schon ist das Stichwort wieder da: Selbsterkenntnis. Ich frage mich: Was habe ich an neuen Einsichten gewonnen durch die Entdeckung meiner magischen Momente in der Vergangenheit? Ich habe, bemerke ich, so etwas wie den roten Faden in meinem Leben gefunden. Aus dem unübersichtlichen Wirrwarr von Erlebtem, von Eigenschaften, Vorzügen und Widersprüchen, aus meinem verschlungenen Lebensknäuel, leuchtet doch ein Thema auf: die stete, manchmal zuversichtliche, manchmal fast verzweifelte Suche nach innerer Freiheit. Nach einem Selbstvertrauen, das mich unabhängiger macht. Freier eben. Ich gehöre zweifellos nicht zu denen, die ihren Stellenwert auf Anhieb kannten, in der Familie, in der Gesellschaft, in der Welt. Die sich positionierten und wussten, was gut und was schlecht ist. Die mit sich klar waren und konkrete Ziele formulierten. Sagten, was sie wollten. Und das meistens auch bekamen. Die auf die Meinung von anderen pfiffen oder lautstark dagegenhielten. Die, sagen wir, ein gesundes Selbstbewusstsein hatten. Nein, zu denen gehörte ich nicht. Ich musste das Vertrauen in mich selbst, in meine Fähigkeiten und Möglichkeiten, erst erlernen. Davon zeugen die fünf magischen Momente in meinem Leben. Sie markieren, jeder für sich und alle miteinander, dass es fünf wunderbare Augenblicke gab, wo ich dem Eigenen einen Rahmen geben und mich dabei in einen größeren Zusammenhang stellen konnte. So wie ich jetzt das Buch schreibe, nah an mir selbst und zugleich in dem Wunsch, dass es möglichst viele Leser erreichen möge. Ja, ich möchte den persönlichen Gewinn, der in meinen fünf magischen Momenten steckt, weiterreichen. Wie gut, dass sie in meinem Gedächtnis aufgetaucht sind.

»Erinnerungen helfen, sich im aktuellen Leben zurechtzufinden«, lese ich im Interview mit Professor Markowitsch. Und Katrin Rohnstock sagt: »Vielen ist nicht bewusst, wie hilfreich es ist, noch mal in die eigene Geschichte zu blicken. Wenn mir klar wird, was ich alles durchgemacht habe, wird mir auch klar, was ich alles schon bewältigt habe.« Bin ich doch unabhängiger, mutiger, als ich bislang glaubte? Entsteht durch die Entdeckung meiner magischen Momente ein leicht verändertes Selbstbild? Ich empfand mich selten als so stark, wie andere mich meistens erlebten. Woher kam diese Diskrepanz? Was ist das? »Je näher man an der Selbsterkenntnis ist, im Herzen und im Kopf eins mit sich, umso größer ist die Chance, dass man auch von außen so gesehen wird.« Bijan Amini ist überzeugt, dann gäbe es weniger Konflikte. Und mehr Zufriedenheit.

Im Einklang mit dem Eigenen klären, wie das Leben gelingen könnte, auch in der Zukunft. Das Fundament vor Augen haben, die Bausteine, die mich tragen, meine Persönlichkeit ausmachen. Auch diese reflektierende Kraft steckt in den magischen Momenten. Schon deshalb ist es so hilfreich, die wichtigsten Augenblicke der Vergangenheit ans Licht zu holen. »Ich glaube nicht, dass man ein gelingendes Leben ohne den Willen zur Selbsterkenntnis leben kann«, bringt es Natalie Knapp auf den Punkt. Es scheint einen Zusammenhang zu geben zwischen dem Wissen, wer ich bin, wo meine Möglichkeiten sind, zwischen der realistischen Selbsteinschätzung also und dem beglückenden Gefühl, ein möglichst gutes Leben zu führen. Ich frage noch einmal nach, bei Bijan Amini. Warum ist es so wichtig, mit sich in Kontakt zu sein? »Wer sich selbst nicht versteht, versteht auch keinen anderen Menschen. Er erzeugt ständig Missverständnisse und damit

Krisen. Und denkt, die Welt ist verrückt. Dabei ist dieser Mensch von sich weggerückt. In dem Moment, wo er sich findet, also mit sich eins ist, erkennt er, dass die anderen nicht verrückt sind. Er sieht die Welt unverzerrt.« Amini findet dafür ein eindrucksvolles Bild: »Wie sieht die Fliege die Welt, die ich sehe? Genau wie ich? Nein. Sie hat ein Netzauge, das ihr sagt, fliege dahin, wo Licht ist. Und die Fliege stößt immer wieder an die Glasscheibe, aber ihr Gehirn funktioniert nicht so, dass es ihr mitteilen würde: Glas ist zwar lichtdurchlässig, aber du kleine Fliege kannst da nicht hindurch. Dann kämpft sie so lange, bis sie stirbt. Genauso geht es den Menschen, die sich selbst nicht verstehen. Die rennen immer wieder mit dem Kopf an dieselbe Wand.« Ich verstehe, was er meint. »Glück ist auch eine Frage der Selbsterkenntnis. Wer Können und Wollen in Übereinstimmung bringt, der lebt glücklich«, ruft Professor Amini mir noch zu.

Ich will mich weiter umhören. Bei Eva Wlodarek zum Beispiel. Was sagt sie zum Thema? Selbsterkenntnis sei schon wichtig, so die Psychologin, aber sie würde das »nicht zu hoch« hängen. Gefühle ehrlich wahrnehmen, ja. Man solle unterscheiden können, ob man traurig sei oder ob sich dahinter vielleicht eine gehörige Wut verberge. Und Neid ehrlich aussprechen und nicht mit dem Argument, das sei berechtigte Kritik, übertünchen. »Stärken, Schwächen, Grenzen, Fähigkeiten oder Gewohnheiten zu erkennen ist wichtig. Aber wir können uns nicht bis ins Letzte durchschauen«, sagt Wlodarek. Außerdem erinnert sie daran: »Selbsterkenntnis ist auch ein kultureller Faktor.« In der sogenannten Pyramide der Bedürfnisse von Abraham Maslow, einem der Gründer der humanistischen Psychologie, komme das Bemühen um Selbsterkenntnis erst ganz zuletzt. Zunächst müssten grundlegende Bedürfnisse erfüllt werden nach Nahrung, Kleidung, Sicherheit. Wlodarek: »Wir sprechen über den Luxus, sich Gedanken über die eigene Persönlichkeit zu machen. Gut, wir bewegen uns ja auch in diesem Umfeld. Alle meine Bücher wären komplett sinnlos in einem anderen kulturellen Zusammenhang.«

Ein spannender Gedanke. Schon Katrin Rohnstock hatte mir zu bedenken gegeben: »Ihr Buch geht davon aus, dass man sein Leben gestalten kann. Aber der Spielraum, den wir heute haben, ist ein Privileg unserer Zeit und unserer Generation.« Sie hat ja recht, denke ich. Das muss man sich immer mal wieder klarmachen. Ich erinnere mich an das, was Ulrike Murmann mir erzählte aus ihrer Zeit in Argentinien, als sie in einer armen Gemeinde mit Teebauern lebte, »die so wenig zum Leben hatten, dass man von einem gelingenden Leben gar nicht sprechen will«. Die Pastorin überlegte: »Waren das nun Menschen mit Selbsterkenntnis? Sicher nicht nach unserem hiesigen, westlichen Verständnis. Aber sie haben ihr Leben trotzdem gefeiert. Und ich habe immer wieder gedacht: Die Menschen freuen sich zusammen, können miteinander klagen, feiern Feste in ärmlichsten Verhältnissen, viel fröhlicher als in Deutschland. Von daher kann Leben auch ohne aufgeklärte, gebildete Selbsterkenntnis gelingen.«

Trotzdem, da bin ich mir sicher, werden diese Teebauern auch ihre magischen Momente erleben, sie deuten und daraus Schlüsse ziehen. Sicher nicht, um ihrer Individualität auf den Grund zu kommen. Aber ganz bestimmt, um ein gutes, beschütztes, in die Gemeinschaft eingebettetes Leben zu führen.

Magische Momente kann jeder entdecken, in der Gegenwart – darüber lesen Sie im dritten Kapitel – wie in der Vergangenheit. Laute, leise, große oder kleine Momente. Überall lauern Auslöser für Veränderungen, die wir auf der Erinnerungsreise dann plötzlich wiederfinden. Was sind das für Impulse, die etwas Neues in Gang setzten? Es kann ein einziger Satz sein, wie bei mir, der in Sekunden das Leben für immer umkrempelt. Es kann der Duft von frisch geschnittenem Gras sein, der eine Freundin in kürzester Zeit veranlasste, von der Stadt aufs Land zu ziehen.

Oder eine Begegnung, die so inspirierend ist, dass einer meiner Schulfreunde nach Kolumbien reist und für immer dort bleiben wird. Im magischen Moment wird eine Sehnsucht tief in uns berührt, von der Welt da draußen. Ohne ein Vermissen, bewusst oder unbewusst, wäre jeder Moment neutral, bedeutungslos. Es kommt einzig und allein darauf an, welche Bedeutung wir ihm geben. In dieser Sekunde, aus dieser bestimmten Stimmung heraus, mit genau dieser emotionalen Energie, entsteht der besondere Augenblick. Nur so wird der Moment zum magischen Moment, der im Gedächtnis haften bleibt und den wir in unserer Erinnerung abrufen können.

Der Moment an sich ist nichts.
Nur ich kann ihm seine Bedeutung geben

Jemand anderes, der diesen Moment zeitgleich neben uns miterlebt, wird etwas ganz anderes dabei empfinden. Das fiel mir bei einem Flug von München nach Hamburg besonders auf. Ich hatte einen Fensterplatz gebucht, wie immer auf der Seite, wo die Sonne ist. Ein Tick von mir, ein Bedürfnis nach Licht, ich weiß es nicht. Bei diesem Flug geschah etwas Bemerkenswertes. Aus dem Cockpit meldete sich der Pilot: »Schauen Sie bitte mal aus den Fenstern auf der linken Seite. Sie sehen einen selten schönen Sonnenuntergang.« Ich hatte mich bereits an den intensiven Farben gefreut, noch mehr freute ich mich über diesen Piloten, der die Sensibilität für diese besondere Stimmung hatte und seine Fluggäste begeistern wollte. Was dann passierte, empfand ich allerdings als trostlos. Die Reihen vor mir, vorwiegend Männer in Anzügen über Laptops und Tablets gebeugt, schauten gehorsam eine Sekunde nach links und sofort, ohne zu zögern, zurück auf ihre Bildschirme. Keine Reaktion. Kein Gespräch. Keine Resonanz. Für mich war dieser Sonnenuntergang ein kleiner Moment, dessen Farbenzauber mir im Gedächtnis bleibt und damit auch die Demut vor der Schönheit unserer Erde. Für die anderen Passagiere schien es ein Bild zu sein wie viele. Nichts Besonderes. Weitermachen, Zahlen kalkulieren, Mails beantworten. Das war's. Es stimmt wirklich: Nur ich kann den Moment zu dem machen, was er für mich ist. Jeder Moment, an den ich mich erinnere, ist allein mein Moment. Niemand kann ihn mir nehmen, und niemand kann ihn bewerten. Das kann nur ich. Er gehört mir. Ich verwahre ihn in der Schatztruhe meines Lebens.

Die Tatsache, dass ein Moment ohne die Bedeutung, die ich ihm gebe, gar nichts ist, also im Grunde nicht existiert, finde ich ziemlich spannend. »Das Leben ist schön, wenn du sagst, es ist schön. Das Leben an sich ist nichts. Wenn es regnet, freut sich der Rübenbauer und der Kornbauer schimpft. Das Leben ist das, was du darüber denkst«, erklärt mir Jens Corssen.

Ich frage auch die Psychotherapeutin Johanna Müller-Ebert aus Düsseldorf. »Eine an sich bedeutungslose Situation bekommt durch meine Deutung eine besondere Schlüsselfunktion. Im psychischen Erleben gibt es keine Fakten, nur Deutungen«, bestätigt sie. Alle unsere fünf Sinne können daran beteiligt sein, wenn ein Moment plötzlich wichtig, also zu einem magischen Moment wird. Jederzeit können schlagartig, etwa durch einen vertrauten Geruch oder einen bestimmten Geschmack, unbewusste Erinnerungen freigesetzt werden. Bei dem französischen Schriftsteller Marcel Proust war es ein in Tee aufgelöstes Madeleine-Gebäck, das in seinem Roman *Auf der Suche nach der verlorenen Zeit* eine intensive Reise in die Vergangenheit auslöste. In der psychologischen Forschung spricht man vom »Madeleine-Effekt« oder »Proust-Phänomen«. Der Verstand hat in solchen Momenten keinen Zugriff mehr, er scheint wie ausgeschaltet. Dieselbe Beobachtung hat Katrin Rohnstock gemacht, wenn ihre Kunden aus dem Leben erzählen und sich auf ihre Geschichte einlassen.

»Plötzlich kommen sie auf etwas, an das sie lange nicht mehr gedacht haben. Sie sind völlig überrascht. Menschen tauchen auf, aus einer einzigen Erinnerung, einem einzigen Moment entsteht eine ganze sinnliche Welt.« Johanna Müller-Ebert zieht Bilanz: »Die menschliche Natur ist nicht aus Marmor, sondern in lebendiger Veränderung. Wir können die Realität ständig umdeuten. Meine Biografie gibt es daher nicht. Sie verändert sich mit meinem Leben.«

»Meine Biografie gibt es nicht.« Was für eine Aussage! Schönen wir die Vergangenheit so, bis sie in unser Bild passt? Kann eine wahrheitsgetreue Lebensgeschichte überhaupt entstehen? Machen sich Katrin Rohnstocks Kunden seitenweise etwas vor, statt sich selbst verstehen zu lernen? Und wir auch, wenn wir von uns erzählen?

Rohnstock ist sofort im Thema. Bewusste Selbstinszenierung, damit kennt sie sich aus. »Klar erzählen die Menschen erstmal so, dass sie gut dastehen. Anders geht das gar nicht. Aber in den Geschichten drängt sich das Organische immer wieder hervor, das, was wirklich betroffen gemacht hat. Deswegen entkommen wir beim Erzählen irgendwann der Inszenierung. Da entstehen ganz andere, ehrliche Selbstbilder. Die Selbstinszenierung wird entkräftet.«

Ein interessanter Prozess. Aber wie ist er zu erklären? Warum kommt beim Erzählen letztlich doch das Echte, der wahre Kern einer Geschichte zum Vorschein? »Ich fordere den Kunden auf: Erzählen Sie Ihre Geschichte. Was ist denn eine Geschichte? Etwas, was berührt hat. Menschen haben fast immer ein Gespür dafür, was eine Geschichte ist. Die Leute erzählen instinktiv von Umbrüchen. Und dann kommen genau diese Schlüsselmomente, diese magischen Momente. Wenn Altes zu Ende geht und Neues beginnt. Das sind diese Schnittstellen, um die es in jeder Biografie geht.«

Ich möchte sofort mehr wissen über die Kraft des Erzählens, will allerdings erst noch beim Thema bleiben, und das lautet: die richtige Erinnerung, die es wohl nicht gibt.

Denn, wie ich jetzt erfahre, hat das Erinnern noch zusätzliche Hindernisse. »Wir schützen, schonen, lassen aus und spalten ab«, so Johanna Müller-Ebert. Vieles werde nicht ausgesprochen, und das, was man erinnere, sei häufig mit sogenannten Deckerinnerungen gepflastert. Falsche Erinnerungen, mit denen wir unangenehme Erlebnisse unbewusst verschleiern. »Deckerinnerungen schützen das vermeintliche Versagen des Ichs oder eine unbewältigte schmerzvolle Vergangenheit. Ein grausamer Vater zum Beispiel kann in idealisierter Form erinnert werden. Und wunderbare Großmütter können ganz mistig gewesen sein.« Diese falsche Erinnerung schütze uns so lange, wie wir dem traumatischen Geschehen nicht ins Auge sehen können. Häufig seien solche Deckerinnerungen ohne therapeutische Hilfe nicht zugänglich, betont Müller-Ebert. Allerdings solle man nur dann in Therapie gehen, wenn man immer wieder in die gleichen Muster, Situationen und Schwierigkeiten gerate.

Dieser Meinung ist auch Eva Wlodarek. Therapie sei immer eine Begegnung zwischen zwei Menschen, und wenn eine gute Beziehung entstehe, werde sie zu einer heilsamen Kraft, weil sie anrege, eine andere Sichtweise einzunehmen. »Man ist in einem geschützten Raum und kann sich für eine begrenzte Zeit mit sich selbst auseinandersetzen. Bei schweren Fällen rate ich durchaus zur Therapie, aber ich sage gelegentlich auch: Machen Sie lieber einen Tanzkurs.«

Das mit der eigenen Spur, der Identität, der Vergewisserung scheint mir eine ziemlich verwirrende Angelegenheit zu sein. Immer im Fluss, nichts ist, wie es ist, alles eine Frage der eigenen Sicht. Meine Geschichte zu fassen, mich selbst zu verstehen, ist gar nicht so einfach. Je mehr ich nachfrage, desto deutlicher wird für mich: Die magischen Momente im Leben sind tatsächlich eine wunderbare Hilfe. Sie sind das Geländer, an dem wir uns festhalten können, auf unserem Weg in die Erinnerung. Mit den magischen Momenten bekommen wir etwas wirklich Wichtiges an die Hand – oder besser in den Kopf, oder noch besser in unser Herz.

»Erinnern ist ein Prozess, der sich mit Außenkontakten verbindet.« Der Satz von Johanna Müller-Ebert klang mir im Ohr, als ich wieder mal die Alster umrundete und anfing, mich mit mir selbst zu langweilen. Die Mission, die ich mir auferlegt hatte, nämlich meine magischen Momente zu finden, ging mir gerade ziemlich auf die Nerven. Ich kann mir doch nicht dauernd selbst etwas erzählen. Erzählen! Das Stichwort. Ich bräuchte ein Gegenüber, dann würde die Erinnerung vielleicht besser sprudeln. Vor kurzem ist ein Buch des Autors Werner Siefer herausgekommen über den *Erzählinstinkt*. Der Mensch denkt in Geschichten, so die These des Biologen. Und: »Erzählungen lassen das Ich entstehen.«

Über das Erzählen habe ich mir noch nie Gedanken gemacht. Man erzählt halt anderen etwas, mal mehr, mal weniger aufregend. Eine Frage des Temperamentes, der Laune, der Umgebung. Es gibt muffelige Tage und solche, an denen man nicht zu bremsen ist und sich der ganzen Welt mitteilen will. Wenn ich frisch verliebt war, hing ich Stunden am Telefon. Über den tieferen Sinn des Redens habe ich nie nachgedacht.

Die Biografin Katrin Rohnstock lebt ja von Erzählungen. Sie muss es wissen. Ich sitze ihr gegenüber. »Haben wir alle ein Erzähl-Gen? Stimmt das? Kann jeder Mensch erzählen?«, frage ich sie. »Auf jeden Fall. Das ist ein Grundbedürfnis, mit der Menschwerdung entstanden, und unterscheidet uns zum Beispiel von den Tieren. Von denen unterscheidet uns ja nicht, dass wir eine Geschichte haben, sondern dass wir sie erzählen können. Das macht uns zu Menschen.« Erzählen sei dem Ursprung nach etwas Gemeinschaftliches. Ein Ritual, um anderen die eigenen Erfahrungen mitzuteilen. Darum gehe es seit jeher. Eine Kultur, die ihre Erfahrung nicht weitergebe, sei zum Sterben verurteilt. Und dass man sich selbst etwas erzähle, im Tagebuch oder in der Therapie, sei entwicklungsgeschichtlich ganz neu.

Interessant, denke ich. Und wieder ein Fall für den Psychoanalytiker, der ja schließlich mit Selbsterzählungen arbeitet. Andreas Hamburger hat prompt eine Geschichte für mich. Von Emily, einem kleinen Mädchen, etwas über zwei Jahre alt, das beim Einschlafen ständig vor sich hin redete. Die Mutter kam auf die Idee, ein Tonband mitlaufen zu lassen, um zu hören, was Emily so alles von sich gibt. Dadurch kam heraus: Das Mädchen wiederholte die Erlebnisse des Tages in selbst fantasierten Geschichten so lange, bis sie eine gute Lösung, einen guten Ausgang gefunden hatte und beruhigt einschlafen konnte. »Wie mit einem Püppchen hat Emily mit Worten gespielt«, sagt Hamburger. Er vermutet, dass auch Erwachsene sich selbst häufig etwas erzählen, ohne es zu merken. »Wir leben ja oft in Tagträumen, etwa beim Autofahren. Da passiert immer etwas im Kopf. Wir reden mit jemandem, fantasieren uns irgendetwas zusammen. Unser Gehirn baut ständig Erzählungen, so wie unser Herz ständig pumpt.« Auch eine Möglichkeit, um einen magischen Moment zu erinnern. Im Tagtraum, vor der roten Ampel, denke ich mir.

Wir denken in »kleinen Dramaturgien«, kleinen Geschichten, die, so Andreas Hamburger, am Schluss eine Lösung finden. Bei dem Biologen Werner Siefer lese ich: »... jeder Einzelne gibt sich selbst, für sich ganz persönlich, Auskunft über sein Leben, und zwar in Form von Geschichten. Sie sind es, die das Ich, seine Existenz und seine Identität beschreiben und die Fragen nach seiner Vergangenheit und seiner Zukunft beantworten. Wer bin ich? Was ist mir wichtig? Wie wurde ich zu dem, der ich bin? Wohin wird mein Leben sich wenden?« Andreas Hamburger nennt Erzählen den »Teppich unserer Identität«.

Ich gebe zu, in dieser Stunde, wo ich etwas leer und müde um die Alster lief, wäre ich gerne Emily gewesen. Wenn ich doch wie sie einfach vor mich hin plappern könnte. Vielleicht wären da alle meine magischen Momente auf einmal zum Vorschein gekommen. Stattdessen schien heute alles verstummt. Nichts kommt von innen und von außen ehrlich gesagt auch nicht viel. Ein schlapper Tag des Sich-selbst-nicht-Verstehens. Gespräche, ein Gegenüber, ein Austausch, der mich anfeuert, ja, das wäre es gewesen. Anfeuern. Habe ich das Wort nicht gehört, als ich mit Johanna Müller-Ebert sprach? Ich erinnere mich. Sie sprach vom Hebb'schen Gesetz. »Zellen, die feuern, vernetzen sich. Zellen, die vernetzt sind, feuern miteinander. Ein Gespräch ist ein Vernetzungsprozess.« So hatte mir Müller-Ebert den Austausch von zwei Menschen aus Sicht der Hirnphysiologie erklärt. Ich kann das fast körperlich nachempfinden. Wenn ich einsteige in ein Gespräch, wenn es mit jemandem klickt und der Ball hin und her fliegt, dann fühle ich mich tatsächlich wie unter Feuer. Da ergibt ein Wort das andere. Dann komme ich auf Ideen, fallen mir Dinge ein, dann bin ich kreativ. Auf meinen vierten magischen Moment bin ich so gekommen. Ich hätte ihn sicher als unvergesslich verbucht, aber die Magie wurde mir erst bewusst, als ich einer Freundin davon erzählte. Da erlebte ich die volle Dimension.

***»Erzählen ist vergleichbar mit gutem Sex.
Weil es so schön ist.«***

Wenn Menschen erst einmal ins Erzählen kämen, gäbe es manchmal kein Halten mehr, verrät Katrin Rohnstock. »Wie ein Quell sprudelt das. Plötzlich reißt sie der Erzählstrom so mit sich, dass die Leute sogar erzählen, was sie gar nicht wollten. Jeder von uns könnte fünftausend Seiten monatelang erzählen. Unser innerer Horizont ist viel weiter, als wir denken«. Und man nehme die anderen mit ins eigene Leben, das sei auch das Tolle am Erzählen. »Es gibt kein größeres, schöneres Gefühl, als einmal richtig auszupacken und zu wissen, dass einem jemand seine ganze Aufmerksamkeit und seinen Respekt schenkt! Na ja, guter Sex ist vielleicht damit vergleichbar«, schwärmt Rohnstock.

Wo kommt man seinen magischen Momenten näher, beim Erzählen oder beim Schreiben, will ich wissen. Beides sei möglich. Sie macht aber einen Unterschied. »Erzählen ist immer eine zwischenmenschliche Angelegenheit – ich brauche einen Zuhörer –, und es ist schneller und näher an mir selbst. Im Tagebuch bedienen wir häufig bestimmte Muster, wie in der Schule.« Gerade erst sei eine Frau mit 59 Tagebüchern zu ihr gekommen. »Alle waren ähnlich, da fehlte die Individualität.« Selbsterkenntnis, Schlüsselerlebnisse, in denen wir uns verstehen lernen, dafür sei die Spontaneität des Erzählens geeigneter, findet die Biografin.

Und noch ein Pluspunkt: Erzählen trainiere auch das Gedächtnis, sei eine Art mentales Training. »Das kann richtig anstrengend werden.« Katrin Rohnstock arbeitet gerade an einer Lebensgeschichte, da sei der Vater eines jungen Mannes gleichzeitig auch sein Großvater. »Bis der Mann die ersten Worte gefunden hat, bis Sätze daraus wurden, bis wir eine Textstruktur hatten, das dauerte. Das ist Schwerstarbeit. Bis man eine Geschichte hat, die ehrlich ist und mit der man leben kann, sind das manchmal vier bis fünf Durchgänge.« Am schwierigsten sei es, wenn ein Erlebnis gegen die Norm verstoße. Häufig werde das totgeschwiegen, mache aber auf Dauer krank, so die Biografin. Besser, man unterziehe sich der Mühe und versuche, Worte zu finden für das Unangenehme, Peinliche, das, wofür man sich schämt. Rohnstock hat ein

Buch herausgebracht mit dem Titel: *Mein letzter Arbeitstag*. Über Arbeitslosigkeit im Osten Deutschlands, die es zu DDR-Zeiten nicht gab und für die sich die Menschen nach der Wende unglaublich schämten. »Viele wollen darüber nicht reden, die trinken lieber«, sagt Rohnstock. Aber sie ist drangeblieben und heute stolz darauf, dass Menschen ihre Geschichten erzählt haben und sich zum Schluss nicht mehr für ihre Situation schämen mussten. »In jedem Leben verstößt doch etwas gegen die Norm.« So macht sie den Menschen, die zu ihr kommen, Mut.

Ich werde nachdenklich. Wie ist das bei mir? Ich bin zweimal geschieden, zum dritten Mal verheiratet und ertappe mich dabei, dass ich darüber nur ungern Auskunft gebe und nur, wenn jemand nachbohrt. Es ist eben nicht die Norm. Man könnte ja falsche Schlüsse ziehen. Aber: Wen geht das schließlich etwas an? Es ist doch mein Leben. Stimmt schon, aber ein bisschen unangenehm ist es mir eben trotzdem.

Mein innerer Dialog brachte mich bei meiner Alsterumrundung wieder in Schwung. Eigene Geschichten erzählen, das ist wirklich eine tolle Sache. Meine Enkel sind bald soweit. Der Fünfjährige fragt schon nach den Kinderstreichen seiner Mutter. Und nach ihrem Lieblingsessen. Nach unserem Hund, wie der aussah, was der alles angestellt hat. Und die Kleine hört mit großen Ohren zu. »Kinder bis zum Alter von ungefähr zehn Jahren holen sich Lebenserfahrung durch Geschichten«, meint Katrin Rohnstock. Sie hat ihren eigenen Kindern tausendmal erzählen müssen, wie sie als Kind beim Nachbarn Erdbeeren klaute und auf den Apfelbaum flüchtete, als der große Hund kam. Und dass sie fast gestorben ist vor Angst und vor Scham. »Kinder hören am liebsten von der Übertretung einer Grenze, was da genau passierte, wie die Strafe aussah. So kommen sie an Lebenswissen.« Und wir vielleicht an die magischen Momente aus unserer Kindheit oder der Kindheit unserer Kinder.

Doch – ist es nicht völlig unterschiedlich, wie Menschen erzählen? Ich denke wieder an die Events und die Langeweile, die manche Gespräche in mir auslösen. Von wegen magische Momente. »Die schrecklichste Version ist das nicht-emotionale Erzählen, wie im Schulaufsatz gelernt.« Ich verstehe gleich, was Katrin Rohnstock meint. »Dieses Referieren von Fakten: Morgens sind wir in den Zoo gefahren und dann haben wir die Elefanten gesehen und Eis gegessen und es war ein schöner Tag. Das wird verlangt und soll dann gutes Erzählen sein.« Stimmt, in dieser Form des Erzählens tauchen die magischen Momente bestimmt nicht auf, denke ich mir. Rohnstock muss fast lachen. »Ich sage mal böse, der deutsche Bildungsbürger. Der ist so weit weg von sich selbst.« Was Kinder ihrer Meinung nach in der Schule beigebracht bekommen müssten, ist authentisches mutiges Erzählen, das auch andere begeistert. Wir lernen das Erzählen, indem wir erzählen. Denn wir sehen am Zuhörer, wie er reagiert. Damit erfahren die Schüler unmerklich das Erzählen als ein Instrument zur Selbsthilfe. »Das ist seelische Arbeit mit heilsamer Auswirkung. Erzählen erleichtert!«

Bärbel Schäfer über ihren magischen Moment

Seit dem Abend des 17.10.2013 bin ich ein anderer Mensch. Der Tod ist unter meine Haut gekrochen. Ich bin jetzt die verwaiste Schwester meines tödlich verunglückten einzigen Bruders. Ein Autounfall. Im Geschwisterland sind die Lichter aus. Unsere Welt der gemeinsamen Kindheit, das Erwachsenwerden, das Getrenntsein, die Verbundenheit und Vertrautheit, all das wird verblassen. Ich bin das Überbleibsel unserer Kindheit. Unser Dialog ist jetzt nur noch mein Monolog.Bruderland ist ausgelöscht. Es gibt ein Vorher und ein Nachher. Ich versuche nach der Krise mein Leben weiterzuführen, sensibler für das Chaos des Lebens.

Johanna Müller-Ebert, die Psychotherapeutin, geht noch weiter: »Sprechen gilt schon seit frühesten alttestamentarischen Zeiten als Heilmittel. Sigmund Freund nannte das ›talking cure‹, Gesprächstherapie, und das hat einen tieferen Grund. Im Aussprechen von emotionalen Erlebnisinhalten entsteht eine Verbindung von nicht Verbundenem, durch Bilder, Gedanken, Gefühle. Abgespaltene Ich-Anteile werden so integriert. Eine nicht verarbeitete Angst zum Beispiel bekommt so die Möglichkeit, sich auszudrücken, statt in körperlichen Symptomen ihr Unwesen zu treiben. Irgendwann wird sie zu einer Erinnerung und kann im Gedächtnis abgelegt werden.«

Die Verbindung von Nicht-Verbundenem. Abgespaltenes integrieren in ein Ganzes. Gerade erst las ich ein Interview mit dem Philosophen Wilhelm Schmid. »Sinn entsteht dort, wo Zusammenhang ist.« Das habe ich mir notiert. Könnte die Reise rückwärts, in die eigene Geschichte, neben dem Aufspüren von Umbrüchen, Überraschungen, auch eine Art Sinnsuche sein? Könnten sich die magischen Momente, um die es ja geht, wie eine Kette zusammenfügen, jede Perle ein Moment? Eine Kette, mit der wir mal spielen, deren einzelne Perlen wir in der Hand drehen, wenn wir Halt suchen, die wir umhängen und mal ihr Gewicht spüren, mal ihre Schönheit betrachten? »Um uns unserer Identität zu versichern, brauchen wir das Gefühl, dass unser Leben Sinn ergibt. Deshalb suchen wir auch bei zufälligen Ereignissen nach dem roten Faden«, schreibt der Biologe und Wissenschaftsautor Stefan Klein. Dieses »Weißt-du-noch« auf Familienfeiern, bei Klassentreffen, Beerdigungen, ich habe mir nie darüber Gedanken gemacht, aber plötzlich erscheint mir alles, was mit Erinnern und Erzählen zu tun hat, als ungeheuer spannend. Besteht das Leben nicht zu einem großen Teil aus Erinnerungen, guten wie unangenehmen? Die Gegenwart ist doch nur ein winziger Moment im Vergleich dazu. Das Jetzt mag wichtiger sein, ist es wahrscheinlich auch, darum geht es ja in den nächsten Kapiteln. Aber meiner eigenen Geschichte schenke ich plötzlich eine ganz andere Wertschätzung und Aufmerksamkeit als früher.

Gehört sie denn nicht ganz wesentlich zu einem gelingenden Leben, von dem so viel die Rede ist? Was macht dieses eigentlich aus? Ich frage Ulrike Murmann. »Das ist doch ein Leben, von dem man sagen kann, ich bin dankbar, vieles ist mir gelungen, anderes ist misslungen, ich erlebe Gutes und Schlechtes, aber die Waage stimmt«, antwortet die Theologin. Klingt überraschend entspannt. Harmonische wie holperige Zeiten, Rückschläge, Neustarts – und das Ganze gewürzt mit magischen Momenten, die mir Möglichkeiten zeigen, etwas in mir und um mich herum zu verändern. »Ich mache die Erfahrung, dass Krisen immer helfen, einen besseren Weg zu finden«, sagt Murmann. Krisenforscher Bijan Amini formuliert es so: »Die Krise zwingt uns in die Knie, genau die richtige Haltung, um Schwung zu holen.« Das mit dem Schwung gefällt mir. Ich denke an meinen vierten magischen Moment, wo ich in der Krise steckte und mich durch eine unangenehme Begegnung aufgerichtet, stark gemacht habe. Mein Glück in diesem Moment. Ich denke an Jens Corssen in München: »An Wendepunkten des Lebens gehen wir anders durch die Welt, mit gespitzten Sinnen, wir nehmen anders wahr.« Auch Eva Wlodarek habe ich noch im Ohr: »Wenn ich in der Krise bin, bin ich auf der Suche. Brauche Hilfe, halte die Augen offen. Ich bin berührbarer als sonst.«

Alles spricht dafür, dass wir in Krisenzeiten besonders feinfühlig und offen sind für die Erfahrung eines magischen Momentes. Und dass wir, wenn wir unsere Biografie betrachten, die schwierigen Zeiten im Blick haben sollten, um zu entdecken, was uns berührt hat. In welchem Augenblick eine andere Haltung, eine neue Sichtweise entstanden ist. Eine Veränderung, die mich mir selbst näher gebracht hat. Wie bin ich wieder aus dem Tief herausgekommen? Welche Entscheidung habe ich damals getroffen? Jede Entscheidung hat Bedeutung, wir können sie für uns deuten. »Worüber entscheiden wir denn, wenn wir etwas entscheiden?«, fragt die Philosophin Natalie Knapp und antwortet zugleich: »Wir denken nur, wir entscheiden uns für oder gegen einen Mann oder eine Reise. Aber so ist es nicht. Wir entscheiden immer darüber, wer wir werden wollen und wer wir einmal gewesen sein wollen.«

Für mich heißt das: Wir entscheiden über die Haltung, die wir zu unserem Leben einnehmen wollen, mit all seinen Höhen und Tiefen. Wir entscheiden uns, mit welchen Menschen wir näher in Kontakt treten und mit welchen nicht. Wer und was uns wichtig ist. »Glück ist eine Entscheidung«, soll die Mutter meines Mannes, die ich leider nicht mehr kennenlernen konnte, oft gesagt haben. Eine Frau, der im Leben nichts geschenkt wurde. Die aber zu jeder Zeit davon überzeugt war, ein gutes Leben zu führen. Die sich nie als Opfer empfunden hat. Ich glaube, vor allem das macht die Ausstrahlung eines Menschen aus: sich nicht als Opfer zu sehen und der Vergangenheit mit eingezogenen Schultern und Selbstmitleid zu begegnen. Dagegen verstanden zu haben, dass jeder sein Leben gestaltet, auch ich, allen Widrigkeiten zum Trotz. Jeder ist in diesem Sinn sein eigener Macher. Weil es immer die Möglichkeit eines neuen Blickwinkels gibt.

Krise als Chance. »Sagen Sie sich, wenn Sie mittendrin stecken: Das Leben hat mich ausgewählt, damit ich die Erfahrung mache. Fragen Sie nicht, warum ist mir das passiert. Fragen Sie, wozu ist mir das passiert«, empfiehlt Bijan Amini. Wozu statt warum. Hört sich wie eine Formel an, um die Magie eines besonderen Momentes zu erkennen. Wozu enthält »zu« – wie Zukunft. Wozu stellt die Frage, wie es weitergegangen ist, nach diesem Moment. Johanna Müller-Ebert spricht von zwei Verhaltensmustern, dem passiv erleidenden und dem aktiv handelnden.

Jede Erinnerung habe eine Funktion, nämlich eine bestimmte Haltung, ein Verhaltensmuster, das ich mir vor Jahren angeeignet habe, in der Gegenwart aufrechtzuerhalten. Wenn sie mit ihren Klienten Erinnerungen bearbeitet, macht sie ihnen klar: »Das verletzte Ich hatte damals keine Wahl, aber das jetzige Ich hat diese Wahl. Es lernt zu erkennen, dass damals nicht heute ist.« Sie zitiert den Satz des berühmten amerikanischen Psychiaters und Hypnoseforschers Milton Erickson: »Es ist nie zu spät für eine glückliche Kindheit.«

Das Gehirn, meint der Psychologe Jens Corssen, müsse langsam seine neuronalen Verknüpfungen auflösen und neue bauen. Gelinge dies, würde ein Klient zum Beispiel sagen: »Ich erzähle nicht mehr, dass meine böse Mutter mich ins Heim gesteckt hat. Stattdessen erzähle ich, dass ich großes Glück hatte, nicht bei meiner Mutter aufgewachsen zu sein. Sie hat ihr Bestes gegeben, aber mehr ging bei ihr nicht. Das Heim hat mich stark gemacht. Ich hatte also richtig Glück.« Corssen: »Ich kann meine Geschichte umdeuten, nach einem Jahr kann ich meiner Freundin eine andere Geschichte erzählen, die auch ehrlich ist. Diese neue Geschichte bestimmt meine Zukunft.«

Wichtig für ein neues Selbstbewusstsein sei, sich ganz konkrete Situationen vorzustellen, in denen man etwas geschafft habe, meint Johanna Müller-Ebert. Sie ermutige ihre Klienten, sich an »Heldenhaftes« zu erinnern. Etwa sich vorzustellen, wie sie vor Urzeiten einen Bären erlegt und die Beute stolz zum Stamm getragen hätten. »Dann beamen wir uns in die Gegenwart und überlegen, welchen Bären man im Alltag erlegen und was heute als Heldentat gewürdigt werden könnte.« Plötzlich seien die Menschen richtig stolz auf sich. Das Gefühl, minderwertig oder bemitleidenswert zu sein, verliere an Bedeutung und würde ersetzt durch positive Zukunftsvisionen. Katrin Rohnstock hat gerade miterlebt, wie ein junger Mann sich beim Erzählen ganz neu entdeckte. Die zerstörerische Energie, die von Jugend an in ihm steckte, habe er immer mehr verstehen und annehmen können. Zum Schluss habe er liebevoll von sich gesprochen und sein besonderes Potential entdeckt. »Das Erzählen seiner eigenen Geschichte war wie eine Erholungsreise zu sich selbst«, fügt Rohnstock hinzu.

»Eine andere Sicht erzeugt eine andere Aussicht. Eine andere Aussicht erzeugt ein anderes Bewusstsein. Ein anderes Bewusstsein erzeugt eine andere Sinnerfahrung.« Bijan Amini hat einen wunderbaren Dreisatz aufgestellt. Daran angelehnt versuche ich zum Schluss des ersten Kapitels diesen Dreisatz: In jeder Vergangenheit stecken magische Momente. Magische Momente unterstützen mich bei der Selbsterkenntnis. Selbsterkenntnis ist die Voraussetzung für ein gutes, intensives und gelingendes Leben.

Mein erster magischer Moment: *Einfach schreiben und Zweifel loslassen*

Was, du schreibst jetzt ein Buch? Wie heißt es denn? Du hast noch keinen Titel? Kannst du verraten, worum es da geht? Ein autobiografisches Sachbuch? Was ist denn das? Erzähl doch mal! Willst du nicht? Na, da sind wir mal gespannt. Da wird man sich wohl warm anziehen müssen.

So in etwa ist die Ausgangslage, als ich mit diesem meinem ersten Buch beginne. An einem heißen Sommertag den Computer hochfahre, einmal hörbar durchatme und dann die ersten Buchstaben tippe. Wörter auftauchen lasse. Erste Zeilen verfasse. Zaghaft. Zögernd. Mit Pausen. Mal mehr, mal weniger. Von kreativem Flow keine Spur.

Mit den vielen Fragen, die mir gestellt wurden, noch bevor ich überhaupt mit dem Schreiben anfing, hatte ich nicht gerechnet.

Nach der ersten Freude, dem großen Glück, einen Buchvertrag in den Händen zu halten, hat mich das Nachhaken von Freunden, Kollegen, Familie ziemlich verunsichert. Hauptsächlich wegen der persönlichen Passagen aus meinem Leben, die im Konzept vorgesehen sind. Ist mein Vorhaben wirklich richtig? Ist das alles gut überlegt? Mein Kopf brummt.

Ich werde mit dem autobiografischen Teil des Buches beginnen, nehme ich mir vor. Und mir einen Monat Zeit geben, um meine eigenen magischen Momente aufzuschreiben, die ich bei meiner Erinnerungsreise durchs Leben entdeckt habe. Bisher vier an der Zahl. Ich bezeichne sie als Aussichtsplätze auf meinem Weg, Haltestellen, Wendepunkte. Es sind diese Momente, die mir helfen, mich rückblickend besser zu verstehen und eine Kraft in mir wahrzunehmen, die mir vielleicht nie bewusst war. Momente, in denen ich Einsichten gewonnen und Grundsätzliches verändert habe und in denen mir das Leben seine Fülle, seine wunderbaren Chancen gezeigt hat.

Jetzt sitze ich am Schreibtisch und bin in der Klemme. Ich kann mich nicht auf mich und das Schreiben konzentrieren, beim besten Willen nicht. Von wegen Fülle und Chancen. Die Gedanken schweifen ab, wollen fliehen. Auf den Baum gegenüber von meinem Fenster, in die Küche, wo der Kühlschrank erfreulich voll ist. Und vor allem an diesen imaginären Ort, an dem alle Menschen, die mich kennen, zusammensitzen und über mich, über die Autorin dieses Buches, richten. Nein, ich schaffe es einfach nicht, bei mir zu bleiben, meine Gefühle zu beschreiben, meine Wahrnehmungen zu ordnen. Stattdessen denke ich an die Menschen um mich herum, versuche mich in ihre Gedankenwelt hineinzufinden und fühle ihre Fragen wie einen Klammergriff in meinem Nacken. Statt Seiten zu füllen, fülle ich meinen Kopf mit anderen Menschen. Immer neue tauchen auf, egal, ob ich sie gut kenne oder nur mal flüchtig getroffen habe. Sogar

Leute, denen ich persönlich nie begegnet bin, die aber über Freunde oder Familie von meinem Buch erfahren könnten, verfolgen mich in meiner Fantasie.

Was werden sie über mich denken? Wie werden sie urteilen, wenn sie später das Buch lesen? Machen sie sich lustig, äußern sich abfällig, spöttisch? Ärgern sie sich? Fühlen sich verletzt? Werden die, die es gut mit mir meinen, traurig sein? Verliere ich Freunde? Ziehen sich Menschen von mir zurück, sprechen nie wieder mit mir, weil sie finden, dass ich mich wichtigmache? Halten sie mich für eitel? Oder zumindest für selbstgefällig? Esoterisch? Ertrage ich das? Und wenn ja, wie?

Habe ich überhaupt ein Recht darauf, über mein Leben, meine magischen Momente zu erzählen? Wen interessiert denn das? Meine Geschichte. Meine besonderen Augenblicke. Es gibt doch genug andere Themen auf der Welt. Wichtigere. Was maße ich mir da an? Und dann noch auf Kosten anderer. Ja, so könnte man das sehen. So könnten sie mich kritisieren.

Andererseits: Ist es nicht genau dieser ängstliche Blick, dieses Schielen auf die Meinung anderer, was unserer individuellen Entfaltung im Weg steht? Uns am eigenen, selbstbestimmten Leben hindert. An der Chance, das zu tun, was uns wirklich am Herzen liegt. Der zu werden, der wir tief innen sind, egal was andere über uns reden. Das Potential auszuschöpfen, das in uns steckt und das wir mit etwas Mut entdecken können. Zum Beispiel ein Buch schreiben. Dieses Buch. Das wollte ich doch schon lange.

Ständig orientieren wir uns an anderen Menschen, nicht an uns selbst. Bange Vermutungen darüber, was fremde Menschen von uns denken, halten uns ein Leben lang gefangen! Vor allem uns Frauen. Genau diese Themen erwiesen sich als Bestseller, als ich noch Chefredakteurin war. Selbstzweifel, Ängste sind die sichersten Verkäufer am Zeitschriftenkiosk. Natürlich positiv gedreht. Ich gehe meinen Weg. Mein neues, eigenes Leben. Endlich frei sein. Ich höre nur noch auf mich selbst. So oder ähnlich lauten die Erfolgstitel der Frauenmagazine. In jeder Ausgabe haben wir die weibliche Unsicherheit mit Geschichten, Experten, Ratschlägen bedient.

Und was bitte ist jetzt mit mir los? Genau dasselbe. Ich kann mit dem Buch nicht beginnen, weil ich jedes Wort, jeden Satz von mir zensiere, zerrede, verwerfe. Zweifelnd. Ängstlich. Weil ich mit fremden Augen lese statt mit meinen. Weil mir das vermeintliche Urteil anderer Menschen wichtiger erscheint als mein eigenes. Noch bevor die erste Seite fertig ist, hat die Schere im Kopf schon alles zerschnitten. Aus Angst vor Kritik.

Halt! Hier ist sie ja doch, die Chance! Ich könnte jetzt, in dieser Sekunde, mutig sein. Darauf pfeifen, wie mein Buch ankommt und bei wem und warum. Meine Ladehemmung überwinden. Egal, was andere später sagen. Zweifel loslassen. Einfach schreiben. Erinnerung aufzeichnen. Haltestellen notieren. Meine Seele öffnen. In mein eigenes Herz schauen statt in fremde. Meine Gefühle in den Ring schicken mit den dazugehörigen Gedanken. Und mal warten, was rauskommt. Wer wagt, gewinnt! In diesem Augenblick, am Schreibtisch, eine leere Computerseite vor mir, in dem quälenden Zustand, den man normalerweise Schreibblockade nennt, wird mir auf einen Schlag klar: Ich bin dabei! Ich lege los! Und zwar jetzt!

Die Entscheidung, dieses Buch zu schreiben, ist mein erster magischer Moment!

Ja, ich habe meine Chance ergriffen! Ich bin beglückt von diesem Gedanken. Er fühlt sich erstaunlich leicht an. Ich fühle mich leicht an. Vielleicht kommt das dicke Ende noch später, auf Seite 34 oder so. Dann sind sie plötzlich wieder da, die Augen der anderen. Egal. Jetzt ist jetzt. Ich konzentriere meinen Blick auf den Computer, verspreche mir, die kommenden Seiten zu füllen und diesen Augenblick meiner Entscheidung als magischen Moment wahrzunehmen.

Was ist da gerade passiert? Ich habe wohl einen inneren Hebel umgelegt. Den Standpunkt gewechselt, die Perspektive. Weil ich nicht mehr weiterwusste. Nicht schreiben konnte. Total blockiert war. Weil ich eine Lösung brauchte und loslassen musste von meiner fixen Idee, andere könnten so oder so über mich urteilen. Mein eigener Blick wird ab jetzt wichtiger sein. Ich habe meine Haltung geändert. Meine Geisteshaltung. Wie im Yoga. Da übe ich das in jeder Stunde. Position und Gegenposition. Den Ausgleich schaffen, sagen die Lehrer, wenn ich eine andere Körperposition, also einen neuen Blickwinkel, einnehmen soll. Auch als Übung fürs Leben. Da scheint mir etwas Wahres dran zu sein.

Vielleicht heißt genau das: Entwicklung. Innere Freiheit. Findet sich hier die Antwort auf die Frage, die mich so oft umtreibt: Wie viel eigenes Leben darf ich leben, wie viel Verantwortung für andere muss ich tragen?

Jetzt, in diesem magischen Moment, in dem ich zu schreiben beginne, wächst eine erstaunliche Stärke in mir. Keine laute, ungestüme Kraft, die auf den Tisch haut und das Leben komplett neu ausrichtet. Die Stärke, die ich entdecke und mit der ich mein Buchvorhaben in die Tat umsetzen werde, ist eher eine stille Kraft. Eine, die meine innere Haltung ändert, unmerklich, aber nachhaltig. Veränderungen, überlege ich, können klein und kaum sichtbar sein oder groß und gewaltig. In jeder Erscheinungsform sind sie mir vertraut. Die großen sind mir nach außen manchmal unangenehm. Ich bin zum dritten Mal verheiratet. Das sage ich möglichst leise und nur, wenn es unbedingt nötig ist. Dieses Unstete, Widersprüchliche, die Brüche in meinem Leben, die den ruhigen Fluss wie Schwemmholz blockierten, fühle ich wie einen Vorwurf. Zu wenig Kontinuität. Zu sprunghaft. Nicht genug Verantwortung. Immer zuerst sich selbst gesehen. Und: Hast du nicht früher anders über den oder die oder das geredet? So versucht man mich zu ertappen. Deshalb melden sich die Zweifel. Ich zensiere meine intimen, meine besonderen Momente, halte sie für unwichtigen Unfug. Weil ich mich fremden Blicken ausgesetzt sehe, die mit meinem Weg nicht einverstanden sind.

Könnte es sein, dass ich mit diesem Buch, mit 63 Jahren, endlich erwachsen werde? Weil ich durch meinen soeben entdeckten magischen Moment Abschied nehmen kann von meiner Angst, anderen nicht zu gefallen. Weil ich auch zu den unordentlichen Zeiten meines Lebens stehe. Weil ich zum ersten Mal einverstanden bin mit mir. Und glücklich. *Egal, was Du tust, jeder denkt sowieso von Dir, was er will, deshalb kannst Du gleich tun, was Du von Herzen willst, und der sein, der Du wirklich bist, denn dann fühlst Du Dich wenigstens mit Dir selbst wohl.* Das hat neulich jemand auf Facebook gepostet. Passt gerade perfekt zu meinem ersten magischen Moment. Und ist ein guter Anfang für dieses Buch.

»An der weißen Kirchenmauer von Santa Eulalia war mir plötzlich klar: Ich werde in den Süden ziehen!«

Tamara Waeger, langjährige Freundin der Autorin, blickt zurück auf ihren magischen Moment.

Tamara, du lebst jetzt seit mehr als 20 Jahren auf Mallorca. Für viele ein Traum. Wie hast du es geschafft? Wann hast du dich für das Leben im Süden entschieden?

Ehrlich gesagt habe ich darüber nie nachgedacht. Ich hatte nie Zeit, mir solche Fragen zu stellen, sondern war immer damit beschäftigt, mir etwas zu erkämpfen. Von Anfang an. Ich wurde 1945 auf der Flucht geboren, ohne Vater. Weil meine Mutter an offener Tuberkulose erkrankte, kam ich ins Waisenhaus. Später lebte ich bei Pflegeeltern auf einem Bauernhof. Als richtiges Bauernkind. Half mit bei der Ernte, im Stall, auf dem Feld. Ob man Kind war oder nicht, spielte da keine Rolle. Mit vierzehn Jahren zog ich mit meiner Mutter nach München und wurde Bürobotin. Dann habe ich das Abitur nachgeholt und Germanistik und Geschichte studiert, auf Lehramt. Mein Studium finanzierte ich mir mit Jobs und BAFöG. Reisen waren nicht drin. Doch, halt, ein einziges Mal. Nach Italien. Da war ich ungefähr neunzehn. Am Lido di Jesolo habe ich zum ersten Mal das Meer gesehen.

Hat dieses Erlebnis eine Sehnsucht ausgelöst?
Keine Ahnung. Ich weiß noch, dass mich die Grenzenlosigkeit damals atemlos gemacht hat. Dieser weite Horizont, der blasse Streifen, an dem sich Himmel und Erde begegnen, diese Unendlichkeit, das konnte ich gar nicht glauben. Nur Wasser, Wasser, Wasser, dachte ich, unfassbar. Und der Geruch von Algen, Fisch und Salz. Den habe ich ganz tief eingeatmet. Ja, ich glaube, am Lido di Jesolo fing die Faszination an. Heute liebe ich das Meer über alles. Ich gehe hier auf der Insel noch im Dezember schwimmen und ab Ende April schon wieder.

War das Meer der Grund, warum Du nach Mallorca gegangen bist?
Nicht nur, es war auch die Freude an der Sinnlichkeit des Südens. Jetzt, wo du fragst, kommt mir eine Erinnerung an einen Moment, der wahrscheinlich ausschlaggebend für meine Entscheidung war.

Spannend. Was war das für ein Moment?
Ich muss ein bisschen ausholen. Also, ich war vielleicht sechsundzwanzig, studierte noch und hatte mir Geld für eine Reise zusammengespart. Mit dem Eurobus bin ich nach Barcelona gefahren und besuchte Uwe, den ich aus dem Studium kannte und der mir eine Unterkunft auf Ibiza besorgen wollte. Die Unterkunft, die er für mich gefunden hatte, war genau das, was ich mir damals leisten konnte. 100 Peseten hat mein Lager pro Nacht gekostet, weniger als eine Mark! Ein Bett, das der Eigentümer, ein einheimischer Schreiner, einfach in ein gekacheltes Badezimmer gestellt hatte und so vermietete. Ich blieb sechs Wochen, für ungefähr 32 Mark! Klar, die Bude war schrecklich. Nur habe ich das so nicht empfunden. Ich war hin und weg von der Wärme, von dem herrlichen Meer, von der Leichtigkeit des Seins auf dieser Insel. Spanisch konnte ich nicht. Aber das war egal. Ich empfand eine Freiheit, die so ganz anders war als alles, was ich bisher kannte. Niemand verfügte über mich.

Erzähl das genauer …
Da war niemand, den ich kannte, der von mir irgendetwas wollte, das bisschen Geld, was ich hatte, reichte, um mich zu ernähren, ich war total frei. Und ich liebe bis heute das Tanzen! Jede Nacht habe ich getanzt. Die Wochen auf Ibiza kommen mir vor wie ein einziger Tanz. Ich bin ja unter ziemlichem Druck und auch recht einsam groß geworden. Eine Grundstimmung, die heute noch manchmal auftaucht. Also ging ich abends allein tanzen, immer mit dem berauschenden Gefühl: Ich bin frei! Das habe ich genossen. Ich mochte auch, dass viele unterschiedliche Menschen nach Ibiza kamen. Hippies von überall her. Ich habe ihre Welt nie ganz verstanden. Was sie vom Leben wollten. Ich war irgendwie zu bürgerlich dafür. Zu sehr darauf aus, mein Leben als Lehrerin abzusichern. Drogen habe ich auch nicht ge-

nommen. Aber diese offene Lebensart hat mich fasziniert und beflügelt.

Bis irgendein Guru meinte, du musst hier leben?
Nein. So war es nicht. Aber den Moment, nach dem du fragst, den Moment, an dem ich beschloss, im Süden zu leben, den gibt es wirklich. Der taucht gerade auf, während ich erzähle. Ich weiß es noch wie heute, es war ein Tag, an dem ich mich besonders wohlgefühlt habe. Ich weiß sogar, was ich an diesem Tag trug.

Was denn?
Eine weiße Levis-Jeans und ein weißes T-Shirt, einen Gürtel mit breiter Metallschnalle, und darüber ein ärmelloses Lederhemd. Meine langen blonden Haare habe ich oft zusammengebunden, an diesem Tag trug ich sie offen. Ich sehe mich genau vor mir. Und erinnere, dass ich mich an diesem Tag schön fühlte. Einfach schön. Ich war total mit mir zufrieden. Das war ich eigentlich nie, ich hatte ja nicht viel Selbstvertrauen und fand mich schon als Kind hässlich.

Wie war das Gefühl, sich schön zu fühlen?
Nicht, dass ich eine schöne Figur habe oder ein hübsches Gesicht oder dass meine Haare offen ganz toll sind, das war nicht das Gefühl. Nein, es war nichts Konkretes. Ich war in völliger Harmonie mit mir selbst. Vollkommen bei mir, könnte man vielleicht sagen. Ein neues Erlebnis, nach der langen Zeit, wo ich immer nur funktionieren musste. Weißt du, auf Ibiza bekam ich zum ersten Mal Anerkennung. Ich wurde gemocht. Ich durfte ich selber sein. Auch auf der Kirchenmauer war das so.

Auf welcher Kirchenmauer?
Ich bin an diesem Tag zu der Kirche von Santa Eulalia gegangen. Von dort hat man einen wunderschönen Blick in die Weite. Die Kirche ist schneeweiß gekalkt, wie viele Bauten auf Ibiza. Ich setzte mich auf die weiße Mauer und wollte den Sonnenuntergang beobachten. Ich sehe mich noch dort sitzen, den rechten Fuß auf meinem linken Knie. Und ich spüre noch den Wind in meinem Haar und das Gefühl: Ja, ich bin schön! Für niemand anderen. Nur für mich. Ich fühlte mich wie magisch angezogen von dem Blick ins Tal und auf das Meer, als wäre ich eins mit dem Wasser.

Die Landschaft hat dich vollkommen aufgesogen?
Nein, so nicht. Ich habe eher wie von oben auf die Welt geschaut, ich fühlte mich gar nicht in dieser Welt, ich fühlte mich plötzlich ganz leicht. Es kam mir vor, als wäre ich Teil dieser Energie, ich fühlte mich wie eins mit allem, verbunden mit allem, was um mich war. Besser kann ich es nicht beschreiben. Die Sonne schien, die Farben wurden immer intensiver. Heute würde man wahrscheinlich sagen: Ich war in diesem Moment im Jetzt.

Und dann?
Na ja, der warme Wind streichelte mein Haar – das Bild ist ehrlich gesagt fast kitschig. Dann stieg etwas in mir hoch. Diese wahnsinnige Sehnsucht und dieses Gefühl: Ich bin hier so glücklich! Und dann kam der Gedanke: Hier auf dieser Insel wirst du eines Tages leben. Das Tal vor mir, das blaue Meer, die weiche Luft, der weite Himmel, irgendetwas in mir sagte: Hier wirst du einmal sein. Das war plötzlich glasklar. Das war der Moment. Da fiel meine Entscheidung für den Süden. In diesem Moment war ich mir total sicher, dass hier meine neue Heimat sein würde. Ich

glaube, an diesem Tag habe ich mich zum ersten Mal in meinem Leben richtig wahrgenommen.

Wie lange hast Du auf der Mauer gesessen, ein paar Minuten, eine Stunde?
Keine Ahnung. Wenn ich jetzt so nachdenke, waren es vielleicht zehn Minuten. Ich bin nicht sicher, ob ich die Sonne ins Meer sinken sah. Aber ich weiß noch, wie ich die Stufen zur Kirche wieder heraufstieg und mein ganzer Körper so komisch geprickelt hat. Vielleicht vor Aufregung, weil ich diesen Entschluss gefasst hatte.

Warum bist du nicht gleich geblieben?
Damals hatte ich nicht den Mut, man bricht doch kein Studium ab. Ich bin zurück nach München und habe Examen gemacht, geheiratet, zwei Töchter bekommen. Und bin so oft wie möglich nach Ibiza geflogen. Immer mit dem Gedanken: Hier werde ich bald leben. Ich hatte eine kleine Affäre mit einem Hotelbesitzer, einem Spanier. Mit Antonio blieb ich über all die Jahre immer im Kontakt. Er kannte sich auf den Balearen aus und riet mir: Wenn Du im Süden dauerhaft leben willst, musst du nach Mallorca. Auch wegen deiner Kinder. Da sind die Schulen besser. Antonio besorgte mir eine Wohnung in Palma, die ich mietete. Ein paar Monate später starb mein Mann. Ich war damals 46 Jahre alt und die Kinder gerade Teenager.

Und dann bist du nach Mallorca gezogen?
Das war nicht so einfach. Alles in meinem Leben sprach gegen diesen Plan. Ich stand nach dem Tod meines Mannes vor einem Berg von Schulden. Hatte einen Modeladen, der noch mindestens fünf Jahre gebraucht hätte, um schuldenfrei zu sein, und den niemand kaufen wollte. Und hatte Kinder, die auf keinen Fall in

den Süden wollten. Auf gar keinen Fall! Aber ich habe ganz fest darauf vertraut, dass mein tiefster Wunsch, im Süden zu leben, stark genug sein würde, dass sich die Dinge gut regeln. Die Wohnung in Palma war ja schon mal ein Anfang. Nur hatte ich kein Geld.

Wie hast du es trotzdem geschafft?
Vermutlich, weil ich mich getraut habe, mein eigenes Leben zu leben. An meinem Ziel festzuhalten und noch mal neu zu starten. Mich gegen meine Kinder durchzusetzen, auch wenn sie mich eine Egoistin nannten. Ich dachte, die gehen sowieso irgendwann aus dem Haus, und dann bist du zu alt, um noch in den Süden zu ziehen. Mach es jetzt! In schwachen Augenblicken holte ich mir den Moment an der weißen Kirchenmauer hervor und das stimmige Gefühl, das ich damals hatte. Dann habe ich wieder die Zähne zusammengebissen, die Ohren angelegt und mich total auf mein Ziel konzentriert.

Du also gegen den Rest der Welt.
Was hat dich so sicher gemacht?
Ich habe fest an meinen Plan geglaubt. Alle haben den Kopf geschüttelt. Du lebst nicht in der Realität, bekam ich zu hören. Und von außen sah es auch so aus, als ob ich eine Träumerin sei. Nur ich wusste: Das klappt!

Wie hat es denn dann geklappt?
Ich saß auf 150 000 Mark Schulden, konnte kein Personal bezahlen, keine neue Ware, gar nichts. Und habe es trotzdem geschafft, dass innerhalb eines Monats zum Weihnachtsgeschäft der Laden voll war mit Schuhen, Accessoires und Klamotten, die ich auf Kommission bekam. Von Vertretern und Firmen, mit denen ich gute Beziehungen pflegte, die ich immer rechtzeitig bezahlt hatte

und die mir jetzt aus meiner Notlage halfen. Dafür habe ich geschuftet, musste die Ware von überall abholen, auszeichnen, abrechnen, zurückbringen. So habe ich Monat für Monat etwa 15 000 Mark umgesetzt. Ich habe mich total fertiggemacht. Fünf Jahre hätte ich das nie durchgehalten.

Und dann?
Ich habe weiter ganz fest an mein Ziel geglaubt. Nach vier Monaten kam eine Vertreterin in den Laden, die ich von Messen kannte, und sagte, sie habe gehört, dass ich mein Geschäft verkaufen wolle. Ich habe sie gestoppt, von der Überschuldung erzählt und gesagt, dass ich nur verkaufen würde, wenn ich 150 000 Mark als Ablöse bekäme. Ein paar Wochen später hat sie den Laden für die Summe gekauft, die ich brauchte. Ich war schuldenfrei. Und frei für ein neues Leben im Süden!

Die Kinder zogen mit?
Na ja, ich habe sie einfach gegen ihren Willen verpflanzt. Einen guten Monat später waren sie begeistert. Heute leben beide glücklich auf Mallorca und können sich ein anderes Leben gar nicht mehr vorstellen.

Und Du?
In der Seele bin ich mehr Ibiza. Deshalb habe ich wohl auch mein Haus weiß gestrichen, es sieht richtig ibizenkisch aus zwischen den mallorquinischen Steinhäusern. Um hier zu wohnen, ist Palma aber tatsächlich besser, auf jeden Fall weltoffener. Da hatte der gute Antonio schon recht. Das Leben hat mich nach Mallorca geführt. In den Süden, wo ich hinwollte und wo es für mich gut ist. Das hat das Leben übrigens immer so gemacht, ich dachte nur, dass ich dafür kämpfen müsste.

Weil sich die kleine Tamara ganz allein durchbeißen musste?

Kann schon sein. Es gab auch Leute, die meinten, ich wolle auf eine Insel, um mich abzuschotten. Aber das stimmt nicht. Im Gegenteil. Ich habe ja auf Ibiza erst das Leben entdeckt, nicht in Deutschland, wo es mir oft schlecht ging oder ich mich gar nicht spürte. Auf der Kirchenmauer von Santa Eulalia, mit Mitte zwanzig, habe ich mich zum ersten Mal wirklich wahrgenommen. Meine Lebendigkeit, meine Freude am Dasein, meinen Drang nach Freiheit und Individualität. Dieser Moment, in dem ich mich für den Süden entschieden habe, hat das Leben so verändert, dass es heute uneingeschränkt MEIN Leben ist.

Praxis: Wie wir unseren magischen Momenten auf die Spur kommen

Den roten Faden im Leben finden

Irgendwann im Leben kommt jeder Mensch an den Punkt, wo er sich fragt, was bisher war und wohin die Reise noch gehen soll. An diesem Punkt setzt auch die sogenannte Biografiearbeit ein. Psychologen verstehen darunter die gezielte Auseinandersetzung mit dem eigenen Leben. Dabei geht es zum einen um den Blick zurück, um ein umfassendes Verständnis der eigenen Lebensgeschichte zu entwickeln und mögliche Brüche oder Erfahrungen des Scheiterns sinnvoll zu integrieren. Zum anderen geht es darum, die Entwicklungsmöglichkeiten, die jeder Lebensabschnitt für uns bereithält, richtig zu nutzen. Gerade in unserer Lebensmitte stellen wir häufig fest, wie stark wir noch immer durch unsere Kindheit geprägt sind. Mithilfe der Biografiearbeit lernen wir, Erlebnisse unserer Vergangenheit als tief zu uns gehörend zu verstehen und erfahren, inwiefern unsere Vergangenheit uns befähigen kann.

Stellen wir uns dazu unser Leben als ein Haus vor. Unsere ersten 21 Lebensjahre bilden den ersten großen Lebensabschnitt, sie umfassen unsere Kindheit, Schulzeit und Jugend. In dieser Zeit haben wir die drei Räume des Erdgeschosses bezogen. Sie sind unser Fundament und prägen unseren Umgang mit der Welt. Betreten wir jetzt diese Räume und erforschen wir durch Fragen ihr Innenleben. Denn je bewusster wir zurückblicken, desto klarer können wir erkennen, welche unserer heutigen Verhaltensmuster ihren Ursprung in der Vergangenheit haben.

- War ich ein trotziges Kind?
- War ich eher mutig oder ängstlich?
- Fühlte ich mich von meinen Eltern geliebt, und wie war meine Beziehung zu ihnen?
- In welcher Umgebung bin ich aufgewachsen, welche Sinneseindrücke haben sich mir bis heute eingeprägt?
- Bin ich gerne zur Schule gegangen?

- Wer war meine wichtigste Bezugsperson?
- Welches Temperament habe ich entwickelt?
- Hatte ich das Gefühl, dass man mir zuhört und mich versteht?
- Wie habe ich die Pubertät erlebt – fühlte ich mich in dieser Zeit von meinen Eltern unterstützt?
- Was waren meine Ideale, wer meine Idole?

Die Räume im ersten Stock unseres Lebenshauses bewohnen wir in unserem zweiten großen Lebensabschnitt, zwischen 21 und 42 Jahren. Jetzt liegt es an uns, ob wir uns an den Plan des ersten Lebensabschnittes halten oder mit dem Umbau beginnen. Es soll immer mehr unser Lebenshaus werden, das zu uns passt und das auch weiterhin ausbaufähig ist. Und wieder stellen sich Fragen, die es lohnt zu beantworten. Denn je stärker wir mit unserem Lebensfaden verbunden sind, desto bewusster erkennen wir die magischen Momente in unserem Leben. Steigen wir also in den ersten Stock und schauen wir:

- Was sind meine besonderen Stärken, was meine Schwächen?
- Wie würde ich mich selbst für jemanden beschreiben, der mich nicht kennt?
- Worauf bin ich in meinem Leben richtig stolz und warum?
- Was tue ich gerade, wenn ich mich so richtig lebendig fühle?
- Welche meiner Träume habe ich mir bereits erfüllt?
- Mit welchem Thema komme ich immer wieder in Berührung? (Mut, Zweifel, Grenzen setzen, …)
- Bin ich mir selbst ein guter Freund?
- Welche Hoffnungen habe ich aufgegeben?
- Was hält mich momentan von meinen Zielen ab?

Morgenbriefe

Welch heilsame Wirkung das Schreiben haben kann, wissen viele Menschen noch von früher. Gerade in dieser Zeit hat manch einer von uns Tagebuch geführt, um sich Sorgen von der Seele zu schreiben, um Entscheidungs- und Klärungsprozesse voranzutreiben, um Erinnerungen zu ordnen oder sich in den Zusammenhängen seines Lebens genauer zu verstehen. Was uns damals dabei geholfen hat, eine genauere Vorstellung von unserer Persönlichkeit zu gewinnen, erweitert auch im erwachsenen Alter unseren Blick auf uns selbst und kann deshalb ganz gezielt zur kontinuierlichen Selbsterfahrung genutzt werden. Gerade dann, wenn das Gedankenchaos in unserem Kopf überhandnimmt, hilft das Schreiben dabei, uns emotional zu befreien und unsere Gedanken zu klären. Wenn wir uns also selbst besser kennenlernen und herausfinden wollen, was für uns wirklich wichtig ist, empfiehlt es sich, die eigenen Gedanken regelmäßig zu Papier bringen. Der Morgen eignet sich als Tageszeit dafür besonders gut. Direkt nach dem Aufstehen oder auch nach dem Frühstück können wir all das, was ständig in unserem Kopf kreist, uns aber nicht weiterbringt, sondern im Gegenteil häufig eher blockiert, niederschreiben. Wir blicken zurück auf den vergangenen Tag, was gut war und was schlecht und wovon wir geträumt haben, und wir blicken nach vorne auf das, was uns an dem gerade beginnenden Tag erwartet. Haben wir all unsere Gedanken erst einmal zu Papier gebracht, kann das, was in uns schlummert, an die Oberfläche kommen. Ganz so, als würden wir einen vergrabenen Schatz freilegen. Nun ist Raum für Essenzen, Wahrheiten, Inspirationen. Gefühle, Ideen, Assoziationen und Pläne können festgehalten werden, Wünsche und Träume reflektiert – und manchmal auch umgesetzt, manchmal auch rasch wieder vergessen. So oder so erleben wir beim morgendlichen Schreiben, wie sich mit der Zeit eine tiefe Ruhe in uns ausbreitet und wir endlich wieder einmal ganz bei uns ankommen. Wir unternehmen damit eine Reise zu uns selbst, zu unserem innersten Kern. Auf dieser Reise finden wir den roten Faden in unserem Leben und nähern uns auch unseren magischen Momenten an. Werden wir diese doch nur dann erfahren, wenn wir mit uns im Kontakt sind, ganz nah, ganz im Einklang.

Die folgenden Fragen können uns in unseren Morgenbriefen leiten:

- Worüber habe ich mich gestern am meisten gefreut und was hat mich geärgert?
- Was ist mir gestern gut gelungen und was weniger gut?
- Für welche Begebenheit gestern bin ich wirklich dankbar?
- Welche Begegnung war für mich gestern besonders bedeutsam?
- Wovon habe ich heute Nacht geträumt und was will mir dieser Traum sagen?
- Gehe ich zuversichtlich in den Tag oder eher sorgenvoll?
- Worauf freue ich mich heute am meisten, wozu habe ich überhaupt keine Lust?
- Auf wen möchte ich heute auf keinen Fall verzichten?
- Was möchte ich heute anders machen als gestern?
- Wenn ich heute einen Wunsch frei hätte, welcher wäre es?
- Was kann ich tun, damit sich dieser Wunsch tatsächlich erfüllt?
- Welche Herausforderung habe ich heute zu meistern?

Kapitel 2

Mein Drei-Sekunden-Jetzt!-Gefühl

Ich habe es erlebt. Es gibt Situationen, da kann ein einziger Satz, ausgesprochen in wenigen Sekunden, einen magischen Moment auslösen – und danach ist nichts mehr, wie es war. Solche Augenblicke habe ich richtig körperlich gespürt, wie einen pfeilgenauen, aber nicht unangenehmen Stich. Irgendwo in der Mitte, vielleicht am ehesten in der Bauchgegend.

Tief in mir ist etwas berührt worden. Aber wovon? Und was passiert da, wenn mich so ein Ruck durchfährt? Wenn blitzartig ein Gedanke, ein Gefühl, eine Sehnsucht in mir hochkommt, mit unabsehbaren Folgen? Und ich plötzlich weiß, in diesem Augenblick verändert sich mein Leben. Wie kann das in wenigen Sekunden geschehen?

Was bedeutet eigentlich »Moment«, frage ich mich. Ich bin mir nicht sicher. Das Wort kommt aus dem Lateinischen, so viel ist klar. Für meinen Weg zu den magischen Momenten will ich es genauer wissen und schaue in die Übersetzung. *Movere* heißt bewegen, erregen, antreiben, veranlassen. Tatsächlich, da dämmert mir etwas aus der Schulzeit. Wie habe ich es gehasst, das Pauken von Vokabeln.

Egal, die Vergangenheit ist hier nicht gefragt. In diesem Kapitel geht es um die Gegenwart. Um das Gefühl: Jetzt, genau jetzt passiert etwas Großes, etwas Unfassbares! Es geht um Präsenz, ein Wort, das – wie der Moment – aus dem Lateinischen kommt und mit Gegenwart übersetzt wird. Präsent sein, gegenwärtig sein, lebendig und wach. Den Moment wahrnehmen. Darum geht es auch im Yoga. In Präsenz übe ich mich auf meiner Matte mehrmals in der Woche. Könnte ja sein, dass ich auch im »richtigen Leben« aufmerksamer geworden bin, offener für die Fülle der Möglichkeiten, jeden Tag, jeden Augenblick. Eine Empfindung, ein Satz, ein Eindruck – Momente eben, die dieses unvergleichliche »Jetzt!« in mir hervorrufen. Ich weiß nicht, wie lange so ein Moment wirklich dauert. Gefühlt nur Sekunden, vielleicht ist in mir schon alles vorbereitet, und ich nehme nur den sekundenkurzen Auslöser wahr. So könnte es allen gehen, die etwas so Wunderbares erleben, dass sie sich fühlen »wie vom Blitz getroffen«.

Der Moment, laut Lexikon der Beweger, Erreger, Antreiber, Veranlasser. Damit kann ich etwas anfangen. Das passt. Meine magischen Momente haben mich hellwach werden lassen. Als ob sie einmal durch mein gesamtes Nervensystem gefegt wären. Eine Bewegung, die mein Innenleben aufgewühlt hat. So wie man den Boden umgräbt im Frühjahr, damit die Pflanzen neue Nährstoffe bekommen und gedeihen. Sie haben mich weiter nach vorn getrieben. In neue Möglichkeiten, neue Chancen. Das alte Leben, das ich führte, haben diese magischen Momente in Frage gestellt. Urplötzlich und wie es scheint, unvorbereitet. Sie haben veranlasst, dass ich abbiege von meinem Weg, eine Kurve nehme, eine neue Richtung einschlage. Für meine Zukunft, nicht nur für diesen einen Augenblick.

Augenblick. So nennt man den Moment ja auch. Ein magischer Augenblick! Auch darin steckt Bewegung. Ein Lidschlag, eine blitzschnelle Augenbewegung, ein Reflex. Ein Augenblick, der zum Drehmoment meines Lebens wird. Eine Veränderung in Gang setzt, die ich nie für möglich gehalten hätte.

Bei einem Kongress in Berlin zum Thema »Meditation und Wissenschaft« lernte ich Marc Wittmann kennen. Er ist Psychologe, Humanbiologe und Schüler des renommierten Hirnforschers Ernst Pöppel. Er soll mich weiterbringen auf meiner Reise zu den magischen Momenten. Ich besuche den Wissenschaftler, wir treffen uns im »Institut für Grenzgebiete der Psychologie und Psychohygiene« in Freiburg. Mein Koffer ist voller Fragen. Denn was mir noch aufgefallen ist, seit ich dem Moment auf der Spur bin: Jeder benutzt dieses Wort. Aber meinen alle auch dasselbe? »Ihr Taxi muss jeden Moment kommen«, entschuldigt sich die Dame von der Zentrale. »Moment mal!«, brumme ich den Fahrgast an, der im Zug hinter mir drängelt. Und im Yoga werde ich angeleitet: »Versuche, ganz im Moment zu sein.« Ich vermute, es geht immer um Zeit. Auch um das Gefühl für Zeit. Ist ein Moment die kleinste Größe, die wir von der vergehenden Zeit wahrnehmen können – und gleichzeitig die stärkste Kraftquelle, um das Leben voll und ganz zu spüren?

Marc Wittmann lädt mich erstmal in ein nahe gelegenes Cafe ein. Kurz verschnaufen, Espresso trinken, so viel Zeit muss sein vor dem Gespräch. Es sieht so aus, als ob er weiß, worauf es ankommt. Auf die Zeit eben.

»Was ist das genau, ein Moment?«, will ich wissen.

»Wie lange dauert das Erlebnis Gegenwart, ist das Ihre Frage?«, kommt die Antwort. Ich ahne gleich, hier habe ich mir viel vorgenommen. Hoffentlich nicht zu viel. Die Materie könnte vertrackter sein, als ich dachte. Ich will es trotzdem wagen und versuchen, aus dem Tempel der Wissenschaft etwas Verständliches über den magischen Moment mitzunehmen.

»Das Erlebnis Gegenwart.« Das höre ich zum ersten Mal, und es klingt lang und gewichtig. Auf jeden Fall nach mehr als nur nach ein paar Sekunden. Überhaupt, was ist schon eine Sekunde, wenn man nicht gerade an Skirennen oder 100-Meter-Staffeln denkt. Sie ist doch im Handumdrehen verschwunden, flüchtig, kaum spürbar und wieder weg. »Würden Sie meiner Frau bitte die Waschräume zeigen?« In Sekunden ausgesprochen und vergessen, normalerweise. Nur: Dieser magische Moment, dieses Erlebnis Gegenwart, dieser eine Satz hat mein Leben aus den Angeln gehoben.

Das Gehirn schnürt die Momente zu kleinen Zeitpaketen zusammen

In Freiburg erfahre ich: Der Moment ist keine aus der Luft gegriffene Größe. Er hat eine exakt gemessene Dauer. Genau drei Sekunden zählen die Wissenschaftler, dann ist das Erlebnis Gegenwart vorbei. Für die Forschung zumindest. »Drei Sekunden können wir als zusammenhängendes Ganzes verarbeiten. Mehr nicht«, sagt Marc Wittmann. Eindrücke, Erfahrungen, Überraschungen, Informationen, alles, was von außen kommt, wird vom Gehirn in überschaubare Einheiten zerlegt, in kleine Zeitpakete gepackt von zwei, höchstens drei Sekunden. In so einem winzigen Paket kommt zusammen, was unser Gefühl von »Jetzt!« ausmacht. Interessant. Der magische Moment verwandelt sich im Besprechungszimmer des Freiburger Instituts in ein zeitlich begrenztes Drei-Sekunden-Erlebnis.

»Wir haben untersucht, wie langsam ein Metronom schlagen kann, damit das Gehirn noch einen Takt erkennt. Einen Abstand von drei Sekunden kann es gerade noch als Einheit begreifen, dann ist Schluss«, so Wittmann. Sind die Abstände zwischen den Schlägen länger, stelle das Gehirn keinen Zusammenhang mehr her. Die Taktung von drei Sekunden sei in jedem von uns genetisch verankert. Daher werde sie auch »Atemzug der Seele« genannt, erklärt der Wissenschaftler. Denn sogar der Atem habe genau diesen Rhythmus. Eine normale Atembewegung, in der wir einatmen und ausatmen, hat, so erfahre ich, die Dauer eines gefühlten Momentes. Drei Sekunden eben.

Atemzug der Seele. Das Bild gefällt mir. Vielleicht atmet die Seele ja auf, oder besser: durch. Einen magischen Moment lang. Einen Moment, in dem sie sich öffnet und berührt wird. Von einer Erfahrung, einem Eindruck, einem anderen Menschen. In einer Stimmung, in der wir mit ganzer Seele dabei sind, mit uns selbst in Deckung. Wo sich alles wie eine Gewissheit anfühlt, die vom Außen ins Innen fließt und umgekehrt. Ja! Jetzt! Das ist es! Ein Augenblick der Harmonie und zugleich der Bewegung. In einem magischen Moment ist alles stimmig und verbunden, denke ich. Wie im Yoga. Das bedeutet übersetzt ja auch: Verbindung. Die Verbindung von Atem und innerem Gleichgewicht. Den Geist, die Hirnströme beruhigen durch bewusstes Atmen. In der Meditation, im Yoga. Dem Atem lauschen und Körper und Seele ins Gleichgewicht bringen. Den Körper wahrnehmen, die Atmung, die feinen Zwischentöne der Seele. Mal gelingt mir die Konzentration auf den Atem, und ich werde tatsächlich ruhiger. Mal halte ich das Lauschen nach innen kaum aus und bin noch nervöser als vorher. Die Vorstellung, meinen eigenen Atem wie rauschende Wellen am Meeresstrand wahrzunehmen, hat zwar bis jetzt noch keinen magischen Moment hervorgezaubert. Aber vielleicht meine Seele befreit. In drei Sekunden. Mit einem Atemzug. Durch das Erlebnis Gegenwart. Dieses Jetzt! Jetzt! Jetzt!

Ich stelle mir vor, wie das Gehirn im Drei-Sekunden-Takt vorwärtsspringt und ein Erlebnis Gegenwart nach dem anderen verarbeitet. Eine kurze Begegnung, eine grüne oder rote Ampel, der Gesang einer Amsel: Alles, was ich wahrnehme, die ganze Flut von Informationen, verwerte ich ja in kleinsten Portionen. Winzige Bausteine, die den Lauf der Zeit bilden. Ein Zeitpaket reiht sich an das nächste, ein Moment an den folgenden, unmerklich getrennt in kleinste Abschnitte und doch verbunden, so entsteht der Fluss der Zeit. Mir wird fast schwindelig, wenn ich mir vorstelle, wie viele gebündelte drei Sekunden sich da über Jahre angesammelt haben. Und wie viele auch wieder aussortiert und vergessen wurden. Denn alles, was gerade noch Gegenwart zu sein scheint, ist ja in den nächsten drei Sekunden, im nächsten Moment schon wieder Vergangenheit!

Aber halt, nicht meine magischen Momente! Die sind immer Gegenwart. Meine fünf einzigartigen Drei-Sekunden-Pakete, die unter Milliarden von Momenten, die ich bereits erlebt haben muss, deutlich herausragen. Wie meterhohe Aussichtstürme auf meiner Lebensstrecke, von der Sonne wie magisch beschienen und voll mit intensivem Erleben. Solche Augenblicke und alles, was sich aus ihnen entwickelte, behalte ich in Erinnerung. Auch wenn sie zeitweise verschüttet waren: Auf meinem Sofa habe ich sie wieder an die Oberfläche geholt. Zum Beispiel das Erlebnis Gegenwart, die drei Sekunden, in denen ich an meiner Haustür hörte: »Die Post mag misch nischt.« Oder, Jahre später: »Würden Sie meiner Frau bitte die Waschräume zeigen?« Auf den ersten Blick unbedeutende, aber für mich atemberaubende Momente. Die mir jetzt, gegenüber einem Hirnforscher, ganz besonders magisch erscheinen. Denn in dem winzigen Zeitpaket stecken nicht nur drei entscheidende Sekunden, sondern auch die geballte Kraft, um eine grundlegende Veränderung zu bewirken. Deswegen sehe ich wohl meine magischen Momente in leuchtend bunten Farben, hell und sonnig. Und turmhoch.

Warum werde ich ausgerechnet diese Momente nie, nie vergessen? Weil sie vollgepackt sind mit Gefühlen, erfahre ich. Ohne solche starken Emotionen würden die Drei-Sekunden-Zeitpakete, die meine fünf magischen Momente enthalten, in der Paketflut des Lebens untergehen. »Wenn etwas interessiert oder fasziniert, wird es abgespeichert. Was keine Gefühle weckt, wird vergessen«, so Marc Wittmann. Wir erinnern uns über Gefühle, erleben durch Gefühle, erkennen etwas mithilfe von Gefühlen. Emotionen halten uns zusammen. So gesehen ist der magische Moment ein einmaliger, emotionaler Höhepunkt.

Was geht in mir vor, wenn ich für Sekunden zutiefst überrascht und berührt bin? Wenn wie aus dem Nichts ein starkes Gefühl, eine glasklare Wahrnehmung auftaucht. Und ich plötzlich weiß: Ja! Jetzt! oder: Das war's! oder: So nie mehr! Wenn eine einzige Frage, ein Satz, eine Empfindung, ein sekundenkurzer Gedanke, ein klitzekleiner Hinweis mein Leben dreht. »In einem solchen Moment passiert einfach alles«, erklärt der Hirnforscher. Alle Zellen werden aktiviert, das Gehirn schüttet einen extra starken Cocktail mit Neurotransmittern aus. Allen voran den Botenstoff Dopamin, auch Glückshormon genannt. Er wird vom Gehirn großzügig freigesetzt, wenn wir positiv überrascht sind, eine besondere Erfahrung machen oder eine Belohnung erwarten. Dopamin ist zuständig für unsere Motivation, steigert die Wahrnehmungsfähigkeit und löst Vorfreude aus, bis hin zu einem berauschenden Glücksgefühl. Durch die Emotion, die ein magischer Moment hervorruft, sind alle Funktionen des Körpers im Ausnahmezustand, die Wahrnehmung ist messerscharf, alles Drumherum wird ausgeblendet. Nur das, was unmittelbar wichtig erscheint, steht im Zentrum der Aufmerksamkeit.

Im magischen Moment arbeiten Körper und Seele auf Hochtouren

Ich spüre nach. Denke an den Moment vor der Hoteltür, an den Weg zu den Waschräumen. Versuche, mir die Situation noch mal genau heranzuholen. Ich sehe mich die Halle betreten, langsam, Schritt für Schritt, obwohl ich doch in körperlicher Not war. In meiner Erinnerung gehe ich sogar langsamer als sonst. Während sich in meinem Kopf der Satz dreht, dieser magische Satz, der meinem Dasein gerade eine neue Richtung gibt. Mein Körper erscheint mir dabei schwer, fast zögerlich. Intuitiv weiß ich, meine Ehe ist völlig überraschend vorbei, und die größtmögliche Liebe ist soeben genauso überraschend in mein Leben getreten. Es sind Sekunden, in denen die Zeit stillzustehen scheint. Habe ich deshalb meine Schritte, den Portier neben mir, die anderen in der Halle wie in Zeitlupe erlebt? Was ergibt das nun wieder für einen Sinn? Wie hängt das mit meinem magischen Moment zusammen?

Was ich gerade gelernt habe: Mein gesamter Organismus arbeitete in diesem besonderen Augenblick auf Hochtouren, alle Funktionen waren voll angeschaltet, ich konnte Eindrücke und Gefühle in Sekunden wahrnehmen, Zusammenhänge viel schneller als sonst herstellen, die Gedankenkette in meinem Kopf sah in etwa so aus: Diese Liebe verändert alles, auf einen Schlag, mein Leben macht gerade einen Purzelbaum, ich werde mich von meinem Ehemann trennen, das hätte ich nie für möglich gehalten, nichts in meinem Leben bleibt bestehen, alles dreht sich, was wird kommen? Der magische Moment fordert Körper und Seele extrem heraus, die besondere Gemütslage bringt alle Funktionen in äußerste Erregung. Und weil innen so viel Aufruhr herrscht, läuft das, was draußen geschieht, viel langsamer ab als normal. Sehr oft erlebe man dieses Gefühl der Zeitlupe auch in gefährlichen Momenten, bei einem Unfall zum Beispiel, erklärt mir Marc Wittmann.

Cornelia Poletto über ihren magischen Moment

An diesen bahnbrechenden Moment vor vier Jahren erinnere ich mich wie gestern. Ich war zu einer Hamburger Talkrunde eingeladen. Vom Reiten zurück zog ich mir schnell irgendetwas an. Ehrlich gesagt war mir egal, wie ich aussah. Ich hatte sowieso keine Lust auf diese Runde. Aber mitgehangen, mitgefangen. Im Auto sagte ich zu meiner Pressedame Theresa: »Das machen wir nicht noch mal. Was soll ich mit dem alten Exbürgermeister und einem, den ich gar nicht kenne. Grube oder so.« »Du kennst den nicht? Das ist der Bahnchef«, erwiderte sie. Für mich war das immer noch Mehdorn. Ich fand die Bahn auch so unsexy, dass ich nicht darüber nachdachte, wer da Chef ist.

Um es klar zu sagen: Rüdiger fiel überhaupt nicht in mein Beuteschema. Trotzdem war unsere Begegnung ein einzigartiger Moment. Ich war sprachlos, welche Gedanken diesem Mann durch den Kopf gingen. Er erzählte von der Flutkatastrophe 1962 und wie er als Junge mit zwölf, dreizehn Jahren versuchte, einen Menschen aus einem LKW zu retten, der im Wasser trieb. Der Mann war angeschnallt. Wie das ist, wenn du als Kind weißt, du musst diesen Gurt lösen, um ein Leben zu retten, und du hast zu wenig Kraft, du schaffst das nicht. Die Art, wie Rüdiger davon erzählte, wie er seine Gefühle in Worte fasste, hat mich unheimlich beeindruckt und berührt. Und ich dachte: Den hast du völlig falsch eingeschätzt, das ist ja wirklich ein ganz ungewöhnlicher, spannender Mensch!

Das Verrückte ist, dass wir uns gegenseitig falsch eingeschätzt hatten. Später hat uns das amüsiert. Rüdiger glaubte, ich sei so ein Fernsehsternchen, und musste feststellen, dass er sich geirrt hatte und dass das Sternchen ein klein bisschen schlauer war als vermutet.

Nach der Talkrunde setzten wir uns auf einen und dann einen zweiten Wein zusammen und unterhielten uns sehr, sehr gut. Er gab mir seine Visitenkarte, mit Handynummer. Und ich dachte, Mann, das ist ja echt ein guter Typ, den könnte man glatt noch mal treffen.

Später am Abend saß ich mit Theresa in der Weinbar meines Exmannes, um noch eine Kleinigkeit zu essen. Plötzlich kam eine SMS von Rüdiger. Es sei ein besonderes Erlebnis gewesen, mich zu treffen, er würde sich über ein Wiedersehen freuen. »Guck mal, wie lustig.« Ich zeigte Theresa die Nachricht. »Du musst sofort antworten!«, meinte sie. »Nein, auf gar keinen Fall!«, entgegnete ich. »Das macht man nicht, das hat mir meine Oma schon gesagt. Und außerdem weiß ich ja nicht, ob er verheiratet ist, und mein Typ ist er auch nicht.« »Egal, dann schreibe ich zurück.« Theresa griff mein Handy und schrieb einfach drauflos: Ja, das Vergnügen war ganz meinerseits. Auch ich würde mich freuen, wenn wir uns mal wiedersehen, so in der Art. Und so nahm das Schicksal seinen Lauf. Das Kennenlernen von Rüdiger war ein wunderbarer Moment, auch deshalb, weil unsere Liebe mein Leben auf den Kopf gestellt hat. Ich war wie viele Frauen darauf eingerichtet, alles allein zu schaffen und für meine Tochter da zu sein. Ich brauchte weder einen Walker für Veranstaltungen noch einen, der sagt: Cool, ich habe Cornelia Poletto kennengelernt, jetzt schmeckt's auch zu Hause, und ich kann mit ihr über den roten Teppich laufen. Oder einen Hausmann, der auf mich wartet und in der Zwischenzeit schon mal durchgewischt hat. Bloß nicht! Ich war überzeugt, diese Beziehungskisten sind totaler Quatsch. Eine tolle Tochter, Freunde, und sowieso wenig Zeit. Was soll's. Überall wurde ich bestätigt: Großartig, was du alles schaffst! Und immer gut gelaunt!

Aber hinter einer starken Fassade kann man sich auch verschanzen. Und irgendeine Stimme in mir hat wohl gesagt, lass doch einfach mal zu, dass jemand kommt, der dein Leben bereichert.

Und dann, plötzlich, verändert ein einziger Moment alles. Alles! Ein Mensch trat in mein Leben, bei dem ich sein kann, wie ich wirklich bin. Geschminkt oder ungeschminkt, egal. Es gibt keinen falschen Lippenstift, keine zu enge Kochjacke. Ich kann heulen oder lachen oder schweigen. Und sagen, was ich denke. Ja, bei Rüdiger kann ich frei atmen. Er weiß genau, was er für richtig hält, und setzt mir auch Grenzen, das brauche ich. Aber er ist ein Mensch mit ganz besonderen Werten. Seine Freundlichkeit, sein Respekt vor anderen und seine Menschlichkeit haben mich verändert. Im Job war ich schon mal hart drauf, auch im Umgang mit meinen Mitarbeitern. Es ist toll, wenn dich da jemand wachrüttelt. Inzwischen mache ich vieles anders. Ich bin auch fasziniert davon, dass Rüdiger jeden Tag ernsthaft betet. Mir ist der Glaube in meiner Paderborner Klosterschule ausgetrieben worden. Aber Rüdiger scheint das Gebet wirklich Kraft zu geben. Das berührt mich, und darüber denke ich gerade jetzt viel nach.

Erstaunlich. Mir fällt ein: Vor drei Jahren bin ich 18 Stufen einer Marmortreppe kopfüber heruntergestürzt und unten mit der Stirn gegen die Wand geknallt. Ein einziger Moment der Unaufmerksamkeit, in der linken Hand ein Sektglas, in der rechten das Handy und der Versuch, es beim Heruntergehen der Treppe in die Handtasche zu stecken. Ich habe den Kopf gedreht, mich dabei mit den Füßen verstolpert, hob ab von der Treppe und flog nach unten. Ich hätte, nun ja, tot sein können. Diesen Sturz habe ich wie eine gefühlte Ewigkeit in Erinnerung. Ich sehe mich tatsächlich wie in Zeitlupe an den Stäben des Geländers vorbeifallen. Als ob der Sturz, der kaum länger als zehn Sekunden gedauert haben kann, niemals enden würde.

Überall schmerzhaft angeschwollen, erst schwarz-blau und Wochen später gelb-grün, nahm ich mir vor, nie mehr zwei Dinge gleichzeitig zu tun. Gehen oder Handy einstecken. Eins von beidem. Schade, denke ich plötzlich. Ich hätte diesen Moment zu meinen magischen zählen können, wenn sich in mir wirklich etwas verändert hätte. Hat es aber leider nicht. Ich bin nach wie vor schnell dabei, wenn es darum geht, möglichst viel in einem Aufwasch zu erledigen.

Warum damals keine Einsicht, keine Erkenntnis? Nicht eine Konsequenz aus meinem Verhalten? Das frage ich mich gerade. Wie ist es möglich, dass ich nach einem einzigen, in meinen Ohren magischen Satz mein Leben auf den Kopf stelle – und dass ein so dramatisches Ereignis wie der Treppensturz nichts, aber auch gar nichts hinterlässt außer blauen Flecken? Wann und wodurch entsteht der Impuls, etwas zu verändern?

Wie lange brauchen wir, um eine Erkenntnis zu gewinnen, frage ich Marc Wittmann. »Manche brauchen zehn Jahre, manche zwei Sekunden«, antwortet er gelassen. Ich verstehe. Der Vorsatz, nie mehr mehrere Dinge gleichzeitig zu tun und meine Aufmerksamkeit zu schärfen, braucht bei mir wohl noch ein paar Jahre. Der Entschluss, ein neues Leben mit einem neuen Mann zu beginnen, war dagegen in wenigen Sekunden klar. Aber warum?

Vielleicht, weil eine Einsicht, die zu einer möglichen Veränderung führt, zunächst langsam und kaum spürbar in uns wächst. Und das Drei-Sekunden-Jetzt!-Gefühl nur die Spitze des Eisbergs ist. Trage ich ahnungslos Entscheidungen mit mir herum, die ich noch nicht treffen kann – weil sie nicht reif sind und auf den richtigen Auslöser, den magischen Moment warten? War ich zum Beispiel längst nicht mehr so glücklich in meiner Ehe, wie ich annahm? Auf der Suche war ich nicht, als ich meinen neuen Mann traf. Dachte ich bisher jedenfalls. Aber wer weiß. Unbewusst vielleicht doch. Was hatte sich da in mir zusammengebraut, bis es Klick machte bei dem magischen Satz: »Würden Sie …« Und muss ich vielleicht noch öfter ins Stolpern kommen, bevor ich endlich mit diesem Alles-auf-einmal aufhöre?

Der magische Moment entsteht nicht aus dem Nichts. So viel ist sicher. Er setzt eine Sehnsucht voraus, ein Vermissen, nicht greifbar, aber doch im Raum. Marc Wittmann vergleicht das Dämmern einer Erkenntnis mit einem Ratespiel, bei dem man immer neue Teile zu sehen bekommt und Informationen abspeichert, bis plötzlich das Bild als Ganzes erfasst wird. Diesen Prozess könne man sogar im Gehirn sichtbar machen. Im Moment einer Erkenntnis sei die vordere Insula auffallend aktiv, die alle Eindrücke zusammenfüge. In diesem Bereich des Gehirns sitzt nicht nur die Zeitwahrnehmung, dort werden auch Körpergefühle, Emotionen und Gedanken gebündelt. Hier entsteht der »umfassende emotionale Moment«, wie die Forschung sagt, also auch der magische Moment. Er hat dann eine Chance, sich zu entfalten, wenn wir innerlich gelöst sind, uns in einer entspannten Stimmung befinden. Auch das ist erforscht. Fühlen wir uns stark unter Druck, blicken wir wie mit Scheuklappen in einen engen Tunnel und nicht vom Aussichtsturm unserer Lebensstrecke rundherum in die bunte, weite Welt.

Kein Wunder, dass ich aus meinem Treppensturz nichts gewonnen habe außer blauen Flecken. Entspannt war ich weder vorher noch nachher. Habe mir auch keine Pause gegönnt, die Sache einfach weggeschoben und mich mit Schmerzmitteln in die Redaktion geschleppt. Keine Zeit. Weder fürs Jammern noch für Konsequenzen. Bloß nicht aus dem Takt kommen. Weitermachen. Das nächste Heft muss fertig werden und raus auf den Markt. Hoffentlich verkauft es sich gut!

Eine Erkenntnis setzt sich aus Teilchen zusammen – wie ein Puzzle

Jetzt, für mein Buch und in der Ruhe, die ich mir zum Schreiben und Nachspüren nehme, fühlt sich der Sturz anders an. Ich sehe die Situation, als ob sie Teil eines neuen Spiels ist, meines Ich-will-bewusster-leben-Puzzles. Wie das Bild am Ende aussieht, weiß ich noch nicht. Aber auf dem Mosaikstein, den ich in der Hand halte, erkenne ich eine kopfüber fliegende Frau, die das

Pflichtgefühl des Jobs zu dem Pressetermin geführt hat, die in das Treppenhaus ging, weil sie einen Anruf ihrer einzigartigen Stieftochter bekam, und die sich dann entschied, die Veranstaltung zu verlassen, auf der es nichts mehr zu erleben gab. Die sich an einem unwichtigen Sektglas festhielt, statt am schützenden Geländer. Die sich verstolperte, weil sie angespannt, aber durch den Anruf des Mädchens berührt war und es plötzlich eilig hatte, nach Hause zu kommen, zu ihrem abgeschminkten, privaten, zu ihrem fühlenden Ich. Jetzt, am Schreibtisch, füge ich interessiert die Teilchen meines neuen Puzzles zusammen.

Schon entdecke ich ein weiteres Einzelteil im »Ich-will-bewusster-leben-Puzzle«. Es heißt: »Auf mich wartet nur der Garten«. Ich sehe eine Frau vor mir, etwa in meinem Alter. In einem Modeladen, wo ich in der Mittagspause einen dunkelblauen Hosenanzug kaufe und leicht genervt an der Kasse stehe. Der nächste Termin steht an, Kollegen warten, es muss bitte schnell gehen mit dem Einpacken und Bezahlen. Die Frau schaut mich aus großen, ruhigen Augen an und lässt mir den Vortritt. Als ich mich bedanke und meine Zeitnot zu erklären versuche, antwortet sie völlig in Ruhe: »Machen Sie nur. Auf mich wartet nur der Garten.« Die Bemerkung ist mir immer wieder durch den Kopf gegangen. Sie hat eine Sehnsucht in mir angesprochen, aber noch keine weiteren Schritte ausgelöst. Immerhin schon mal ein beträchtlicher Teil des neuen Puzzles, wie ich finde.

Etwas später taucht das nächste Teilchen aus dem Gedächtnis auf. Wieder in der Mittagspause, diesmal mit Anzeigenkunden, Lunch und Job praktisch und zeitsparend kombiniert, wie so oft. Draußen auf der Terrasse entdecke ich eine Bestsellerautorin, die ich kenne und schätze. Sie sitzt genüsslich am Tisch, mit Mann und Kindern. Familienidylle an einem ganz normalen Arbeitstag. »Du bist ja gar nicht am Schreibtisch«, entfährt es mir, als ich sie beim Verlassen des Lokals kurz begrüße. »Wenn die Sonne scheint, arbeite ich nie«, sagt sie wie selbstverständlich und nimmt die dunkle Brille ab. Der Satz sitzt. Bis heute. Erfolg scheint tatsächlich auch etwas mit Gelassenheit zu tun zu haben. Und mit Prioritäten. Schreibtisch oder Sonne. Man muss sich entscheiden, auch beim Ich-will-bewusster-leben-Puzzle.

Und jetzt, wo stehe ich eigentlich auf meiner Strecke, hier und heute? Mag sein, dass der Treppensturz doch nicht so folgenlos geblieben ist, wie ich glaubte, schießt mir in den Sinn. Ich bin ja inzwischen raus aus dem Hamsterrad, runter von der Autobahn. Ich führe ein neues Leben. Habe mich gestoppt, mir die Zeit genommen, um nach mir und meinen magischen Momenten Ausschau zu halten. Vielleicht hat der Sturz doch etwas in mir ausgelöst, den leisen Beginn einer großen Veränderung.

Was für eine Erkenntnis! Jetzt, im Nachhinein. Jahre später. Zugegeben, nicht gleich innerhalb von drei Sekunden. Aber – was hat Marc Wittmann noch gesagt? »Die drei Sekunden sind nicht alles.« Auf das spontane Jetzt!-Gefühl folge die sogenannte mentale Präsenz, die einordnet, was mir gerade in meinem magischen Moment passiert ist, welche Konsequenzen mich erwarten. Diese Zeitspanne dauere bis zu 30 Sekunden. Bei mir, nun ja, wohl ganze drei Jahre. Trotzdem bleibe ich optimistisch. Und lebe möglichst von Moment zu Moment. So, wie mein Gehirn es mir wunderbar vormacht.

Mein zweiter magischer Moment: *Die Post mag misch nischt!*

Habe ich den Mund doch zu weit aufgemacht? Habe ich zu viel versprochen? Wie war das noch mit dem Mut, dem Mut zum Eigenen? Jetzt, wo es um das Kind in mir geht, werden plötzlich wieder die Knie weich.

Als ob ich gerade erst fünfzehn bin und in einem gold-weiß-gestreiften Kleid, ein Stoff, der irgendwie übrig war und der Schneiderin anvertraut wurde, im Foyer einer Konzerthalle stehe. Mich klein fühle im Kreis der Erwachsenen, unbedeutend. Mit meinen verhassten Locken, rötlich noch dazu, oder kastanienbraun, wie meine Mutter sagte. Auf jeden Fall weit weg vom Trend, der damals hieß: sehr lange, vor allem glatte!, ins Gesicht fallende Haare mit Mittelscheitel. Madonnenscheitel. Hippie-Look. Stirnband war auch ok. Alle sahen so aus. Alle. Nur ich nicht.

Einmal im Monat, dienstags, brauchte ich dringend eine gute Ausrede. Da stand im Stundenplan Schwimmen, in der nahe gelegenen Schwimmoper. Das ging gar nicht. Meine mühsam mit der Brennschere glatt gezogenen Haare hätten sich unter Einwirkung der fünf beige-gelben, an der Wand angebrachten Haartrockner in eine fiese Lockenmähne verwandelt, zum sicheren Gespött meiner Mitschüler. Also, kein Schwimmen für mich. Um keinen Preis der Welt. Stattdessen: Periodenschmerzen, Übelkeit, verstauchte Fußgelenke, Sehnenscheidenentzündung im Arm. Alle Argumente schön abwechselnd, übers Jahr verteilt. Und zu den Locken, ganz furchtbar, diese Sommersprossen, die ich vergeblich mit Merz Schwanenweiß zu bekämpfen versuchte. Einer widerlich riechenden, giftigen Bleichcreme, die schon damals, in den 1960er-Jahren, verboten gehört hätte.

Konzertpause. Um mich herum also die Erwachsenen. Sie machen keinen Hehl aus ihrer Lebenserfahrung. Aus ihrem Mehr-Wissen, ihrer Überlegenheit. *Informier Dich, lies Zeitung, bevor Du diskutierst.* Menschen, die es geschafft haben. Die stark sind, klug, die sogar von sich reden machen. Die fleißig sind, gewissenhaft, anständig, die nach Amerika reisen und mit Country-Platten im Gepäck zurückkommen. Blumenkinder sind ihnen suspekt und die Rockmusiker auch. Sie tun alles, um die heile Welt wiederaufzubauen, die ihnen der Zweite Weltkrieg genommen hat. Da waren sie selbst fast noch Kinder. *Ihr wisst gar nicht, was wir durchgemacht haben.* Jetzt soll alles besser werden. Dafür arbeiten die Männer hart, sorgen für die Familie und für ein Haus. Englische Antiquitäten werden gekauft. Einladungen gegeben. Die Mutter verantwortet den Haushalt. Sie hat in ihrer blauen Mappe einen Block, auf dem sie Buch führt. Wer war wann mit wem bei uns zu Gast. Man mixt die Menschen wie im Kartenspiel. Und dann erscheinen abends die Servierdamen mit weißen Schürzen, und es klingelt oben an der Haustür, und ich darf die Salzletten anbieten. Großmütter, vom Krieg und von Verlust gezeichnet, kommen zu Besuch und bleiben lang, Wochen, manchmal Monate. Sie wohnen im Gastzimmer. An einem runden Biedermeiertisch fragen sie Vokabeln ab. Latein, hauptsächlich. *Dein Cousin wird mal ein guter Lateiner.* Und ich? Keine böse Absicht, bestimmt nicht. Ich bin eben ein Mädchen. Da kommt es nicht so darauf an. Ich schlängele mich durch die Schule. Schaffe immer so gerade die Versetzung. Unauffällig rutsche ich mit. Gehöre nicht zur Klassengemeinschaft. Werde auch nicht gemobbt. Es geht mit mir und genauso gut ohne mich. Egal. Wie gern würde ich mich nach der Schule mit den anderen am Brunnen treffen und rauchen. Aber keiner fragt.

Ich würde so gern dazugehören. Ich würde auch gern in einer Ballettgruppe tanzen. Doch man hat mich zur »Tänzerischen Gymnastik« geschickt. *Das ist sportlicher, nicht so affig*, sagen sie. Richtige Ballettschuhe mit Satinbändern um die Knöchel braucht man dort nicht. Im Kaufhaus, in der Abteilung für Kurzwaren, habe ich weiße Bänder entdeckt. Sie glänzen zwar nicht, aber ich nähe sie mir trotzdem an meine Gymnastikschuhe und stelle mir vor, ich sei eine richtige Ballerina, wenn ich nach der Schule in meinem Kinderzimmer unbeobachtet den Plattenspieler anmache, mich drehe und dabei von einer Ecke in die andere hüpfe. Ich soll bloß keines dieser albernen Mädchen werden, die nur kichern und nichts im Kopf haben. Deshalb »Tänzerische Gymnastik«. Und deshalb kein reines Mädchengymnasium. Ich gehe auf die einzige Schule in der Stadt, in der Jungen und Mädchen zusammen erzogen werden. Latein und Griechisch muss ich dafür in Kauf nehmen.

Wir sind anders als die anderen. Ich verstehe nicht, was ich zu Hause höre. Warum sind wir anders? Bei meiner Freundin Steffi lackiert sich die Mutter am Nachmittag die Nägel, rosa mit Perlmuttschimmer, abends kommt die Oma mit dem Bus von der Arbeit, und am Wochenende gibt es Kaffee und Kuchen. Jeden Samstag backen sie. Und konfirmiert wird Steffi auch und trägt Nylonstrümpfe. Bei uns ist das ganz anders. Keine Konfirmation, der Pfarrer ist nicht gut genug. Keine lackierten Nägel, das ist unfein. Ohrlöcher übrigens auch. *Andere Verhältnisse.* Sagen die Erwachsenen.

Ich liege in meinem Bett und grübele. Was ist bei uns anders? Ja, ich weiß schon, nicht alle waren im Widerstand gegen Hitler. Die wenigsten wussten Bescheid. In meiner Familie wurde mit dem Leben dafür bezahlt. Der Großvater. Die Brüder meiner Großmutter. *Der Gang eines anständigen Menschen*, erklären die Erwachsenen. Und immer wieder *Du hast ja keine Ahnung, was wir durchgemacht haben.*

Am nächsten Mittag stehe ich wieder bei Frau Wessels, der Schneiderin. Sie ist gerade mit dem Essen fertig, wenn wir kommen, in der Erdgeschosswohnung fängt sich jedes Mal der Geruch. Meine Mutter lässt mir gern hübsche Sachen nähen. Sie mag es, wenn Faltenröcke gut sitzen und bei Blusen der Abnäher auf der richtigen Höhe ist. Ich stehe da wie eine Anziehpuppe, Auge in Auge mit den beiden Wellensittichen im Käfig. Hin und wieder sticht eine Nadel. Besonders, wenn der Rockbund abgesteckt wird. Frau Wessels kommt mir dann gefährlich nahe. Sie bewahrt die Stecknadeln, fünf, zehn Stück, zwischen ihren Zähnen auf und kann auch noch dabei sprechen. Ich bin jedes Mal ein wenig angeekelt. Aber auch fasziniert, wie sie das schafft. Meine Mutter sitzt in dem senfgelben Samtsessel neben dem Gummibaum und hat alles genau im Blick.

Ich hab's! Jetzt weiß ich, warum ich anders bin. Ich habe ja ungarisches Blut! Bin nicht rein deutsch. Das ist die Erklärung. Endlich! Ich jubele innerlich. Anderssein ist also etwas richtig Gutes! Ein Privileg. Ich bin erleichtert. Die Verlorenheit lässt nach. Für kurze Zeit bin ich mit mir im Reinen. Genauer gesagt bis zum Beat-Band-Ball am nächsten Samstag in der Turnhalle. BBB, wie Insider lässig abkürzen. Da geht man nur in der Clique hin. Oder, ganz groß, mit seinem eigenen Freund. Ich bin weder richtig in einer Clique noch habe ich einen Freund. Also fahre ich mit meinen Eltern nach Köln ins Theater oder ins Museum, danach gehen wir vielleicht zum Chinesen. Das mit den Eltern ist nicht unbedingt mein Lieblingsprogramm, aber auf jeden Fall besser als der BBB, wo ich Gefahr laufe, nicht aufgefordert zu werden und dumm in der Ecke zu stehen. Peinlich.

Das Beste wäre natürlich ein Freund. In den Ferien, die wir immer in unserem Familienhaus in Österreich verbringen, habe ich mich heimlich verliebt. Er ist sechzehn, wie ich, und der Sohn von Freunden meiner Eltern. Er weiß natürlich nichts von meinen Gefühlen. Wie auch. Blöderweise habe ich seine Initialen AMH in mein grau lackiertes Radio geritzt. Da haben sie mich gelöchert, mein kleiner Bruder und mein Cousin: Sag uns sofort, was das heißen soll! Sofort! Ich komme ins Schwitzen, aber keiner kriegt ein Wort aus mir heraus. Sollen sie doch abzischen, die beiden Flegel, die es meiner Mutter oft so schwer machen. Der Kleine, sechs Jahre jünger als ich, kann furchtbar wütend werden, tritt dann gegen die Tür oder wirft Adventskerzen an die Decke. Und der fast gleichaltrige Cousin, dessen Mutter starb, als er fünf Jahre war, und der seitdem bei uns lebt, flunkert oft und geht nicht zum Nachhilfeunterricht, sondern zum Büdchen und kauft sich heimlich Hefte. Außerdem isst er mir immer mein Essen weg. Ich, das brave Mädchen, mache zum Glück keinen Ärger. Um mich muss sich eigentlich niemand kümmern.

Und dann kommt er doch, der erste Freund. Kurz vor dem Abitur. Kein guter Zeitpunkt, finden die Eltern, aber: *Du warst reif wie eine Pflaume,* sagt mein Vater. Wie schon meine heimliche erste Liebe ist auch er der Sohn von Freunden meiner Eltern. Vier Jahre älter als ich. Er studiert, hat aber eine Souterrainwohnung, wenn er nach Hause kommt. Da treffen wir uns, und seine Eltern mögen mich. Sie lassen mich bei ihm übernachten, und morgens sitzen wir zusammen am Frühstückstisch. Meinen Eltern gefällt das nicht. *Die krallen dich. Die wollen dich zur Schwiegertochter.* Sie finden alles viel zu früh, viel zu familiär.

Mein erster Freund verliebt sich irgendwann in eine Japanerin. Und ich treffe auf den Mann, der später unserer Tochter der beste, wunderbarste Vater sein wird. Noch vor der Hochzeit nimmt ihn mein Vater mit in Ausstellungen und Galerien, führt ihn ein in die Welt der Kunst, bringt ihm bei, dass man immer *erst die Fakten* genau kennen muss, ehe man sich zu einer Sachlage äußert. *Der Junge muss vernünftig diskutieren lernen.* Beim fünfzigsten Geburtstag meiner Mutter darf mein zukünftiger Mann zusammen mit meinem Bruder Feuerwerk machen. Er ist vollständig akzeptiert. Meine Eltern sind glücklich. Die Tochter ist in guten Händen. Sie haben einen guten Schwiegersohn. Ich habe ihnen einen zweiten Sohn ins Haus gebracht.

Die Post mag misch nischt. Der Satz, in die Dämmerung eines kalten Februartages von einer Männerstimme mit ausländischem Akzent gesprochen, dringt wie ein Pfeil in meine Seele. Obwohl die Worte gar nichts mit mir zu tun haben, fühle ich mich erkannt. Besser gesagt, ertappt. Schreckhaft. Unvermittelt. Als ob mein geheimstes Innerstes mit dieser Bemerkung getroffen worden wäre. Ich hätte meine Haustür zumachen und den Fremden am Briefkasten im Nachbarhaus allein lassen können. Ich hätte höflich fragen können, ob er der neue Nachbar sei, und ihn freundlich grüßen. Ich hätte allem, was jetzt folgte, aus dem Weg gehen können. Stattdessen bleibe ich wie angewurzelt stehen und bringe drei Worte über die Lippen: *Woher kommen Sie?*

Aus Syrien. Die Antwort gleicht einer Gewissheit. Das ist er. Der Mensch, der anders ist als die anderen. Der hier nicht dazugehört. Nicht in unsere Gesellschaft. Wie ich. Der aus einer Welt kommt, in der unbekannte Regeln gelten, einer Welt, die andere Versprechungen bereithält als die meiner Eltern. Eine Kaskade von Erinnerungen, Gedanken und Gefühlen durchläuft mich. Sekundenschnell.

In meinem zweiten magischen Moment.

Aus Syrien. Ich stehe an meiner Haustür, blicke nach draußen und sehe nicht den matschigen Schnee auf dem Garagendach. Ich spüre nicht den kalten Windzug an meinem Hals, nicht den leichten Nieselregen, der sich gerade ausbreitet. Vor mir sehe ich eine Bühne. Ich sehe die Inszenierung der Entführung aus dem Serail. Die Oper von Mozart, in die mich meine Eltern mitgenommen haben. Ich bin inzwischen dreiunddreißig Jahre alt, verheiratet und habe eine kleine Tochter. Und ich erkenne, während ich in die kalte Dämmerung starre, den Turm eines Minaretts, darüber den liegenden Halbmond, den weißen Turban von Osmin, diesem bärtigen Haremswächter. Warum hat mich dieses Bild seit Kindertagen nicht losgelassen? Warum üben warme, von Blütenduft durchtränkte Nächte, in die ich mein Bild tauche, so einen romantischen Zauber auf mich aus, obwohl ich noch nie in einem arabischen Land war? Warum bin ich als Kind wohlig eingeschlafen, wenn ich mir den orientalischen Sternenhimmel vorstellte, so, wie ich ihn aus der Oper kannte und noch viel, viel schöner? Warum?

Die Begegnung mit dem acht Jahre jüngeren arabischen Studenten, der fast perfekt Deutsch spricht, passt nicht. Sie passt nicht in meine Lebenssituation. Sie passt meiner Familie nicht. Und schon gar nicht in die Erwartungen, die in mich gesetzt sind. Dass ich ein anständiges, wohl dosiertes Leben führe, an der Seite meines Mannes, mit mindestens zwei Kindern. *Ein Kind ist keine richtige Familie.* Dass ich lebe, wie es sich gehört. Wie es mir vorgelebt wurde. Wie es eben zu sein hat. Ohne Flausen im Kopf.

Was ist da passiert? In dem Augenblick an der offenen Haustür, der zum ersten Wendepunkt in meinem Leben wurde. In den drei Sekunden, die ich brauchte, um mich einer gänzlich neuen Erfahrung zu öffnen. In denen ich eine riskante Entscheidung traf, gegen jede Vernunft. Gegen alle mir vertrauten Regeln. Eine Entscheidung nur für mich.

Ich versuche, mich auf meine Erinnerung einzulassen und mir diesen Moment vor 30 Jahren ins Heute zu holen. Als unvergesslich hatte ich ihn schon öfter bezeichnet. Aber als magisch?

Jetzt, wo ich die Begegnung rückblickend als Aussichtspunkt auf meinem Lebensweg markieren will, gehen die Fragen an mich selbst tiefer.

Das Kind in mir wird lebendig. Ich kann es plötzlich fühlen. Der liegende Halbmond am orientalischen Nachthimmel, der mich Tag und Nacht begleitet hat, erscheint mir wie ein Symbol. Ein Symbol für einen Wunschzettel, den ich jahrelang, jahrzehntelang in mir trug und niemandem zeigte. Auf ihm stand: »Ich wünsche mir mehr Leichtigkeit! In meinem und in euren Herzen. Ich wünsche mir eine andere, eine leichtere Welt.«

Das kleine Mädchen suchte und suchte. Es war geborgen in der Großfamilie und doch so allein. Es sehnte sich nach Anerkennung und fühlte sich doch nie wirklich gesehen.

Und es vermisste eine Fröhlichkeit der Herzen, vielleicht auch eine Art von Durchschnittlichkeit, ganz normale Menschen, die bei Kaffee und Kuchen zusammensitzen und nichts anderes sein wollen als eine vergnügte Runde. Dies alles versprach sich das kleine Mädchen von dieser anderen Welt, in die es sich wünschte.

Doch es hatte eine wohlmeinende, eine gute Familie. Eine große Familie. Eine starke Familie. Mit hohen Ansprüchen und unerschütterlichen Werten. Eine Familie, die Sicherheit bedeutete und deren Schatten aus der Vergangenheit weit in die Zukunft wiesen. Und die andere Welt, die Halbmond-Welt, war ja nur ein Traum, eine Operninszenierung, nicht konkret. Aber sie war da, tief in der Seele verborgen, gehütet wie ein märchenhaftes Geheimnis.

Ich frage mich: War ich mutig? Damals, an der Haustür? Wäre es nicht viel mutiger gewesen, schon als Kind mal die Türen zu knallen wie mein kleiner Bruder oder mit erhobenem Kopf pubertäre Widerworte zu verteilen wie später meine Tochter? Statt brav Klavierstunden zu absolvieren, hätte ich mir nicht lieber das Geld für eine Gitarre verdienen sollen? *Das ist kein richtiges Instrument.* In Griechenland am Strand ein Lagerfeuer machen wie die Hippies? Bob Dylan singen statt alte Choräle im Schulchor? Auf die Straße gehen und laut protestieren, gegen Vietnam und für Ho Tschi Minh, zum Beispiel? Das wäre sicher mutiger gewesen.

Nein, ich war kein mutiges Kind und auch keine mutige junge Frau. So viel steht fest. Mein Bedürfnis nach Harmonie und sicherer Gewohnheit übertünchte jede Sehnsucht. Alle um mich herum sollten zufrieden mit mir sein. Und bitte friedlich.

Im Rückblick versuche ich, dem Kind in mir eine Kontur mit Kanten, Ecken und Formen zu verpassen. Ich finde sie nicht. Heute, mit dreiundsechzig Jahren, habe ich das Gefühl, das kleine unsichere Mädchen wurde nahtlos zur funktionierenden jungen Frau. Wo war das Eigene, das Widerspenstige, das Uneinsichtige in mir, meinetwegen der Dickkopf? Wo? Wer sich lösen will, braucht neuen Halt. Am besten in sich selbst. Davon war ich weit entfernt. Damals.

Von wegen mutig. Dieser Moment an der Haustür, diese Begegnung mit einem viel zu jungen Araber aus Syrien, einem Land, das damals übrigens nicht wie heute in den Schlagzeilen war, sondern von geringem öffentlichen Interesse, nein, diese Begegnung und die drei Jahre, die auf diese Begegnung folgen sollten, waren nicht mutig.

Mein Leben ist halt einfach so gelaufen. Oder etwa nicht? Eine wichtige Begegnung war es schon. Sicher.

Ich habe mir vorgenommen, Momente auf meiner nun schon längeren Lebensstrecke aufzuspüren, die das Leben umkrempeln. Kraftvolle Momente. Aussichtspunkte auf neue Möglichkeiten, neue Chancen in meinem Leben. Um die Kraft, die in mir steckt, noch besser wahrzunehmen, um noch mehr an mich zu glauben. Auch, um für die vor mir liegende Strecke meine Basis zu stärken, Ressourcen, die mich tragen und die mir niemand nehmen kann. Deshalb möchte ich mir meine prägenden, starken, auch mutigen Momente im Leben heranholen und bewusst machen.

Kein Zweifel mehr: Die Sekunden an der Haustür markiere ich als meinen zweiten magischen Moment. Einen mutigen Moment. Warum? Ich entscheide mich in wenigen Sekunden gegen die Familientradition, gegen meine Erziehung, gegen die gute Kinderstube. Nehme Unverständnis und Ablehnung in Kauf. Ich bin egoistisch und weiß das. Werfe plötzlich alles über Bord, was ich gelernt habe über Werte, Anstand, Regeln. Und über Treue. *Wenn das so weitergeht, wirst du enterbt.* Ich führe nächtelang Zwiesprache mit meinem Gewissen. Ich habe Angst, furchtbare Angst, alle um mich herum zu enttäuschen. Und dafür schrecklich bestraft zu werden. Ich fühle mich schuldig und kann doch nicht anders, als meinen Sehnsüchten zu folgen. Niemand hat das Recht, über mein Leben zu verfügen. Niemand! Ich höre arabische Musik, esse Okraschoten in scharfer Tomatensauce und gewürzten Reis mit knusprigen Nudeln. Zum ersten Mal in meinem Leben finde ich einen Platz, der ausschließlich mir gehört. Ich entdecke ihn in der anderen Welt, dieser fremdartigen, orientalischen Welt, die so neu für mich ist und so geheimnisvoll. In der ich kein Zuhause finden werde. Die aber mein Denken und Fühlen verändert, die Leidenschaft freisetzt und andere Maßstäbe in mir verankert als die, die ich kenne.

So erlebe ich, wie bildhaft und poetisch Sprache sein kann, auch im Alltäglichen. Ich öffne mein Ohr für die Schönheit des gesprochenen Wortes. Ich kaufe mir Füllfederhalter für Linkshänder und fange vorsichtig an, Zeichen zu malen, Laute zu üben, erste Wörter in dieser fremden Sprache zu sprechen. Ich erlebe die Unmittelbarkeit von Gefühlen und eine bedingungslose Klarheit, mit der diese mitgeteilt werden. *Sei nicht so emotional. Denk nach, bevor Du sprichst.* Hier, in meiner anderen, meiner orientalischen Welt, steht das Herz über dem Kopf. Ich erlebe, dass Gefühle nie eine Schwäche sind, sondern eine wunderbare Stärke. Und einen scharfen Verstand keineswegs ausschließen. Ich erlebe die Liebe und Fürsorge eines Sohnes zu seiner Mutter. Unmittelbar aus dem Herzen, ohne Nachdenken, ohne Zweifel. Die arabische Mutter mag manchmal hysterisch sein, ungerecht, total verrückt. Sie wird nie spitze Bemerkungen aushalten müssen, keine grundsätzliche Kritik. Sie wird geehrt und geachtet, ganz einfach, weil sie die Mutter ist. Mein Horizont weitet sich, mein Herz öffnet sich für eine fremde Lebensart. Und wird sich später doch wieder verschließen, weil die kulturellen Unterschiede auf Dauer zu groß sind.

Ich kann im Rückblick nicht sagen, dass nach meinem zweiten magischen Moment nichts mehr so war wie vorher. Nach außen hat kaum eine Veränderung stattgefunden. Aber ich hatte den Mut, mit dem Gewohnten zu brechen. Mich von Überkommenem zu lösen. Ich konnte – eine Zeitlang – dort sein, wohin mich schon meine Kinderseele gerufen hat. Als ob sie einen Platz für mich freigehalten hätte. Eine erste Haltestelle mit Aussicht auf Unabhängigkeit und innere Freiheit. Ein Platz, der mich auf Distanz bringt zu Traditionen, die meinem Wesen nicht entsprechen, und Mut macht für meinen eigenen Weg.

»Du bist nicht mehr mein Vater!«

Hubertus Meyer-Burckhardt, Ehemann der Autorin, blickt zurück auf seinen magischen Moment.

Es fällt mir schwer darüber zu schreiben, über diesen Moment der Befreiung, der lange zurückliegt. Ich verbinde mit diesem Moment weder Stolz noch Genugtuung, eher ein Gefühl der Erschöpfung. Ich habe etwas getan, was längst überfällig schien, und dennoch erinnere ich mich nicht an einen Vorsatz. Vielmehr tat ich es aus dem Affekt. Ich bin über mich selbst hinausgewachsen an diesem Tag, im Jahre 1968. Da war ich zwölf. Heute bin ich 60, und ich setze mich zum ersten Mal – öffentlich – mit diesem Moment auseinander.

Mein Vater, der auch Hubertus hieß, kam 1918 in Straßburg zur Welt. Er war der Sohn eines Offiziers und einer Serviererin, die am Hauptbahnhof in Kassel arbeitete. Die Schwangerschaft wurde ins ferne Elsass verlagert, damit kein Gerede entstand. Es war nicht standesgemäß, der Offizier und die Kellnerin vom Bahnhof. Vermutlich war mein Vater kein gewolltes Kind, und es mag sein, dass er das gespürt hat, und zwar bereits vor der Geburt. Nach der Geburt definitiv: Sein Vater, mein Großvater also, verstarb früh. Die

Mutter, des Lesens und Schreibens kaum kundig, war wenig liebevoll. »Ein Junge weint nicht.« Diesen Satz hörte mein Vater häufig, selbst als er sich durch einen Unfall erhebliche Verbrennungen am Gesäß zugezogen hatte. Es war also weder eine glückliche noch eine inspirierende Kindheit. Der heranwachsende Junge wurde weder umsorgt noch angeregt. Vermutlich nicht zuletzt deshalb empfand er eine große Faszination für das Militär. Er war auf der Suche nach einer Ordnung, einer Struktur und vor allen Dingen geradezu süchtig nach Respekt und Anerkennung. All das fand er in der Wehrmacht des faschistischen Deutschlands. Seine Jugend verbrachte er im Zweiten Weltkrieg. Frankreich und Russland hat er aus dem Turm eines Panzers gesehen. Bis er schließlich schwer verwundet wurde. Er kehrte mit nur einem Bein zurück. Ein gut aussehender Mann, denke ich, wenn ich Fotos aus dieser Zeit anschaue. Ein Mann, der die Aufmerksamkeit der Frauen auf sich zog, sicher aber auch ihr Mitgefühl, ihr Mitleid erweckte. Als meine Mutter ihn kennenlernte, war er Telefonist in einer Behörde. Eine Berufsausbildung konnte er nicht vorweisen; nach dem Abitur auf dem Friedrichsgymnasium war es für ihn auf dem direkten Weg in die Wehrmacht gegangen.

Meine Mutter, Einzelkind wie auch mein Vater, wuchs in Wittenberg auf. Die Ehe ihrer Eltern war unglücklich. Mein Großvater mütterlicherseits war ebenfalls Offizier im Ersten Weltkrieg gewesen und hatte durch einen Kopfschuss ein Auge verloren. Hitler war ihm zuwider, es gab wohl Kontakte zum Widerstand. Ein introvertierter nachdenklicher Mann, meiner Mutter ein guter Vater. Vielleicht ein Übervater. Meine Großmutter hingegen temperamentvoll, ein wenig Grande Dame. Sicherlich etwas oberflächlich, selten zu Hause. Meine Mutter hat ihr, als sie ein kleines Mädchen war, Geschenke ins Cafe gebracht, wo sie sich nahezu jeden Nachmittag mit ihren Freundinnen traf. Sie wollte die Liebe der Mutter erkaufen.

Die Familie zog irgendwann nach Kassel, mein Großvater fand dort Arbeit. Im Vertrieb bei Opel. Berufssoldaten, zumal wenn sie schwer kriegsbeschädigt waren, fanden in Friedenszeiten selten eine interessante neue berufliche Perspektive. Als meine Mutter mit Mitte 30 auf meinen Vater traf, wohnte sie noch bei ihren Eltern, gewohnt, die Sprachlosigkeit einer schlechten Ehe zu tolerieren und sicher zeitweise auch zu moderieren. Sie wollte raus aus diesem Gefängnis.

Zwei nicht mehr ganz so junge Menschen, beide ohne liebende Mütter aufgewachsen, beide der Jugend beraubt, beide ohne vernünftige Berufsausbildung, finden sich, heiraten und bekommen am 24. Juli 1956 einen Sohn, mich. Ich war ein Wunschkind und demzufolge war meine Kindheit zunächst recht glücklich. Das änderte sich, als ich meinen Vater vorsichtig zu befragen, zu hinterfragen begann. Meine Mutter litt darunter, dass er wenig berufliche Ambitionen zeigte. Er arbeitete im Außendienst bei einem Brennstoff-Höker, verkaufte Kohlen, Briketts und Heizöl an private Haushalte. Ich merkte immer deutlicher, dass das Geld hinten und vorn nicht reichte. Mein Großvater mütterlicherseits musste bisweilen finanziell einspringen. Meine Mutter weinte häufig. Irgendwann erfuhr ich, dass mein Vater »untreu« sei, was immer das hieß. Nicht nur ich hörte nachts die streitenden Eltern, bisweilen hörten das selbst die Nachbarn im Haus nebenan. Ich empfand, dass etwas, was mir sicher schien, das Elternhaus, Risse bekam.

Mein Vater wurde mir immer unsympathischer. Ich mochte es nicht, dass er meine Mutter unglücklich machte. Ich empfand seinen Alkoholkonsum als ekelerregend, und ich wollte die Geschichten aus dem Zweiten Weltkrieg nicht hören. Wenn er Besuch bekam, versteckte ich mich, so gut es ging. Meist waren es »Kriegskameraden« … Sie sprachen zu laut und lachten zu viel. Meine Mutter passte sich an – das war sie von ihrem Elternhaus gewohnt. Sie tat mir leid, und zugleich bedauerte ich es, dass sie sich nicht zur Wehr setzte. Die Instabilität zu Hause hatte Folgen, was meine schulischen Leistungen betraf. Schon in der Grundschule hatte ich Schwierigkeiten, dem Lehrplan zu folgen. Ich musste eine Klasse wiederholen, bevor man mich auf das Gymnasium ließ – dasselbe Gymnasium, auf dem 30 Jahre zuvor mein Vater Abitur gemacht hatte. Spätestens dort war ich vollends überfordert. Ich war unter anderem schlecht in Latein. Das wiederum brachte meinen Vater dazu, mich abends Vokabeln abzufragen. Nach dem Abendessen, nach einigen Bieren. Eine Reitgerte mit silbernem Knauf lag in Reichweite. Meine Mutter verließ weinend das Zimmer. Dies vollzog sich Abend für Abend. (Jahrzehnte später hörte ich von zwei ehemaligen Nachbarn, unabhängig voneinander, dass sie Angst vor meinem Vater gehabt hatten, wenn sie ihn zufällig auf der Straße trafen, und hin und wieder überlegten, die Polizei zu verständigen. Hätten sie es doch getan! Mir wäre einiges erspart geblieben. Lassen wir es bei dieser Andeutung.)

Ich war ein geprügeltes Kind. Und schämte mich dafür. Zumal mein Vater reizend sein konnte, wenn Klassenkameraden zu Besuch waren. Jekyll & Hyde … Ich wusste nie genau, was mich erwartete. Am schlimmsten waren die Wochenenden. Er liebte klassische Musik und lehnte »Neger-Musik« ab. Die begann wiederum ich zu hören. AFN, aber auch im Hessischen Rundfunk die SCHLAGERBÖRSE mit Hanns Verres. Der spielte die STONES. Dieser Sound gab mir Selbstvertrauen. Ich begann zu ahnen, dass da draußen eine Welt war, die ich erobern konnte, die vielleicht sogar auf mich wartete. Die Musik aus London und der Blues aus den USA – das war mein Rückenwind. Daneben bekam ich mit, wie sich mein Vater über die 68er Unruhen echauffierte. Sätze wie »Bei Hitler war nicht alles schlecht« oder »Das sind alles Nestbeschmutzer« waren an der Tagesordnung. Ich begann zu widersprechen, sicher auch zu provozieren. Die Gewaltbereitschaft meines Vaters nahm infolgedessen zu. Prügel wurden nun zelebriert. Meine Mutter schaute weg; ich nahm es ihr nie übel. Sie war überfordert. Ich beneidete meine Schulfreunde um ihre Väter, auf die sie stolz sein konnten. Mein Vater hingegen ging angetrunken zum Elternabend. Ich verachtete ihn mehr und mehr.

Prügeleien des eigenen Vaters lassen einen schnell erwachsen werden. Gleichzeitig wurde ich mir auch meiner Kraft zunehmend bewusst, die viel mit den Rolling Stones einerseits und mit der Revolte auf den Straßen andererseits zu tun hatte. Die Welt meiner Eltern erschien mir stickig, Kassel so unendlich klein. Die Lehrer hatten eine Nazi-Vergangenheit, ich hatte Angst vor allem und jedem und befand, dass es so nicht weitergehen konnte. Ich empfand mich mit dem Rücken zur Wand.

In dieser Stimmung, wütend, leer, verzweifelt saß ich an einem beliebigen Samstagmittag im Jahr 1968 mit meinen Eltern beim Mittagessen. Mein Vater hatte wie häufig ein rot aufgedunsenes Gesicht, meine Mutter wirkte elend, blass, hilflos. Ein Wort gab wieder das andere. Ich ging diesmal weder dem Streit noch der Konfrontation aus dem Weg. In diesem Moment entdeckte ich so etwas wie Stolz und Würde in mir. Besser kein Vater als dieser, schoss es mir durch den Kopf. So hatte er mich noch nicht erlebt. Deshalb brüllte er durch den Raum: »Solange du die Füße unter meinen Tisch stellst, gehorchst du, spurst du!« Ich erwiderte, er sei nicht mehr mein Vater! Ich bräche jetzt mit ihm, hier und heute! Und ich forderte ihn auf, das Haus zu verlassen. Für immer. Er wollte sich auf mich stürzen. Ich rannte weg, in den hinteren Garten. Durch sein Holzbein konnte er mir nur langsam folgen. Ich schrie ihm ins Gesicht, dass ich für nichts garantiere, wenn er nicht aus meinem Leben und dem Leben meiner Mutter verschwände. Ich hätte ihn umgebracht, kein Zweifel. Ich wusste es und er wusste es auch. Es gab für wenige Sekunden eine Situation am Gartenzaun, wo er sicherlich diese Entschlossenheit bei mir wahrnahm. Er wich zurück, trollte sich, wie ein Tier, das einen Gegner unterschätzt hatte.

Wenige Tage später zog er tatsächlich aus. Er lebte noch 20 Jahre, in Kassel, wenn auch in einem anderen Stadtteil. Wir haben uns nie wieder gesehen. Einmal versuchte er, mich mit seinem Auto auf dem Schulweg abzupassen. Ich habe weggeschaut und bin weitergegangen. Meine Frau, die Autorin dieses Buches, fragt mich immer mal wieder, ob ich den Bruch mit meinem Vater nicht manchmal bereue, ob ich ihn vielleicht vor seinem Tod doch noch einmal hätte treffen müssen. Ich frage mich das bisweilen auch und komme immer wieder zu derselben Antwort: Nein.

War ich mutig? Ich weiß es nicht. Hat es sich für mich gelohnt? Nun, wenn Mut sich lohnen würde, wären alle Menschen mutig, pflegte meine wunderbare Großmutter mütterlicherseits immer zu sagen. Es hat mich vielleicht aber etwas gelehrt: Geh, wenn Du unglücklich bist. Zieh eine Grenze, wenn es dir zu viel wird. Verlasse die Stadt, wenn es zu eng wird. Ertrage dann das Gerede derer, die dir nicht wohl gesonnen sind. »Habe eine Haltung zu den Dingen« – ein Satz meiner Mutter. Ich treffe Entscheidungen und warte nicht darauf, dass es sich entscheidet. Dafür erwarte ich keinen Applaus. Manchmal Verständnis. Und das wiederum erfordert Geduld. Aber die ist dann sinnvoll investiert.

Hubertus Meyer-Burckhardt

Praxis: Wie wir unseren magischen Momenten auf die Spur kommen

Den Atem beobachten

Die Beobachtung unseres Atems ist ein gutes Hilfsmittel, wenn es darum geht, mit unserem Körper in Kontakt zu kommen und bewusst wahrzunehmen, was wir in diesem Moment erleben. Ebenso können wir mit ihrer Hilfe lernen, über längere Zeit im Zustand innerer Stille und konzentrierter Aufmerksamkeit zu verweilen, was zu einer Erfahrung von tiefer Ruhe und Klarheit führen kann. Es ist, als ob dem Atem eine Kraft innewohnt, die sich uns erschließt, wenn wir uns seinem Rhythmus – diesen akkuraten 3-Sekunden-Einheiten – überlassen und ihm einfach folgen, so wie wir dem Verlauf eines Weges folgen würden. Dabei ist es gerade die Einfachheit dieser Atemübung, die ihr die Kraft verleiht, uns vom Zwang des unablässigen Denkens zu befreien. Er wird ruhiger, gesammelter und reagiert weniger leicht auf die eigenen gedanklichen Impulse und auf Störungen aus der Umgebung. Durch fortgesetztes Üben gewinnt die innere Ruhe, die sich nach und nach einstellt, zunehmend an Stabilität und Verlässlichkeit. Die Zeit der Atembeobachtung wird dann zu einer Zeit der Stille und der Regeneration, einer Einkehr in die Tiefen des eigenen Seins, die uns achtsam werden lässt für den Zauber eines magischen Momentes. Für den Anfang ist folgende Übung hilfreich:

- Wir legen uns auf den Rücken oder nehmen auf einem Stuhl oder Sessel mit hoher Lehne Platz, schließen die Augen und legen uns eine Hand auf den Bauch.
- Wir konzentrieren uns ganz auf unsere Hand, spüren, wie sie sich mit jedem Atemzug auf und ab bewegt. Diese Bewegung sollte weder abrupt noch forciert sein und muss auch nicht groß ausfallen. Wir können uns unseren Bauch wie einen Luftballon vorstellen, der sich beim Einatmen leicht füllt und beim Ausatmen leicht entleert.
- Wir üben dies täglich eine Viertelstunde. Dabei bleiben wir mit unserer Aufmerksamkeit so gut es geht bei den verschiedenen Empfindungen

des Atemvorgangs. Wir werden eins mit dem Einatmen und dem Ausatmen in seiner ganzen Länge, so als würden wir uns von den Wellen unseres Atems tragen lassen.

- Wenn wir bemerken, dass wir mit unserer Aufmerksamkeit abschweifen, betrachten wir die Gedanken, die uns durch den Kopf gehen, wie Wolken am Himmel. Wir lassen sie einfach vorbeiziehen und wenden uns wieder unserem Atem und den Bewegungen unserer Bauchdecke zu.
- Wir achten darauf, wie es sich anfühlt, jeden Tag für eine gewisse Zeit einfach nur zu atmen und zu sein, ohne etwas Bestimmtes tun zu müssen.

Das Gehirn auf Mut programmieren

Viele kennen das: Wir stehen uns selbst und einem glücklicheren, erfüllenderen Leben im Wege, weil wir uns nicht trauen. Den neuen Job anzunehmen, den netten Nachbarn anzusprechen, den Wohnort zu wechseln ... Wir haben Angst, vor dem Ungewissen, vor Konsequenzen, die sich nicht klar einschätzen lassen. Dabei ahnen wir, dass es uns guttun würde, diese Angst zu überwinden. Es müssen ja nicht immer gleich die großen, lebensverändernden Schritte sein, zu denen wir uns aufraffen, auch kleine Mutproben schenken uns Selbstvertrauen. Dabei gilt das Motto: Stete Übung kann unser Gehirn umprogrammieren. Es geht darum, neue Erfahrungen ins Gehirn einzubrennen und der Amygdala, dem Angstzentrum, ihre Überreaktion auszureden. Wir sollten jeden Tag eine kleine Mutprobe machen, die für neue Verknüpfungen der Nervenzellen sorgt: eine Rede vor dem Partner halten, einen fremden Menschen um einen Gefallen bitten, in der U-Bahn ein Lied singen ... Je mehr Mutproben wir absolvieren, desto mehr Synapsen verknüpfen sich, desto größer ist die dafür abgespeicherte Datenmenge. So entsteht ein Mutdepot, das uns auch die oft tief sitzende Angst vor dem Unbekannten nimmt, eine Angst, die uns daran hindert, magische Momente zu erleben und alle Möglichkeiten auszuloten, die mit einem Neubeginn verbunden sein können.

- Ein Leben ohne Ängste gibt es nicht. Schließlich ist Angst ein in unserem Organismus tief verankertes, überlebenswichtiges biologisches Muster. Um unser Mutdepot zu vergrößern, ist es egal, welcher unserer Ängste wir uns zuwenden. Entscheidend ist die Auseinandersetzung mit den Dämonen. Beispiel Prüfungsangst: Wenn wir über den Büchern sitzen und uns die Angst überwältigt, sobald wir nur an die Prüfung denken, sollten wir so lange sitzenbleiben und auf das Buch starren, bis die Angstsymptome von selbst verschwinden. Das ist in der Regel nach etwa dreißig Minuten der Fall. Verlassen wir vorher den Schreibtisch, speichert das Gehirn folgende Verbindung ab: Angst gehabt – weggelaufen – Misserfolg. Halten wir die Angst aus, lautet die Kombination: Angst gehabt – sitzengeblieben – Erfolg. Das Gehirn braucht viele Erfolge, um mutig zu sein.
- Wir können unseren Ängsten buchstäblich davonlaufen, das zeigen Studien aus der Angstforschung. Bei keinem anderen Sport verbucht unser Gehirn nämlich so schnell Erfolgserlebnisse wie beim Joggen. Wer sich erreichbare Ziele setzt, stärkt mit jedem Lauf sein Selbstvertrauen, weil das Gehirn signalisiert: Du schaffst das.
- Ein anderer Weg, wie wir unser Gehirn austricksen, lautet »Fake it till you make it« – wir tun einfach so, als hätten wir alles im Griff, auch wenn das Herz rast. Oft liegen Welten zwischen der Selbst- und der Fremdwahrnehmung. Andere sehen unsere Hemmungen nicht, sondern nur das Lächeln, hinter dem wir sie verbergen. Und reagieren positiv. Ein weiteres Pfund fürs Mutdepot.

Kapitel 3

Mehr Spürsinn, mehr Vertrauen! Den Möglichkeiten des Lebens offener und aktiver entgegentreten

Plötzlich Hamburger Wetter. So ein Mist! Ich fahre auf meinem Fahrrad durch regennasse Straßen, die Kapuze meines wasserfesten Mantels tief ins Gesicht gezogen und fest um das Kinn geschnürt. Irgendwie muss man sich ja abdichten, vor allem, wenn man gerade beim Friseur war. Die frisch gefönten Haare werden in sich zusammenfallen wie ein Soufflé, das zu lang an der Luft ist. Verbissen trete ich in die Pedale, um so schnell wie möglich nach Hause zu kommen, werde nass und nässer, da erwischt mich aus den Augenwinkeln ein Plakat an einer Häuserwand.

»Some feel the rain. Others just get wet« – Einige fühlen den Regen. Andere werden nur nass – steht da in riesigen Buchstaben. Der wunderbare Song von Bob Marley als Werbung für ein Sport- und Wellnesszentrum. Der Satz fährt mit mir mit. Als ob ich gerade eine Nachricht bekommen hätte, eine gute. Vorsichtig hebe ich das Kinn leicht an und versuche, die Regentropfen auf meinen Wangen zu spüren. Der feine Nieselregen besprüht meine Haut wie Nebel. »Die Engländerinnen haben so einen schönen Teint, wegen des feuchten Klimas«, höre ich meine Großmutter sagen. Jetzt muss ich plötzlich daran denken und strecke mein Gesicht dem Regen geradezu entgegen. Ehrlich gesagt eine Wonne nach dem stundenlangen Friseurbesuch bei stickiger Hitze. Ich könnte glatt noch ein paar Runden mehr fahren statt schnurstracks nach Hause.

Nur eine kleine Begebenheit, aber doch von Bedeutung, wenn es in diesem Kapitel darum geht, wie wir unseren Spürsinn schärfen und damit auch die Chancen erhöhen, einen magischen Moment zu erleben. Denn dazu gehört, mal anders zu reagieren als sonst. Sich berühren zu lassen von einer plötzlichen Idee, einem interessanten Hinweis. Einem Werbeplakat. Offen zu sein für das, was gerade passiert, auch für das Unerwartete. Gelerntes, Festgezurrtes aus dem Kopf zu jagen, wenn sich die Gelegenheit bietet. Das sanfte Nieseln des Regens auf der Haut als weich und sinnlich zu erfahren und sich nicht dagegen zu verbarrikadieren, um hinterher genauso nass, aber dazu noch schlecht gelaunt zu sein.

Mit dem Umdenken, diesem anderen Fühlen, tut sich unser Gehirn schwer. Weil es, so die Psychologin Eva Wlodarek, bequem ist und nur zu gern in bekannten Mustern verharrt. Das Gehirn will sich nicht anstrengen, es will die Dinge möglichst vereinfachen und hält dafür die nötigen Glaubenssätze bereit: Das musste mir ja passieren, in Hamburg regnet es immer, schlechtes Wetter ist sowieso furchtbar. Eine neue Haltung einzunehmen, ein anderes Denken zu versuchen, eine ungewohnte Entscheidung zu treffen, strengt das Gehirn an. Glaubenssätze sind ideal, damit alles beim Alten bleibt. Statt neue Möglichkeiten zu prüfen und Chancen zu entdecken, halten wir lieber an dem fest, was vertraut ist und sicher scheint.

Und es kommt noch schlimmer. Selbst wenn wir kurz, für drei Sekunden, eine überraschende positive Erfahrung machen, die sich sogar zu einem magischen Moment entfalten könnte, kann es sehr gut sein, dass unser bequemes Gehirn blitzschnell urteilt und abwinkt: Kenne ich schon, weiß ich längst, da kommt doch nichts dabei raus, das hat keinen Zweck, und so weiter. Sätze, die alles abriegeln und tief in uns verwurzelt sind, häufig aufgrund von Angst. Weil wir die Unsicherheit fürchten, die durch eine neue Erkenntnis entstehen könnte, machen wir dicht und lassen nur das an uns heran, was haargenau in unser individuelles System von Erfahrungen und Werten passt. Dieses persönliche Strickmuster übertragen wir dann auch noch auf andere Menschen. Wer nicht reinpasst, hat Pech gehabt und muss draußen bleiben.

»Wir können gar nicht mehr wahrnehmen, ohne zu beurteilen«, meint der Psychologe Jens Corssen. Alles, jede Äußerung, die wir hören, jeder Eindruck, den wir aufnehmen, wird ausgewertet, verglichen und benotet. Unbewusst oder ganz gezielt. Schublade auf, Schublade zu, mit der selektiven Wahrnehmung lebt es sich leichter. Der Verstand macht bei uns Erwachsenen zunichte, was wir als Kinder mal hatten: das Staunen, die Offenheit für Überraschungen, den Sinn für Geheimnisse, für den Zauber des Lebens und seine Momente voller Magie.

Die kleine Komfortzone steht gegen den großen magischen Moment

Uns sei der »Anfängergeist« verloren gegangen, so Jens Corssen. Wir sortieren aus und grenzen ein, statt spontan und neugierig einfach nur wahrzunehmen. Halten unsere Gefühle im Zaum, hören auf den Verstand und lassen uns von ihm das enge, eben ängstliche Korsett anlegen. Mit der Folge, dass die Offenheit für den Moment, auch für den magischen Moment der Veränderung, von vornherein blockiert wird. Das, womit wir nicht rechnen, nehmen wir gar nicht erst wahr. Dadurch übersehen wir jede Menge Gelegenheiten für ein erfülltes, wundervolles Leben.

»Unsere kleine Komfortzone steht gegen den großen magischen Moment«, erklärt mir der Zen-Lehrer André Daiyû Steiner aus München. Er fordert seine Schüler auf, die Tür ins Unbekannte wenigstens für Sekunden zu öffnen, etwa in der Meditation. Man könne sie ja gleich wieder zumachen und sich ins Schneckenhaus zurückziehen. Aber wagt wenigstens mal einen Blick!, ermuntert der Meister. »Wir lieben unsere Komfortzone. Und bleiben sogar darin, wenn es uns nicht gut geht.« Vor allem Selbstmitleid sei so ein Programm, das wir gut kennen und aus dem wir nicht rauswollen. Weil man als Opfer den Umständen oder anderen Menschen so schön die Schuld geben kann. Steiner fragt seine Schüler: Seid Ihr wirklich bereit, Verantwortung für euer Glück zu übernehmen? »Da schlucken die meisten.«

Ich denke kurz zurück, sehe mich im Sessel sitzen und lesen. *Rituale*, den Roman des niederländischen Schriftstellers Cees Nooteboom. »Solange jemand nicht selbst etwas tut, wird sein Leben durch die Menschen und Dinge bestimmt, die darin auftreten.« Diesen Satz habe ich mir vor Jahren auf einen grünen Zettel geschrieben und über meinen Schreibtisch geklebt. Ein kleiner, aber wichtiger Moment. Der mir zeigt, dass ich mein Leben in die Hand nehmen wollte. Auch in Zeiten, in denen ich mich benachteiligt oder allein gelassen fühlte. Ich wollte Krisen eher als Möglichkeiten begreifen, mich zu ändern oder die Situation oder sogar beides. Früher hast du über dies oder jenes ganz anders gedacht, wurde mir manchmal vorgeworfen. Es hat gedauert, aber irgendwann konnte ich selbstbewusst antworten: Ja, das stimmt. Und seitdem habe ich meine Meinung geändert. Alles ist doch in Bewegung, oder?

Und wie! Bijan Amini, der Krisenpädagoge, hat eine beeindruckende Information zum Thema Bewegung: »Jede Minute produziert unser Körper dreihunderttausend neue Zellen. Auf einem fünfzehn Jahre alten Foto ist nicht eine einzige Zelle identisch. Bliebe der Körper bei seinen alten Zellen, wäre das eine Katastrophe.« Das Lebendige in uns, so Amini, sei der Bestand im Wandel. »Welchen Sinn macht das, wenn ich weiß, dass ich morgen genauso leben werde wie heute?« Trotzdem habe der Mensch wohl von Natur aus eine Tendenz, das fortzusetzen, was er kenne. »Viele haben sich in einer bestimmten Perspektive festgefahren«, sagt Amini. Wie in einem Karussell, in dem wir sitzen und das sich permanent im Kreis dreht. Oder der Hamster im Rad, der ja auch denkt, er komme vorwärts, und in Wirklichkeit tritt er ständig auf der Stelle. Aus dieser einen, einzigen Perspektive sei unsere kleine Welt vielleicht in Ordnung, aber nicht lebendig. Niemand könne sich ernsthaft gegen den Wandel stemmen. Davon ist der Forscher überzeugt. Wer keine Veränderung zulasse, dem schicke das Leben »liebevoll« eine Krise. Und wer sich dann nicht in die Opferhaltung verkrieche, könne gestärkt und mit neuen Chancen aus ihr hervorgehen.

Gestärkt. Das heißt für mich widerstandsfähiger und zugleich durchlässiger, berührbarer, näher an mir selbst. Auch entschlossener, den Reichtum des Lebens zu entdecken, statt vorwiegend Vorsicht und Vernunft zu üben.

Warum ist der Verstand, ohne den es nicht geht, den wir als Dialogpartner unbedingt brauchen, letzten Endes der große Verhinderer, wenn es um Lebendigkeit, Erfüllung, um magische Momente geht? Warum erkennen wir Gefahren schneller als Chancen? Warum kann der Verstand so schlecht mit Unsicherheit und Überraschung umgehen? Warum liebt er die Routine und hat so wenig Lust auf Neues? Das frage ich mich immer wieder. Und suche Antworten, weil ich sicher bin, wir müssen den Verhinderer und seine Gründe näher kennenlernen, um ihn im entscheidenden Augenblick von uns fernzuhalten. Im magischen

Moment, der uns Alternativen, Wachstum und Glück schenken kann.

Woher kommt es, wenn das Bauchgefühl einen plötzlichen Einfall hat und Lust darauf, etwas auszuprobieren, und die Vernunft dagegenspricht? Was wehren wir ab? Übertüncht der Verstand die Angst? Leitet uns immer noch eine tief sitzende, aus Urzeiten herrührende Furcht vor allem Unbekannten, die wichtig ist, wenn wirklich Gefahr droht, die uns heute aber hauptsächlich einengt? Und könnte es sein, dass wir als vernunftgesteuerte Menschen oft besser dastehen, als wenn wir zu gefühlsbetont sind, und deshalb unsere Spontaneität, unsere Neugier aufs Leben in Schach halten?

Ich frage den Psychoanalytiker Andreas Hamburger. Er erklärt mir, es gebe zwei innere »Grundmotive«, die in Spannung zueinander stehen: die Neugier, etwas Unbekanntes zu erkunden, und der Wunsch nach Bindung und Sicherheit. Hamburger erzählt von den berühmten Harlow-Experimenten mit einem Affenbaby und zwei Drahtfiguren in der Form von großen Affen. Die eine Figur war mit Fell bedeckt, die andere lockte mit einer Milchflasche. Man habe das neugierig spielende Affenbaby erschreckt, um zu sehen, wohin es im Affekt läuft. Instinktiv sei es bei der Fellpuppe untergeschlüpft. Das Bindungsbedürfnis, so die Forscher, war deutlich wichtiger als die lebenserhaltende Nahrung. Andreas Hamburger: »Sicherheit hat auch beim Menschen eindeutig Priorität. Sobald wir Angst haben, hören wir auf, neugierig zu sein. Und sorgen für unseren Schutz.«

Ein Kind, das Angst hat, rennt zu Mutter oder Vater. Ich erinnere mich noch gut daran, als meine kleine Tochter auf einem Bauernhof den Hühnerstall erkunden wollte und sich plötzlich erschrak, weil der Hahn laut zu krähen begann. So schnell ist sie selten in meine Arme gelaufen wie in diesem Moment. Angst stoppt die Neugier. Bei einem Kind leuchtet mir das ein.

Aber bei Erwachsenen? Wir haben doch Lebenserfahrung und können das Geschehen einordnen. Woher die Angst, mal den Hebel umzulegen und sich auf den Moment einzulassen, der ein kleines Seelenabenteuer verspricht, mit unbekanntem Ausgang. Warum unterstützt die Vernunft nicht die Neugier, damit wir etwas lernen – für das Leben? Im Gespräch mit der Psychotherapeutin Johanna Müller-Ebert erfahre ich: »Die Angst vor dem Neuen kommt aus der unvermeidlichen Notwendigkeit, für etwas Verantwortung zu übernehmen, das in der Zukunft liegt.« Klar, das Unbekannte liegt ja vor uns, wir können es also nicht kennen. Angst und Vernunft scheinen wie Komplizen zusammenzuhalten. Die Vernunft sagt, du musst alles richtig machen. Und die Angst antwortet: Das kann ich nicht versprechen. Also empfiehlt die Vernunft: Dann lassen wir lieber alles beim Alten.

Die Philosophin Natalie Knapp bringt mich auf einen interessanten Gedanken: Jeder Augenblick im Leben ist wichtig, egal wie alt, krank oder gesund wir sind. Das wissen vor allem die Menschen, die mit ihrem Lebensende konfrontiert sind. »Diese Grundkonstitution können wir nicht leugnen, auch wenn wir sie gern wegschieben«, sagt Knapp. Unterbewusst wissen wir das alle. Ich verstehe: Auch daher rührt die Angst, in einer unbekannten Situation Fehler zu machen, etwas zu übersehen oder falsch einzuschätzen. Auch deshalb weichen wir so oft den wesentlichen Erfahrungen oder Veränderungen aus. Deshalb erleben wir so selten magische Momente.

»Die Angst vor dem Neuen kommt aus der unvermeidlichen Notwendigkeit, für etwas Verantwortung zu übernehmen, das in der Zukunft liegt.« Der Satz von Johanna Müller-Ebert könnte aber auch heißen: Wir sind nur zu gern Drückeberger, denen der Verstand einflüstert: Bloß nichts riskieren, ja nicht über die Stränge schlagen, sonst bist du dran, sonst trägst du die Schuld! Ein Glaubenssatz, der mit der elterlichen Erziehung zu Pflichtgefühl und Zuverlässigkeit einhergehen könnte und letztlich dazu führt, lieber zu verharren, als sich zu bewegen. Sich leben zu lassen, statt zu leben. »Alles, was wir als Kind am ›Modell Eltern‹ gesehen haben, wird im Gehirn verknüpft«, sagt Jens Corssen, der für weniger Vernunft plädiert und für mehr Bauchgefühl: »Im Zweifelsfall unvernünftig! Dann passiert was. Wenn man lebendiger werden will, muss man unvernünftiger sein.«

So unvernünftig wie meine Mutter, erinnere ich mich, als ich etwa fünfzehn war und sie mich mit ihrem Käfer ohne Winterreifen frühmorgens zur Schule fuhr. Über das Nachthemd schnell einen Persianermantel gezogen, die Füße steckten in Socken und Plüschpantoffeln. An einem kleinen Berg rutschte sie auf schneeglatter Straße in ein anderes Auto, die Polizei kam, sie musste aussteigen und sich in diesem Aufzug zeigen. Was tat meine Mutter? Sie lachte. Über die Situation, über sich selbst. Peinlicher geht's nicht, dachte ich damals und versteckte mich auf der Hinterbank. Heute liebe ich meine Mutter für diese Geschichte, für ihren Humor und das kleine bisschen Unvernunft, das in diesem Moment aus ihr hervorblitzte – der disziplinierten Lebensweise zum Trotz.

Der innere Hausmeister bewacht unseren Gartenzaun

Natalie Knapp nennt das »Momente, die uns aus dem Konzept reißen«. Weil sie untypisch sind, aus dem Plan fallen, nicht vorgesehen sind in den Regeln und Mustern, auf die das Gehirn so viel Wert legt. Für die Philosophin sind solche Augenblicke besonders wichtig, weil wir ihnen nicht den Verstand überstülpen. Es sind die Momente, die das Potential haben, magisch zu werden. Weil sie dem Neuen, dem Aufregenden die Tür öffnen. Ich stelle mir vor, meine Mutter hätte diesen Moment wahrgenommen als Weckruf und in ihr Leben integriert. Vielleicht hätte sie danach heiter und selbstbewusst zu Hause Musik angedreht und in ihren Plüschpantoffeln ganz allein getanzt! Ich stelle mir das einfach vor. Und höre, was Natalie Knapp sagt: »Unser Konzept, das wir vom Leben haben, ist so beschränkt und eng. Und die meiste Zeit sehen wir nur das, was da hineinpasst. Wenn dann so ein Moment passiert, wird das Leben viel größer. Und dieses Gefühl kann einem niemand mehr wegnehmen.«

Ich kann mich also dem besonderen Moment öffnen oder Angst davor haben. Je nachdem, ob ich diesen Augenblick als Befreiung betrachte oder, wie Knapp sagt, »meinen Gartenzaun bewache und es als Katastrophe empfinde, wenn ihn jemand einreißt«.

Jens Corssen gebraucht in diesem Zusammenhang ein Bild von Eckhart Tolle. Er nennt das Sicherheitsdenken den »Hausmeister« in uns, dessen Job es ist, auf Pflichterfüllung und das Einhalten von Regeln zu achten, also auf den Gartenzaun. Ein wichtiger Job, der das Ego organisiere und uns sozial verträglich mache. Der »Hausbesitzer« dagegen sei die innere Stimme, unser noch nicht geprägtes, höheres Selbst. Er ist es, der den Weckruf eines magischen Augenblicks vernimmt. Er spürt, wann es Zeit ist für Veränderung. Wir tragen beide Instanzen in uns. Nur hat der Hausmeister vermutlich mehr zu sagen als der Hausbesitzer. Obwohl ihm das Haus gar nicht gehört.

Wie ist das mit meinem Hausmeister, frage ich mich. Und stelle fest, dass er immer gut gearbeitet hat. Er hat den Takt angegeben, vor allem im Job. Stunde um Stunde, präzise und gern noch ein paar Stunden mehr. Doch halt – dieses Buch wäre nicht entstanden, wenn mein innerer Hausmeister nicht kurz Pause gemacht hätte. Denn er war der Meinung, für den Besuch des Verlagsleiters bei der Chefredakteurin sei keine Zeit, nicht an diesem Tag. Und wenn, dann nur ganz kurz. Die halbe Stunde, die ich mir trotzdem für das Gespräch nahm, hat gereicht, um einen sehr besonderen Moment hervorzuzaubern: »Das nächste Buch schreiben Sie für uns«, scherzte der Verlagsleiter beim Abschied, nachdem er sein Frühjahrsprogramm vorgestellt hatte. Die Botschaft wirkte nach. Und heute schreibe ich für diesen Verlag mein erstes Buch. Wenn der Hausherr seinem Hausmeister freigibt, geschehen kleine und große Wunder.

Weil so ein Hausmeister alles besonders gut erledigen will, hat er natürlich den Hang zur Perfektion. Da entsteht Druck, da braucht man Scheuklappen, sonst wird das nichts. Bloß nicht rechts und links schauen, das lenkt ab. Routine kommt dem Hausmeister sehr entgegen. Aber Routine, meint Zeitforscher Marc Wittmann, verkürze im Nachhinein die Zeit, weil man dabei kein intensives Erleben habe. Darüber wird es in Kapitel 5 dieses Buches noch ausführlicher gehen. »Routine ist Zeitverlust, und in der Folge auch Ich-Verlust«, erklärt Marc Wittmann. Weil ich mich selbst nicht erlebe. Nichts über mich berichten kann. Was habe ich heute die vielen Stunden getan im Büro? Ich weiß es nicht. Auf jeden Fall nichts von dem, was einen erfüllten Tag ausmacht. »Ich bin nicht da, und die Zeit ist nicht da«, fasst Wittmann zusammen. Er zitiert den Mathematiker und Philosophen Blaise Pascal, der schon vor knapp vierhundert Jahren feststellte: »Das ganze Unglück der Menschen rührt allein daher, dass sie nicht allein in einem Zimmer zu bleiben vermögen.« Wie getrieben eilt der innere Hausmeister von Termin zu Termin, organisiert alles perfekt. Perfektionismus ist der Feind jeder Veränderung. Der Hausmeister kann sich auf kein intensives Gefühl, keine überraschende Wahrnehmung, kein aufregendes Erlebnis mehr einlassen. Er hat längst auf Autopilot gestellt, alles zieht an ihm vorüber, das faule Gehirn ist zufrieden und der Verstand sowieso: Wie sollte man denn sonst das Geld verdienen, das man zum Leben braucht?

Nur: Die innere Stimme, der Hausbesitzer in uns, wird irgendwann lustlos und schlecht gelaunt. Weil das reine Überlebensprogramm die Seele nicht interessiert. »Die Seele sagt, du und ich, wir haben hier etwas zu tun, da bringe ich dich hin«, höre ich von Ulrike Murmann. Wenn wir unserer Seele nicht folgen und keine magischen Momente erleben, so die Theologin, würde das »böse Folgen« haben. Sie sagt: »Deshalb sind magische Momente von ungeheurer Wichtigkeit. Wenn wir sie nicht wahrnehmen, führen wir nicht das Leben, für das wir gedacht sind, und auch nicht das Leben, das uns glücklich macht.«

Das klingt wie eine Aufforderung, ohne Alternative. Die Fähigkeit, glücklich zu sein, sich vom Moment berühren zu lassen und Chancen zu ergreifen, die sich in nur drei Sekunden öffnen können, diese Fähigkeit fällt nicht vom Himmel. Sie ist verbunden mit der Bereitschaft, Unsicherheit zuzulassen, Perspektiven zu wechseln, Neues aufmerksam wahrzunehmen und Erkenntnisse daraus wachsen zu lassen. Auch Geduld könnte eine Rolle spielen für das Gelingen eines intensiven, erfüllten Lebens. Fähigkeiten, bei denen der Verstand sich der Intuition, dem Bauchgefühl, unterordnen muss. »Der Verstand ist der Diener, nicht der Herr«, bringt es die Psychologin Eva Wlodarek auf den Punkt. Sie ist überzeugt, die innere Stimme sei eindeutig die wichtigere, und empfiehlt den Verstand wie einen Korrektor zu nutzen. Wlodarek: »Wenn der Verstand so übermächtig wird, dass man sich nicht traut, der Intuition zu folgen, muss man vielleicht noch einige falsche Entscheidungen treffen, bevor man dem Bauchgefühl endlich nachgibt.«

Von der Vernunft zur Seele, vom Hausmeister zum Hausbesitzer. Ich frage mich weiter durch. Was kann ich tun, um meinen Spürsinn für den magischen Moment zu verbessern? Wie werde ich feinfühliger mit mir selbst, nehme mich und meine Umgebung achtsamer wahr, wie lebe ich erfüllter?

Vielleicht hilft die Einsicht, dass wir zwei unterschiedliche Arten von Wahrnehmung besitzen. Die bewusste und die unbewusste. »Wenn ich überlege, wie Sonnenblume auf Französisch heißt oder in welche Vase ich sie stellen sollte, bin ich in meinem Intellekt. Wenn ich die Blume einfach nur betrachte, kann ich erleben, wie schön sie ist«, erklärt Jens Corssen den Unterschied. In der bewussten Wahrnehmung meldet sich das Ego, ordnet die Dinge ein, beurteilt und klärt die Lage. Es findet die richtigen Worte, kann mündlich oder schriftlich zusammenfassen, was es gerade sieht, erlebt, empfindet. Die bewusste Wahrnehmung wägt ab. Die intuitive Wahrnehmung dagegen denkt oder grübelt nicht, sie wertet nicht und hat kein Ziel. Sie sieht, was ist. Und spürt, was fehlt. Weil sie tief in uns wohnt und sich nur selten hervortraut, ist sie so schwer zu orten. Sie ist es aber, die als Einzige den magischen Moment erkennen kann. Weil sie den Hausbesitzer kennt und den Ruf der Seele hört. Die intuitive Wahrnehmung weiß, was gerade dran ist: alles beim Alten lassen oder Veränderung, je nachdem, wo wir stehen. Um Möglichkeiten und Chancen zu erkennen, müssen wir dem Spürsinn dafür Raum verschaffen. Das heißt, uns von überholten Glaubenssätzen befreien und unseren Anfängergeist, die Neugier, wiederentdecken.

Meine Intuition, mein unbewusstes, inneres Wissen über mich selbst, kann mir sehr genau sagen, ob ich auf der richtigen Spur bin. Ob ich mein eigenes Leben lebe oder eines, das man von mir erwartet. Ob ich glücklich bin oder nicht. »Wir kennen unsere innere Wahrheit«, sagt Eva Wlodarek. Nur hapert es mit der Wahrnehmung dieser inneren Stimme. Im Hamsterrad geht schon mal gar nichts. Der einzige Schrei, auf den wir bestenfalls hören, ist der unseres Körpers. Er bietet uns so manches Lernprogramm an, von Kopfweh bis zu Rückenschmerzen. Damit die Seele sich öffnen kann, braucht es Muße. »Man muss nicht ins Schweigekloster gehen, es reicht schon, sich mal in die Badewanne zu legen oder einen langen Spaziergang zu machen. Sich einfach Ruhe gönnen«, so die Psychologin.

Sich einlassen auf das Liebesspiel mit dem Leben

»Allein die Sehnsucht zu haben, sich vom Leben berühren zu lassen, öffnet etwas in uns und schafft nach und nach andere Umstände. Es entstehen kleine Werteverschiebungen, die sich wie ein Schneeballsystem zu etwas Größerem formen. Beim Yoga zum Beispiel kann man das erleben«, behauptet Natalie Knapp.

Ich erinnere mich noch genau an meine erste Yogastunde. Ein Angebot in einem Hotel, eine überraschende Gelegenheit im richtigen Moment. Schon nach wenigen Übungen hatte ich das Gefühl: Ja, die Bewegungen stimmen für mich. Da kommt etwas in Fluss, eine Lebendigkeit, eine unbestimmte Art von Glück. Als ob ich meine Seele durch meinen Körper spürte. Und tatsächlich hat Yoga einiges verändert. Nicht nur, dass ich anregende Menschen treffen und meinen Blickwinkel erweitern konnte. Ich habe auch einen sicheren Platz entdeckt, wo ich Ruhe finde und zu mir komme und den mir niemand nehmen kann: meine Matte. »Wo sind Sie eigentlich zu Hause?«, fragte mich mein Mann bei unserem ersten Treffen. Ich pendelte damals aus Berufsgründen alle zwei Wochen zwischen Hamburg und München. »Auf meiner Yogamatte«, antwortete ich ohne nachzudenken.

Der erste Schritt, um neuen Möglichkeiten und Chancen die Tür zu öffnen, ist also, die Sehnsucht wahrzunehmen und den Kopf für neue Erfahrungen frei zu machen. Dafür muss ich, vom »Überleben ins Erleben« kommen, so Jens Corssen.

»Die meisten delegieren ihr Glück an den Hausmeister, aber der kann niemanden glücklich machen. Er ist der Überlebenstyp.« Wer überwiegend damit beschäftigt sei, gut durchzukommen, Karriere zu machen, Ordnung zu halten, den Alltag zu stemmen, und alles, auch den Urlaub, nach Plan zu gestalten, laufe Gefahr, die Empathie mit sich selbst und mit anderen zu verlieren. »Dann muss ich ja immer aufpassen und bin deshalb im Kampf-Modus.«

Nicht nur der Hausmeister, auch das Opfer in uns stemmt sich gegen das Erleben, ist der Psychologe Corssen überzeugt. Wer vorwiegend auf das schaue, was er nicht hat, und bei anderen die Schuld für sein vermeintliches Unglück suche, schotte sich ab. Gegen Überraschung, Freude und gegen das Gefühl von Lebendigkeit. Gegen den magischen Moment. Weil Freude im Allgemeinen schneller verfliegt als Leid und wir intensive Gefühle brauchen, um uns zu spüren, neigen wir dazu, Ärger und Unzufriedenheit zu kultivieren. Das halb leere Glas zu sehen statt das halb volle. Recht haben zu wollen. Andere Menschen gering zu schätzen. Und uns selbst auch. »Wer so drauf ist, ist gegen das Leben«, sagt Corssen. Und weil Gefühle anstecken, solle man Menschen auch meiden, die von nichts anderem erzählen als von Frust und Unglück. Etwa mit den Worten: »Du bist völlig okay, nur ich bin zu schwach, um dein Leid zu ertragen. Wir sehen uns wieder, wenn es dir besser geht.«

Leben, das bedeutet doch: Lebendigkeit. Kontakt. Gefühl für mich, Mitgefühl für andere. Das Wissen um Licht und Schatten. Um Berg und Tal. Um Abschwung, Krise und neuen Aufschwung. Die ganze Bandbreite der Achterbahn, die bunte Palette. Mit allen Farben zu malen statt nur mit einer. Den Gedanken zulassen, dass das Leben auch etwas mit mir macht. Und nicht nur ich mit ihm. Vielleicht ist das Leben größer als ich. Statt mich zu beschweren, lieber fragen: Was will das Leben von mir? Was soll ich gerade jetzt, in diesem Moment lernen? Das führt weg, vom Hausmeister wie vom Opfer. Und macht dankbar. Leben ist ja keine Selbstverständlichkeit. »Ein Geschenk« nennt es die Theologin Ulrike Murmann. Jeder Tag ist ein Geschenk. Jeder Moment. Auch der magische, der eine neue Richtung vorgibt.

Es ist diese andere Einstellung, um die geht es. Sie macht alles aus. Mit etwas Geduld kann sie in uns wachsen, unabhängig von der Hektik des täglichen Lebens. Die Notwendigkeit, kleine Inseln der Ruhe zu finden, sich selbst und anderen gegenüber aufmerksam zu sein und das Gespür für den kostbaren Moment zu verfeinern, ist doch gerade dann lebensnotwendig, wenn wir fürchten, aus dem Hamsterrad nicht mehr herauszufinden.

Vom Überleben ins Erleben. Das scheint mir der zentrale Punkt. Die Wende kann gelingen. Indem ich mir bewusst mache, dass ich meine Sichtweise ändern kann. Dass ich die Freiheit besitze zu entscheiden, in welcher Haltung ich meinem Leben begegne. Ob ich das Opfer von Umständen oder von anderen Menschen sein will oder Verantwortung für mich übernehme. Ob ich für etwas bin oder dagegen. Das Leben ist schön, wenn ich es schön finde. Das Wetter ist gut, wenn ich es gut finde. Entscheide ich mich, den Regen auf der Haut zu genießen, ist Regen eine Wohltat. Komme ich nass und schlecht gelaunt nach Hause, ist das Wetter fürchterlich und ich bin sein Opfer.

Sabine Christiansen über ihren magischen Moment

Es gehört zu den absoluten Privilegien eines Lebens, seinen Wünschen, seinem Streben und seinen Neigungen nach lernen und einen Beruf ausüben zu dürfen. In meinem Fall führte er bis an die Spitze dessen, was erreichbar war.
Doch dann kamen unerwartete, tödliche Einschläge im Freundes- und Familienkreis und ein Moment, wo man dem geliebten Menschen in die Augen schaut und weiß, das Leben muss noch etwas bereithalten. Was ist das Hamsterrad am Ende wert, in dem wir uns 16 Stunden pro Tag drehten? Wir beschlossen, mit Augenmaß die Drehzahl weit herabzusenken, um mehr und mehr da heraus-

zuspringen und unsere Zeit, Familienzeit zu haben. Private Fotos statt bunte Posen, Pariser Bistro-Diskussionen statt TV-Debatten, Zeit für ausgewählte und wichtige berufliche und soziale Projekte, statt ewig aufreibende oder große öffentliche Engagements – das ist eine wesentliche, aber wunderbare Weichenstellung gewesen.

»Alles ist grundsätzlich leer. Mein Geist entscheidet, in welcher Welt ich lebe. Erst im Kontakt mit mir entsteht etwas«, sagt Zen-Meister André Daiyû Steiner. Er zeigt auf das Handy, das während unseres Gesprächs vor mir auf dem Tisch liegt. »Schaue ich weg, ist es einfach nicht da. Erst wenn ich es bediene, also mit ihm in Kontakt trete, wird es zu einem Instrument mit verschiedenen Möglichkeiten.« So sei es mit allen Dingen, Ereignissen, Begegnungen, auch mit den magischen Momenten. Ich entscheide, was sie für mich bedeuten. Ansonsten sind sie: nichts. Eigentlich ganz einfach, was der Zen-Meister da sagt. Und so reich an neuen Chancen.

»Viele Menschen haben das Gefühl, sie leben nicht mehr. Doch wenn sie ins Erleben kommen, werden sie mutig und verändern etwas. Weil sie sich dann in einer höheren Schwingung befinden und wieder emotionalisiert sind für das Schöne, für die Empathie.« Jens Corssen nennt das die »gehobene Gestimmtheit«. Nur zwei Sätze seien für diese höhere Schwingung notwendig. Jeden Morgen solle man laut aussprechen: »Willkommen Tag, ich erwähle dich mit all dem, was du mir bringst.« Ab sofort, so der Psychologe, bin ich kein Opfer mehr. Weil ich nichts mehr ertragen muss, sondern alles erwählt habe, auch das, was nicht gut läuft. Der zweite Satz lautet: »Das gehört zum Leben dazu.« Was er damit meint? »Das Ärgerliche, Traurige, Unschöne ist genauso vorhanden wie das Schöne. Und diese Möglichkeit erwähle ich ja mit. Wenn ich mich für eine Beziehung entschieden habe, habe ich mich auch für die Möglichkeit entschieden, dass ich verlassen werde.« Unzuverlässiger Freund, ungerechter Chef, blöder Stau – in der »gehobenen Gestimmtheit«, so Corssen, habe ich mir den Menschen oder die Situation zwar anders vorgestellt, aber ich muss nicht darüber urteilen oder klagen. Weil ich den neuen Tag mit allem erwählt habe, also auch mit dem Unangenehmen, mit der Enttäuschung, mit dem Schatten.

Die »höhere Schwingung« ist dem Verliebtsein ähnlich. Nicht ganz so intensiv, nicht albern, keineswegs verrückt. Es ist eine lebensfreundliche Grundstimmung mit Anflügen von Begeisterung, stelle ich mir vor. Wir sind bereit, geradezu erpicht auf alles, was anders ist. Offen für Erfahrungen, Begegnungen, andere Meinungen, neue Ideen. Lassen uns berühren und geben die Freude, die wir darüber empfinden, zurück. In dieser Seelenlage können wir die eingefahrenen Spuren auf der Autobahn verlassen, abbiegen, neue Wege ausprobieren und unser Potential entdecken. In dieser Stimmung, und wahrscheinlich nur in ihr, erleben wir magische Momente. Natalie Knapp spricht vom »Liebesspiel mit dem Leben«. Genau das könnte es sein.

Ich kenne diese Energie. Sie steckt in mir. Ich bin mir nicht sicher, ob ich mich um sie bemüht habe. Ob das überhaupt gehen kann. Aber ich weiß, dass ich einmal tatsächlich glaubte, die Freude für immer zu verlieren. Und im gleichen Moment der Wunsch durchbrach, mir von nichts und niemandem mein Lebensglück nehmen zu lassen. Kurz nach dem Tod meines Vaters, ich war Anfang dreißig. Ich blieb damals unter einem Baum stehen, mitten in der Stadt. Es war Mai, und in dem frischen, noch nicht ganz dichten Grün zwitscherten die Vögel um die Wette. Für die Jahreszeit nichts Besonderes. Nur kam es mir vor, als ob sie fragten und antworteten und sich unendlich viel zu erzählen hatten. Ich wurde auf einmal erfasst von der ungetrübten Lebenslust, die in dem Baum herrschte. In diesem Augenblick habe ich gespürt, dass ich lebe, auch ohne Vater. Und dass die Freude daran nicht mit ihm gegangen ist. Dieser Moment war so ein Liebesspiel mit dem Leben. Mit meinem Leben.

Die Sätze von Jens Corssen habe ich inzwischen als kleines Morgenritual übernommen. Am Fenster, mit einer Tasse Kaffee, und in Momenten, wo es brennt, wo ich Sorgen habe, traurig bin oder enttäuscht wurde. All das gehört zum Leben dazu, sage ich mir dann. Was für eine beruhigende Wirkung sich dadurch auf einmal entfaltet. Plötzlich wird das Leben zu einem großen Ganzen und bleibt nicht stecken in einer einzigen, unangenehmen oder enttäuschten Situation. »The courage to be happy« – der Mut, glücklich zu sein. Der beste Freund meines Vaters, ein Amerikaner, meinte vor kurzem, dieser Mut sei mir eigen. Er ist inzwischen gestorben. Ich danke ihm dafür, über seinen Tod hinaus.

Achtsamkeit kann man lernen wie das Klavierspielen

Noch einmal zu dem zentralen Punkt, der einen magischen Moment überhaupt erst möglich macht – die Umkehr vom Überleben zum Erleben. Unter dem Baum ist genau das passiert. Trauer und Sorgen wurden gestoppt, mein Ohr war bereit für etwas Schönes. Für einen Weckruf. Spontan blieb ich stehen und hörte den Vögeln zu, erfreute mich an ihrem Zwitschern. In Sekunden war ich mit allen Sinnen in der Gegenwart. Einzig und allein unter diesem maigrünen Baum, nirgendwo anders mit den Gedanken. Berührt vom Leben, das irgendwie mehr zu sein schien als ich. Ich war, so vermute ich, in diesem Moment vollkommen im Hier und Jetzt.

Gegenwärtig sein. Den Augenblick wahrnehmen. Im Jetzt leben. Das sind die angesagten Themen in unserer gehetzten

Multitasking-Welt. Weil wir den Kontakt zu uns selbst verloren haben. Uns nicht mehr spüren und andere folglich auch nicht. Weil das Leben nur so vorbeirast und wir jede Menge Krisen, aber keine magischen Momente mehr erleben.

Um da herauszukommen, um das Gefühl für sich selbst wiederzufinden, gebe es nur eine einzige Antwort, so der Krisenforscher Bijan Amini: »Sei gegenwärtig!« Das sei einfach zu hören und schwer zu realisieren. Aber vielleicht gut zu verstehen an folgendem Beispiel: »Ein Brief soll in den Kasten, hundert Schritte entfernt. Habe ich den Einwurf im Auge, sind die hundert Schritte vertan.« Wer sagt mir, dass ich nicht bei dem 65. Schritt einem Menschen begegne, der mein Leben verändert? Und dann ist der Brief völlig unwichtig. Ein Zitat aus dem Buch *Der Alltag als Übung* des Diplomaten, Psychotherapeuten und Zen-Lehrers Graf Dürckheim, so Amini.

Die Philosophin Natalie Knapp war auf dem Bahnhof so sehr in ihr Buch vertieft, dass der Zug ohne sie abfuhr, weil sie ihn schlichtweg nicht bemerkte. »Es bedeutet, dass ich mich sehr stark fokussiere, auf etwas, was mir in diesem Moment wichtig ist. Es heißt aber auch, ich kann nicht überall in gleicher Weise achtsam sein.«

Marc Wittmann, der Hirnforscher, kann erklären, was Gegenwärtigkeit sicher nicht ist: ein Leben mit Autopilot. Geradeaus ohne Ampel, ohne Kreuzung, ohne Seitenstraße. Alles wie immer, alles beim Alten. Abends nach Hause zu kommen und wie gewohnt den Fernseher einzuschalten sei eindeutig bequemer, als eine halbe Stunde auf der Couch zu sitzen und nichts zu tun. Dann rotieren die Gedanken. Bloß nicht! Das könnte ja eine Reise ins Unbekannte werden. Lieber suche man nach etwas, was Halt gibt, das einen unterhält, »wo die Gedanken etwas zu greifen haben und man sich selbst ein bisschen verliert«. Zum Autopiloten komme die Beschäftigung mit der Zukunft. Auch ein

Feind der Präsenz. Ich muss noch Koffer packen, einen Anruf machen, die Küche putzen. Die Zukunft ist nach Wittmann »erschreckend dominant«. Präsenz heiße, gar nicht zu überlegen, was sein wird, sondern den Augenblick zu erleben, ohne über Konsequenzen nachzudenken.

Achtsamkeit sei eine Fähigkeit, die man lernen könne wie Klavierspielen. Die Aufmerksamkeit gezielt auf Dinge zu richten, sei am Anfang anstrengend. Wie Fingerübungen am Klavier. Der Hirnforscher empfiehlt, sich jeden Tag fünf Minuten hinzusetzen und bewusst nichts zu tun. Oder Gedichte zu lesen. In der Poesie werde durch lyrische Wortschöpfungen das Alltägliche zum Besonderen. Oft gehe es um banale Inhalte wie um Gardinen, die sich bewegen, oder um Regentropfen am Fenster. »Durch die Magie der Dichtung entstehen intensive Bilder, die das Gehirn abspeichert. Gedichte lesen ist ein Weg, um den Alltag aufmerksamer zu erleben.« Noch einen Tipp? »Ein Waldlauf oder ein Glas Wein«, so der Wissenschaftler. Alkohol stimuliere, rege die Körperlichkeit und die Emotionen an, man werde entspannter, lockerer, bewusster. »Nach einem Glas werden die Reaktionszeiten sogar schneller.« Doch, warnt er, größere Mengen Alkohol seien erwiesenermaßen schlecht für die Aufmerksamkeit.

Mir fällt ein Moment in einem Restaurant ein, mit einer Freundin, die mich lange kennt. Ich fühlte mich restlos erschöpft an diesem Abend, bestellte ein Glas Wein und war begeistert von der köstlich klingenden Speisekarte. Meine Freundin war erstaunt. Wenn sie so elend sei wie ich gerade, mache ihr auch die beste Karte keinen Spaß. Meine Lebensfreude sei eine Gnade. Später erzählte ich Bijan Amini von dem Restaurantbesuch. »Ist das Gnade? Oder Lebensfreude? Für mich ist das Gegenwärtigkeit«, erklärt er. »Sie konzentrieren sich auf die Speisekarte und denken nicht daran, was für einen Stress Sie gerade haben. Das fällt Ihrer Freundin schwer.« Wie aufregend, dass man in der Gegenwart sein kann, ohne es zu bemerken.

Vielleicht ist das ja viel öfter der Fall, als wir ahnen. Im Konzert, wenn wir Musik hören und dabei alles um uns herum vergessen, sogar uns selbst. Auf einmal stört nichts mehr, weder der harte Klappsitz noch der Arm des Nachbarn noch der enge Hosenbund. Irgendetwas ist passiert, wir sind eins geworden mit der Musik. Selbstvergessen berührt werden, das ist wie eine Befreiung. Ein magischer Moment, der sich überall ereignen kann. Beim Betrachten des Himmels oder des Meeres oder der saftigen Weide mit Schafen, die in aller Ruhe grasen. Einfach staunen. Sich selbst kaum noch wahrnehmen. »Teil von dem bestehenden Gefüge werden«, wie Natalie Knapp es ausdrückt. Sie selbst erlebt das beim Schwimmen. »Im Wasser, wenn ich in einen See eintauche, werde ich Teil von dem See, den Fischen und den umstehenden Bäumen. Da spiegelt sich etwas, was größer ist als ich und nicht von mir abhängt. Ob ich bade oder nicht, ist der Natur egal. Diese Vorstellung empfinde ich als heilend.« Sie gehe anders aus dem See heraus, als sie hereingegangen sei. »Vieles erscheint nicht mehr wichtig, was ich gerade noch für wichtig hielt. Plötzlich ist da etwas, was ruhiger und größer ist als ich. Diese Erkenntnis ist für mich ein magischer Moment.«

Viele erleben einen magischen Moment, ohne ihn zu bemerken

Ich bleibe hartnäckig. Was bedeutet dieses »gegenwärtig sein« noch?, frage ich weiter nach, bei dem Arzt, Ayurveda-Spezialisten und Meditationsexperten Ulrich Bauhofer. »Gegenwärtigkeit heißt Achtsamkeit«, erklärt er mir. »Leider sind wir immer schon ein Stück weiter. Wir leben in der Zukunft, wandern mit den Gedanken hin und her und denken an das, was kommen könnte, statt im Augenblick zu sein.« Er erzählt mir eine Geschichte aus dem Buddhismus: »Ein weiser Mann wird gefragt, was er anders mache als andere. Er antwortet: Wenn ich gehe, dann gehe ich. Wenn ich sitze, dann sitze ich. Wenn ich esse, dann esse ich. Wenn ich spreche, dann spreche ich. Wenn ich zuhöre, dann höre ich zu. Aber das machen wir doch alle, wirft der andere Mann ein. Nein, sagt der Weise. Wenn ihr geht, dann sitzt ihr schon. Wenn ihr sitzt, dann esst ihr schon. Wenn ihr esst, dann sprecht ihr schon. Wenn ihr sprecht, dann hört ihr schon zu.«

Yoga und Meditation sind für Ulrich Bauhofer die bevorzugten Wege, um zu üben und in die Wahrnehmung des Jetzt zu gelangen. Im reinen Yoga-Bewusstsein wie in der Meditation seien alle Sinneswahrnehmungen und Gedankenabläufe verschwunden. »Der Yoga-Zustand ist der Raum zwischen den Gedanken. In ihm können magische Momente, kann Fülle entstehen.«

Beim Üben, wenn der Geist zur Ruhe komme, funktioniere das Gehirn anders, müsse es anders funktionieren als im Stress. »Neue Funktionen verändern alte Strukturen«, so der Mediziner. Das Gehirn sei zum Glück sehr lern- und anpassungsfähig. Achtsamkeit sei also eine machbare Aufgabe.

Nicht für mich in diesem Augenblick. Ich bemühe mich um konzentriertes Zuhören. Aber mein Gehirn ist störrisch wie ein alter Esel. Ich ertappe mich dauernd bei der Sorge, dass ein überfälliger Rückruf den ruhigen Gesprächsfluss stören könnte und überlege, wie ich das verhindere, da ich das Handy ja gerade als Aufnahmegerät benutze. Präsenz, so wird mir klar, ist wirklich nicht einfach. Vor Jahren habe ich in Hamburg den Hindupriester Desikar Dandapani kennengelernt, der in New York als Coach arbeitet. Die Einfachheit seiner Botschaften und Beispiele hat mich beeindruckt. »Where awareness goes, energy flows« – Wohin die Aufmerksamkeit geht, dahin fließt die Energie. Ich habe mir den Satz gemerkt. Er stimmt. In diesem Augenblick, zuhörend und dabei das Handy im Visier, ist meine Energie überall und nirgends. Von dem Hindupriester habe ich auch gelernt: Immer, wenn wir glauben, etwas schon im Vorhinein zu wissen oder einen Menschen in- und auswendig zu kennen, sind wir nicht mehr präsent. Nur wenn wir erwarten, dass uns das Leben ständig überraschen kann, bleiben wir in der Gegenwart. Auch eine starke Botschaft, wie ich finde.

»Für das Erleben von magischen Momenten braucht es Präsenz«, bestätigt auch André Daiyû Steiner. Zum Glück lasse sich der Geist trainieren wie ein Herzmuskel. »Ich kann durch Affirmationen und Mantras gezielt an bestimmten Bereichen im Gehirn arbeiten. Was man seit viertausend Jahren in Asien weiß, bekommt endlich neurowissenschaftliche Bestätigung.« So könne man neurologisch nachweisen, dass beim Training Synapsen aktiviert werden, die sich dann neu verbinden. Im Mentaltraining und beim Spitzensport gehe man heute davon aus, dass eine Affirmation oder körperliche Bewegung im Gehirn siebenundzwanzig Mal verbunden, also wiederholt werden müsse, dann sei die erste Stufe des Lernens erreicht.

In der Meditation, so der Zen-Meister, könne man nach und nach Gedanken, die um Vergangenheit oder Zukunft kreisen, genau identifizieren. »In der Mehrheit sind das sowieso nur Gefühlsduseleien und Wiederholungsschlaufen. Wenn man das erkennt, lässt man los.« Zu Beginn einer Sitzung sei die volle Konzentration besonders wichtig. Nur so könnten Loslassen und Entspannung einsetzen. Er gibt mir ein Beispiel für so eine Affirmation: »Einatmen und dabei denken: mir – ausatmen und dabei denken: geht es gut – wieder einatmen: mir – wieder ausatmen – geht es gut und so immer weiter.« André Daiyû Steiner: »Mein Herz schlägt, meine Verdauung funktioniert, ich kann atmen. An diesen Gedanken baue ich mich auf, sie bilden so etwas wie einen Schutzmantel. Wenn etwas Unvorhergesehenes geschieht, denke ich daran und werde souveräner und gelassener.«

Von Ulrich Bauhofer erfahre ich, dass die sogenannte Transzendentale Meditation sogar tiefere Ruhe ermögliche als der Schlaf. Man habe festgestellt, dass der Sauerstoffverbrauch in dieser Meditation halb so groß ist wie im Schlaf. Der Verbrauch sage viel aus über die Tiefe der Ruhe, die man erfahre. Warum? Die Organe brauchen für ihre Funktion Sauerstoff. Geht der Bedarf zurück, heißt das, sie sind im Ruhezustand und können sich regenerieren.

Auch der Geist regeneriert sich. In der Meditation beginnt das Gehirn sich zu ordnen. Das sei durch Messungen der Gehirnwellen nachgewiesen, so Bauhofer. »Wir wissen doch alle, wenn im Kopf ein Gedankenwirrwarr ist, kann ich nichts mehr aufnehmen. Bin ich innerlich still, nimmt meine Wahrnehmungsfähigkeit dramatisch zu.«

Der Mediziner erlebt jeden Tag, dass viele Patienten weit von sich weg sind und nicht mehr spüren, wie zu wenig Schlaf oder falsche Ernährung auf ihre Befindlichkeit wirkt. »Viele haben den Bezug zu sich verloren. Sie erleben vielleicht einen magischen Moment, aber merken nicht, dass es einer war. Weil der Gedankenteich in unserem Gehirn viel zu turbulent ist.«

Ulrich Bauhofer erklärt die Situation an einem Bild: »Stellen wir uns einen Teich mit starken Wellen vor und werfen einen Felsbrocken hinein. Dann entstehen dadurch auch wieder Wellen, sie prallen zusammen mit denen, die schon da sind. Aber die bereits vorhandenen Wellen schlucken die neuen. Stellen wir uns dagegen einen spiegelglatten Teich vor. Wenn ich da nur einen kleinen Kieselstein nehme und hineinwerfe, sehe ich ganz geordnete Wellen und Ringe von dieser Eintauchstelle ausgehen. Das heißt, wenn ein System ruhig ist, kann es die Reize, die von außen kommen, anders aufnehmen.«

Im inneren Ozean ist es immer ruhig

Es wird deutlich: Wir müssen regelmäßig unser System runterfahren – wie einen Computer. Um uns in der Ruhe zu ordnen. Um Neues aufnehmen zu können und den Spürsinn dafür wieder zu entwickeln. Um uns zu öffnen, frei zu werden für Chancen, Möglichkeiten, Überraschungen. In einem aufgewühlten, überlasteten System bleibt doch nur die Autobahn. Jede Abfahrt, jeder Umweg würde noch mehr Verwirrung stiften.

»Im inneren Ozean ist es immer ruhig.« Der Satz von Jens Corssen klingt mir im Ohr. Kann ich überhaupt genug Yoga üben, um Stille in mir zu spüren? Und was habe ich früher zum Ausgleich getan, als ich mit Yoga noch gar nicht in Berührung war? Ach ja, ich bin am Abend so gern mit der Gießkanne umhergezogen und habe die Pflanzen gegossen. Das gab mir eine wohlige Zufriedenheit, einen inneren Frieden. Gießen, wenn im Sommer die Abendglocken läuteten. Zugegeben, das Bild ist fast kitschig, aber für mich waren das ganz besondere, wunderschöne Momente, in denen ich ruhig und glücklich war. Später habe ich mich aufs Fegen und Rechen konzentriert. Der kleine Garten mit dem vielen Laub wurde zu meinem Meditationsraum. Zu jeder Jahreszeit gab es etwas zu tun. Der Herbst war natürlich der Höhepunkt. Freunde witzelten, ich solle später in ein Zen-Kloster gehen und nichts tun als fegen. Für mich klang das gar nicht mal komisch.

Nur logisch, dass ich den Zen-Meister darauf anspreche. Was ich höre, erstaunt mich.

»Gerade in der Routine, bei einfachen Tätigkeiten, kann man magische Momente erleben.« Wie das? Weil Routinearbeit den Geist leert. Allerdings nur dann, wenn ich sie nicht bewerte. Also mich nicht beschwere und schimpfe: Mist, ich muss wieder abwaschen, macht ja sonst keiner, leider habe ich kein Geld für eine

Putzhilfe, immer muss ich alles selbst erledigen oder so ähnlich. Dann funktioniere das nicht. Dann entstehe wieder ein Gedankenwirrwarr. Wenn ich aber einfach vor mich hin putze, bügle, abwasche, ohne darüber nachzudenken, ohne zu urteilen, dann könnten solche langweiligen Arbeiten wie Meditation wirken. Und den Geist klären. Das gelte auch fürs Joggen, so André Daiyû Steiner. Nun gut, beim Laufen komme ich eher aus der Puste als auf neue Ideen. Aber das Bügeln und Abwaschen werde ich jetzt mit ganz neuen Augen betrachten. Mal die Perspektive wechseln, wie Bijan Amini vorschlägt. Das ist doch ein Anfang.

Auch wenn viele Anfänge schwer sind, wie ich von Hauptpastorin Ulrike Murmann weiß. Sie geht regelmäßig ins Schweigekloster und der erste Tag sei für sie immer besonders schwierig, weil die Gedanken sich nicht abstellen lassen. »Jemand hat mir mal gesagt, nimm die Gedanken so wie Wolken, lass sie einfach vorbeiziehen am Himmel, immer weiter, und bleib du bei dir. Guck nicht jeder Wolke hinterher. Das fand ich gut.«

Vielleicht suchen mehr Menschen die Stille als ich ahne. Vielleicht, denke ich, ruft die Sehnsucht nach Lebendigkeit, nach Inspiration, nach magischen Momenten doch lauter in uns, als uns bewusst ist. Und wir schauen instinktiv nach Möglichkeiten, um Überflüssiges zu entsorgen und Raum zu schaffen für Neues. Ulrike Murmann plädiert dafür, innezuhalten und sich Zeit zu schenken. Bei einem Spaziergang in der Natur, mit einer Kerze auf dem Tisch oder in einem Tagebuch. Sie selbst hält inne im Gebet. Das sei der Moment, wo man sich bewusst machen könne: Wo stehe ich gerade, was empfinde ich, was brauche ich jetzt, wo bin ich bedürftig, wofür bin ich dankbar. »Den Kontakt zur eigenen Empfindung kann ich üben. Davon bin ich überzeugt«, sagt sie.

»Der Organismus braucht Pausen.« Das glaubt auch Natalie Knapp. Zeiten, in denen wir durchatmen und uns sortieren können. Routine und kleine Rituale seien solche Haltestellen, um

Eindrücke und Gedanken zu verarbeiten. Um die Spannung zu lösen, die aus der Bewegung des Lebens entstehe. Wir können nicht dauernd unsere Sinne spitzen. Das wäre zu anstrengend.

Deshalb brauchen wir den Übergang. Das Innehalten. Die Pause. Den Moment, in dem offensichtlich nichts geschieht. Wo scheinbar Stillstand herrscht. Und doch so viel möglich ist. Den Raum dazwischen. Er sei grundsätzlich wichtig, meint Ulrich Bauhofer, der beobachtet: Viele vergessen ihn. Schlafen zu wenig und lassen daher zu wenig Raum zwischen den Tagen. Planen zu wenig Zeit zwischen ihren Terminen ein und leiden am Burnout. Lassen dem Partner zu wenig eigenen Raum und riskieren so die Beziehung. Sich Raum zu nehmen sei überlebenswichtig. Schon deshalb, weil für die Reizflut, die an einem einzigen Tag in unser Gehirn ströme, die Menschen vor zweihundert Jahren sieben lange Jahre gebraucht hätten. »Oft hat man ja das Gefühl, der Kopf platzt, weil er zu viel Input und zu wenig Raum dazwischen hat«, so der Mediziner. Er ist überzeugt: »Magische Momente entstehen nur im Raum dazwischen, ausschließlich.«

Denn wer innehält und durchatmet, wird wieder berührbar vom Leben. Von seinen wunderbaren Momenten. Im Raum dazwischen können sich die Sinne öffnen. Nicht nur für besondere Augenblicke, die dem Leben eine neue Richtung geben. Auch Krisen können auftauchen, Fragen und Unsicherheit. Solche Zeiten der »ungeschützten Offenheit« gelte es auszuhalten, meint Natalie Knapp. Sie seien die beste Voraussetzung, um Veränderungen vorzubereiten, in der Wahrnehmung wie im Denken. »Nur halten viele diese Übergangsphasen nicht aus und wollen wieder in den alten Zustand zurück. Besser gewohntes Leid als neues Glück«, stellt die Philosophin fest.

Weil wir wissen, was uns im Gewohnten erwartet – egal ob wir dabei glücklich sind oder nicht. Wer sagt denn, dass etwas Neues glücklich macht? Unser Kokon ist das Bedürfnis nach seelischem

Komfort und Sicherheit, das Vertrauen in die Ungewissheit der Veränderung hat dort keinen Platz.

Leidenschaft spüren und Vertrauen fassen in die Veränderung

Persönliche Rituale, die wir in der Zeit eines Neuanfangs entwickeln und an die wir uns halten können, machen den Raum zwischen Altem und Neuem erträglicher. Der Meinung ist Jens Corssen. Noch wichtiger sei: Leidenschaft. Der magische Moment, der uns in eine neue Richtung schubst, muss uns in Sekunden befeuern. Bis wir brennen, für einen neuen Menschen, eine Erkenntnis, eine Entscheidung. Wer von etwas beseelt ist, kann kindliche Ängste besiegen und Vertrauen entwickeln in die Zukunft. Was kann schon passieren? So fühle sich diese Grundstimmung an, die der Verstand nicht hervorbringen könne. »Wenn ich Leidenschaft verspüre, bin ich nicht mehr im Überleben, sondern im Erleben. In einem anderen Wertesystem«, sagt Corssen.

Ein Wertesystem, in dem ich meine Bedürfnisse spüre. Was gut für mich ist. Dass ich mir vertrauen darf. Weil ich an mich glaube und erfahren habe, dass Enttäuschungen zum Leben gehören und ich trotzdem wieder vertrauen kann, mir selbst und anderen. Und Vertrauen dem Misstrauen vorziehe, immer.

Michaela May über ihren magischen Moment

Nach der ersten Begegnung nur zu zweit, einer Nacht in Amsterdam, saßen wir im Flugzeug zurück nach Deutschland und wussten: Wir fliegen in unser gemeinsames Leben. Wir werden unseren Partnern mitteilen, dass wir uns von ihnen trennen. Ja, wir sind bereit. Bernd Schadewald, inzwischen mein Ehemann, und ich hatten

uns füreinander entschieden. In einer einzigen Nacht. Das ist unser magischer Moment.
Magische Momente haben für mich meistens mit Liebe zu tun. Auf jeden Fall mit Beziehungen zwischen Menschen. Ich bin sicher, der magische Moment kommt nicht einfach so. Ihm geht immer etwas voran. Vielleicht die Sensibilität für einen Mangel, eine unbewusste Sehnsucht. Der magische Moment ist so etwas wie die logische Konsequenz daraus. Man möchte den Mangel beheben. Und er fordert eine Entscheidung, aus dem Gefühl heraus. Ich habe diese Entscheidung damals als federleicht wahrgenommen und fühlte mich wie »auf des Lebens Schwingen«. Schwierigkeiten blendet man aus.
Es gibt nach einem magischen Moment auch kein Zurück mehr, selbst wenn man es versucht. Man kann nicht von einem großen in ein kleineres Gefühl zurückschlüpfen. Das geht nicht. In Gedanken und Gefühlen bleibt man in der anderen Welt. Alles, was man vorher gelebt hat, vergleicht man mit dem neuen Leben. Und damit ist die Sache klar.
Ein magischer Moment entsteht nicht beim Nachdenken, er hat keinen rationalen Bezug. Sein Boden ist das, was vorher nicht gelebt werden konnte. Wer den Verstand einsetzt und sich fragt, kann ich mir so einen magischen Moment überhaupt leisten, der erlebt ihn nicht. Ich finde, zu viele Frauen verkümmern in ihren Gefühlen, weil sie finanziell abhängig sind und nichts riskieren wollen. Aber ich kann doch mein Leben nicht gegen magische Momente versichern! Dann würde ich eben in einem Blumenladen arbeiten, um finanziell selbstständig zu sein. Wir fahren zu oft in denselben Spuren, irgendwann bleibt unser Lebensfahrzeug in den tiefen Rillen stecken. Also weg mit den Bedenken!
Natürlich hatte ich nach der ersten Initialzündung auch Zweifel: Darf ich den Kindern das antun? Wie kann ich die langjährigen

Freunde in mein neues Leben mitnehmen? Erstmal hatten nur wenige Verständnis für mich – nach dreiundzwanzig Ehejahren.
Aber es ist wichtig, sich eine Art emotionaler Unschuld zu erhalten. Die Empfindung zu bewahren: Es kommt etwas auf mich zu, das Leben zeigt sich mir jeden Tag neu. Nur so bleibe ich offen und durchlässig. Und kann Vertrauen entwickeln, in mich und meine Gefühle.
Mein Mann hat mir eine neue Art des gemeinsamen Empfindens eröffnet. Ich spüre ihn, als wäre er unter meiner Haut. Auch das hat etwas Magisches.

»Das Vergangene loszulassen beängstigt, weil wir zu wenig Autonomie und Selbstverantwortung gelernt haben und das die Angst potenziert«, erfahre ich von der Psychologin Johanna Müller-Ebert. Mütter müssten ihr Kind loslassen. Und das Kind müsse lernen, die Entfernung von der Mutter auszuhalten. »Wir müssen kommen und gehen früh bewältigen können.«

Mehr Vertrauen in Veränderung entsteht, so Müller-Ebert, in drei Schritten: In der Erinnerung an gelungene Veränderungen in der Vergangenheit. Wo hat sich ein Blickwechsel, ein Aufbruch gelohnt, und wie habe ich den geschafft? In der Fantasie über das körperliche Erleben, wenn die Veränderung vollzogen ist. Ich stelle mir vor, wie ich glücklich bin, vielleicht sogar tanze, Schmetterlinge fühle und eine neue Freiheit empfinde. In dem Bewusstmachen, dass Angst ein Gefühl ist, das ich hier in dieser Gegenwart erzeuge, ein Gefühl, das jedoch auf die Zukunft bezogen reine Fantasie ist.

»Ich glaube, jeder Mensch trägt das Potential in sich für ein tiefes Vertrauen ins Leben«, sagt Ulrike Murmann. Als Beweis dient der Theologin unsere Fähigkeit zu lieben und damit einem anderen zu vertrauen. »Das heißt doch, dass wir Vertrauen in uns selbst haben. Wenn wir nicht wüssten, was das ist, könnten wir es auch nicht verschenken.«

Vielleicht muss man Vertrauen auch einfach erfahren. Wie Natalie Knapp im weiten Meer. »Ich kenne Momente, da befürchte ich, es nicht mehr zurückzuschaffen, weil ich zu weit rausgeschwommen bin. Und plötzlich passiert so eine Umkehr. Dann fühle ich mich getragen und komme gar nicht auf die Idee, dass mir die Kraft für den Rückweg fehlen könnte. Weil ich mich als ein Teil von diesem Meer empfinde und dem Wasser vertraue, das mich trägt. Natürlich könnte ich sagen, das ist illusorisch, es könnte ja ein Hai kommen. Aber in so einem Moment ist noch nie einer gekommen.«

In Momenten, wo es um mehr als um einen selbst gehe, sei das Leben immer das Größere, davon ist Natalie Knapp überzeugt. Ich muss an eine Situation denken in einer Hamburger Buchhandlung, im Leseraum im ersten Stock. Es ist ruhig dort, nur eine ältere Dame blättert in einem Buch. Mein Handy klingelt. Unfassbar, es ist mein Freund aus Aleppo, von dem ich nie weiß, ob er noch lebt, und wochenlang nichts gehört habe. Ich telefoniere erleichtert und laut. Die Dame beschwert sich, verärgert wende ich mich ab und spreche ungerührt weiter. Typisch, denke ich, die sind alle verwöhnt hier und haben keine Ahnung. Anschließend versuche ich, ihr die Situation zu erklären. Mein Ton ist leicht scharf. »Wissen Sie, wo Aleppo ist? Das war kein normales Gespräch. Uns geht es hier doch so gut!« Später sehe ich, wie sie beim Gehen einen Zettel auf meine Tasche legt. »Entschuldigung. Weil es uns allen so gut geht«, steht darauf, mit ihrem Namen. Sie war schon verschwunden, sonst hätte ich sie umarmt. Für mich war dieser Moment die unmittelbare Erfahrung, dass ich Vorurteile ablegen muss und Vertrauen haben darf. Ein kleiner magischer Moment. Als ich Natalie Knapp davon erzähle, sagt sie: »Siehst du, da war das Leben wieder mal größer als du.«

Es könnte auch mit einer bestimmten Energie zu tun haben, einer Schwingung zwischen der fremden Frau und mir. Ich habe etwas in ihr ausgelöst und sie in mir. Wir sind miteinander in Berührung gekommen, ohne uns zu berühren. Knapp spricht von »Resonanz«. In besonderen Augenblicken seien wir wie Resonanzkörper für das, was gerade passiert. Ich frage Andreas Hamburger. »Resonanz ist Ansteckung durch Schwingung. Du lachst mich an, ich werde fröhlich, du freust dich, weil du mich erreicht hast – das wird eingeübt. Das Spiel, ich will dich erreichen, lernen wir als Babys im Austausch mit der Mutter und spielen es als Erwachsene weiter.« Wer sich berührt fühle, erlebe einen »Wiedererkennungseffekt«.

Hamburger kennt das selbst: »Wenn ich von München nach Murnau fahre, steht auf der Höhe von Penzberg eine Eiche an einem Hang, deren mächtige Äste sich genau der Neigung des Hanges angepasst haben. Im Hintergrund sehe ich die Bergkette in verschiedenen Blautönen. Diese Linien, diese Harmonie wirken auf mich wie eine Symphonie, unglaublich. Ich spüre, dass dieses Bild eine tiefe erste Erfahrung in mir berühren muss. Ich empfinde dabei so etwas wie einen Sinn, finde aber keine Worte dafür.«

Das Gefühl von Resonanz kann man nicht auseinandernehmen und mit dem Verstand erfassen. »In solchen Momenten löst sich das Leben ein«, meint Natalie Knapp. Resonanzräume, Orte, an denen man eine besondere Schwingung spüren und magische Momente erleben kann, gebe es in der Natur, aber auch in der Kunst, beim Malen, beim Singen oder Musizieren. Da könne man Resonanz sogar körperlich spüren. Oder in der Kirche, wie ich von Ulrike Murmann höre. »Wenn ich segne, bin ich so etwas wie ein Medium, ein Vermittler. Ich spreche den Segen aus in dem Bewusstsein, dass mehr geschieht als dass ich die Worte einfach nur sage. Das Schöne ist, die Menschen spiegeln mir das wider. Viele kommen nur in den Gottesdienst, weil sie diesen Segen brauchen.« Sie brauchen die Resonanz. Wir alle scheinen sie zu brauchen. Vielleicht ist es wirklich die Schwingung, um die es geht. Auch bei dem magischen Moment. Dieses Berührt- und Bewegtwerden und zugleich selbst jemanden berühren und bewegen. Immer wieder. Überall. Weil wir ohne das einsam sind. Vielleicht. Weil wir Impulse brauchen. Von innen wie von außen.

Wann kommt eine Schwingung bei mir an – und wann nicht? Wann trete ich in Resonanz mit einem Menschen, einer Situation – und wann nicht? Ich kann die faule Socke Gehirn trainieren, den Anfängergeist schulen, mich in gehobene Gestimmtheit versetzen, die Offenheit für den Moment üben durch Yoga und Meditation, meine Sinne schärfen mit Poesie und Musik, mir das Hier und Jetzt bewusst machen, das Bauchgefühl über den Verstand setzen, die Angst vor Veränderung abbauen, vom Überleben ins Erleben kommen, Vertrauen lernen, Ruhe, Rituale und Routine einplanen, dem Hausmeister freigeben und den Hausbesitzer, meinen Seelenfreund, sprechen lassen. Ich kann entscheiden, in welcher Welt ich leben will. Und doch bleibt die Frage: Wann wird für mich etwas zu einem magischen Moment? Und wann nicht? Was muss geschehen, damit etwas Resonanz in mir auslöst?

Bleibt das am Ende ein Geheimnis?, frage ich Natalie Knapp. Es sieht so aus. Sie würde bei dieser Frage »den Begriff des Geheimnisvollen« verwenden wollen, antwortet mir die Philosophin. Kinder könnten ein Geheimnis erzählen, trotzdem bleibe es ein Geheimnis. Das sei die »Geheimnisqualität« des Lebens. »Die magischen Momente sind magisch, weil sie uns bewusst machen, wie viel Geheimnis wir Tag für Tag leben.«

Man kann Jahre verbringen, die nur so dahinrauschen. Und dann kommt ein einziger Moment, der alles anhält und lebenswichtig erscheint. In dieser Sekunde, in diesem magischen Moment bin ich im Kontakt mit dem, worum es im Leben wirklich geht. Das ist es doch.

Mein dritter magischer Moment: *Deine Kinder sind nicht deine Kinder.*

Ich weiß nicht, wie oft ich die Worte des libanesischen Dichters Khalil Gibran gelesen hatte. »*Deine Kinder sind nicht deine Kinder. Sie sind die Söhne und Töchter der Sehnsucht des Lebens nach sich selbst. Sie kommen durch dich, aber nicht von dir, obwohl sie bei dir sind, gehören sie dir nicht.*« Auf jeden Fall kann ich den ganzen Text auswendig, an dem Tag, als meine geliebte Tochter plötzlich erwachsen ist.

Ich erinnere den Moment genau. Ich stehe in London, wo sie studiert, an der Tubestation Camden Town. Hier, im Nordosten der City, wohnt sie, wobei sich ihre Adressen immer wieder ändern, neue Menschen, neue Wohngemeinschaften. Vor kurzem hat sie ihren alten, verbeulten Renault Clio nach England mitgenommen, den meine Mutter ihr, in deutlich besserem Zustand, zum Abitur geschenkt hatte. Er wird selten gewaschen, und auch sein Innenleben hat sich eher zum Negativen verändert. Im Grunde ist das Auto ein einziger Aschenbecher. Ich warte also etwas nervös an der verabredeten, mir bislang unbekannten Ecke auf meine Tochter. Auf mein Kind. Mein Kind!

Ich sehe mich noch nach meinem ersten Besuch in London, zwei Jahre zuvor, wie ich spät abends mit British Airways zurück nach Deutschland fliege, unter mir das nicht enden wollende Lichtermeer einer nicht enden wollenden Weltstadt. Und wie ich mit den Tränen kämpfe. Bin ich denn verrückt geworden? Hier, ganz tief unten, in dieser unübersichtlichen, funkelnden Hölle lasse ich mein einziges Kind zurück! Meine Tochter! Eine junge

Frau! Was da alles passieren kann, vor allem jetzt, in der Dunkelheit der Nacht. Horror!

Warum konnte es nicht Freiburg sein? *Mami, in Freiburg kann mir auch ein Ziegelstein auf den Kopf fallen.* Oder Münster? Von mir aus auch Hamburg oder Berlin. Warum London? Und warum habe ich das nicht einfach verboten. Ich hätte ja sagen können, für dieses Experiment gibt es von mir kein Geld. Aus. Basta. London ist sowieso viel zu teuer. Deshalb will sie ja auch abends kellnern und hat schon ein kleines Restaurant gefunden. Ein Lokal in Soho. Das habe ich natürlich bei meinem ersten Besuch sofort inspiziert. Ich war beruhigt. Ein netter Platz, sogar mit kleinem Garten. Also meinetwegen. Jetzt, vom Flugzeug aus, ist es eine dieser klitzekleinen Millionen Lichtquellen, aus denen sich der funkelnde Teppich unter mir zusammensetzt. Und irgendwo da geistert meine einzige Tochter herum. Gerade mal neunzehn und ziemlich abenteuerlustig. Ich bin verantwortungslos! Ich müsste sie beschützen! Wieder kommen mir die Tränen, während der Flieger mich unweigerlich an die Küste und dann über den Kanal transportiert.

Warum London? Der Wunsch meiner Tochter, dort zu leben, war nicht zu bremsen. Ich kann ja verstehen, die Stadt ist faszinierend, viele Engländer haben diesen schwarzen, bissigen Humor, der dem meiner Tochter durchaus ähnlich ist. So, wie er in der Mail zum Ausdruck kommt, die sie mir kurz nach dem Abitur von einer einsamen Insel in Thailand aus geschrieben hat: *SOS an Mami! Mir wurde mein ganzes Geld geklaut, aber ich arbeite in einer Bar und die Sechzigjährigen sind sehr nett zu mir. Mach Dir keine Sorgen. Dicken Kuss.* Ich sitze in der Redaktion, die Buchstaben verschwimmen vor meinen Augen, ich kralle mich mühsam am Schreibtisch fest. Ein dummer Witz, beruhigen mich die Kolleginnen. Klar, weiß ich auch. Aber sie ist halt so weit weg, und da muss ich mit allem rechnen. Mit allem!

Jetzt ist sie nicht ganz so weit weg. Zum Glück. Und so stehe ich an der Tubestation und versuche ganz ruhig zu atmen beim Warten auf den schwarzen, verbeulten Renault Clio.

Hey, Mami, entschuldige, ich musste um die Ecke parken! Meine Tochter kommt mir fröhlich entgegen. Es ist später Sommer, eigentlich schon Herbst. Sie ist wie immer zu leicht bekleidet, finde ich, vor allem um den Hals. Ein Schal wäre gut. Denke ich. Auch wie immer. Das mit dem Schal ist eine heikle Geschichte. Seit sie auf der Welt ist, seit etwas mehr als zwanzig Jahren, versuche ich an ihren Hals zu kommen und ihn schön warm einzupacken. Als sie noch klein war, ist sie jedes Mal zusammengezuckt, weil ich sie mit dem Reißverschluss schon mal versehentlich gezwickt habe. Was haben wir für Kämpfe durchgestanden um den blöden Schal. Ich habe sie an der Haustür unter Protest eingefangen mit dem Ding und ihn umgebunden, bevor sie auf dem Fahrrad zur Schule fuhr. Die Blicke, die sie gegen mich richtete, wurden Jahr für Jahr drohender.

Der Schal ist zu einem Symbol geworden zwischen uns. Er steht für *overorganized and overprotecting mom*, wie sie mich seit der Pubertät nennt. Mir dient der Schal als Bestätigung, dass ich eine gute, vernünftige Mutter bin und mich verantwortlich fühle für das Wohl und die Gesundheit meines Kindes. Als ob ich mir das beweisen müsste. Vielleicht muss ich es ja ....

Meine Tochter umarmt mich. Ihre langen dünnen Beine stecken in hautengen schwarzen Jeans. Die leicht abgewetzten Stiefeletten enden am Knöchel. Ihr cremefarbener, hauchdünner Pulli, der so gefährlich viel Hals freigibt, hängt lässig über die Hose. Die Jacke drüber ist schwarz, halblang, sie könnte vom Flohmarkt sein. Stimmt, am Telefon hat sie mir von einer Chinesin erzählt, die samstags in der Nähe selbst genähte Kleider verkauft. Ich habe meine Tochter zwei, drei Monate nicht gesehen. Sie trägt inzwischen Pferdeschwanz mit einem Pony, der tief bis über die Augenbrauen hängt. Ihre großen, braunen Augen scheinen wie hinter einem dichten Vorhang verborgen. Der akkurate Lidstrich, den sie so gekonnt ein wenig nach oben auslaufen lässt und mit dem sie mich manchmal an Audrey Hepburn erinnert, dieser Lidstrich ist kaum noch zu sehen. Reflexhaft möchte ich ihr die Haare aus dem Gesicht streichen, als wir uns umarmen. Eine innere Stimme warnt mich: Lass das bloß, um Himmels willen!

Camden Town ist ein Knotenpunkt, ziemlich viel Verkehr auf der lauten Straße. Außerdem ist später Nachmittag und bald Feierabend. Wie selbstverständlich nimmt mir meine Tochter den Koffer ab, zieht ihn hinter sich her, in der anderen Hand fuchtelt sie mit dem Autoschlüssel herum. Zielsicher geht sie voraus, während ich hinterhertrotte und mich auf ein ruhiges Cafe freue, in dem wir hoffentlich irgendwann landen. Da sehe ich das Auto. Münchner Kennzeichen. Ein Stück aus der guten alten Zeit. Der Schulzeit. Ich weiß nicht, warum mich der Anblick des Autos plötzlich wehmütig stimmt. Meine Tochter öffnet die Tür, wirft den Koffer auf den Rücksitz und kurbelt das Fahrerfenster herunter. Es geht etwas schwer, irgendwas klemmt, macht aber nichts. Ein Gedanke zischt mir durch den Kopf: Meine Güte, hier ist ja Linksverkehr. Die Engländer sitzen am Steuer rechts. Nur mein Kind sitzt auf der linken Seite. Das wusste ich natürlich, aber in dieser Sekunde trifft mich diese vorhersehbare und letztlich banale Realität wie ein Blitz.

In mir entsteht urplötzlich eine ungekannte, respektvolle Distanz zu meiner Tochter. Ich sitze auf dem Beifahrersitz, kenne weder ihr neues Zuhause noch die Strecke dorthin, sie ist es, die jetzt die Ansagen macht, nicht ich. Bevor wir losfahren, greift sie in ihren offenen Stoffbeutel – sie mag keine Handtaschen, obwohl man die verschließen könnte, und das wäre sicherer – und holt sich eine Zigarette aus der Schachtel. Meine Tochter lässt das

Auto an, erstmal für den Zigarettenanzünder. *Musik, Mami?* Ich nicke. Ob sie sich dabei gut genug auf den Verkehr konzentrieren kann? Ich wage natürlich nicht, das zu fragen. Sie legt den Ellenbogen auf das offene Fenster, zieht an der Zigarette, schaut kurz in den Rückspiegel, und schon hat sie sich eingefädelt in die Londoner Rush Hour.

Ich betrachte meine Tochter von der Seite, spüre, dass ich plötzlich fast scheu bin ihr gegenüber. Dass sie mich beeindruckt, so viel Selbstvertrauen ausstrahlt, und dass sie wunderschön ist. Ich nehme ihre Unabhängigkeit wahr, auch von mir. Sie lebt ihr eigenes Leben. Das Leben, das sie führen möchte, hier in London. Mit einem Anfall von Stolz wird mir klar, dass sie dafür hart arbeitet und sich durchkämpft. Und sich freut, wenn ihre Mutter zu Besuch kommt. Dass sie aber auf diesen Besuch nicht angewiesen ist. Dass sie selbst klarkommt, ohne mich. Und dass ich sie unglaublich mutig finde.

Wie ein Blitz durchfährt es mich: Meine Tochter ist endgültig und für immer erwachsen! Sie ist eindeutig kein Kind mehr und wird nie! nie! mehr eines sein. Sie hat sich abgenabelt. Sie ist eine eigenständige Persönlichkeit. Kein Teil mehr von mir. Ich muss loslassen. Vertrauen. Vor allem ihr vertrauen. Und dem Leben. Ich will das. Und ich kann das. Ja!

In meinem Kopf hämmert es. In gefühlten Sekunden und objektiven zehn Minuten Fahrzeit überkommt mich schlagartig eine Erkenntnis nach der anderen: dass meine Aufgabe als Mutter abgeschlossen ist, meine inzwischen alberne Fürsorge nicht mehr gebraucht wird, dass ich an einem Wendepunkt stehe. Meine Tochter gehört mir nicht. *Deine Kinder sind nicht deine Kinder.* Habe ich das nicht bei jeder Gelegenheit gepredigt? Und ganz oft zitiert? Immer, wenn andere Eltern Schwierigkeiten hatten mit dem Erwachsenwerden ihrer Kinder, bekamen sie von mir eine Lektion verpasst. Im Loslassen, ausgerechnet von mir!

Habe ich mich nur wichtig gemacht mit meinem psychologischen Halbwissen, mit einer selbstgerechten, spirituellen Mission? Ahnungslos, aber neunmalklug? Jetzt, wo ich an der Reihe bin, hier im Auto meiner Tochter, die routiniert und lässig durch London fährt und mir in Kürze ihre eigene Haustür aufschließen wird, in diesem Moment kommt es nun ganz dicke. Tut es so verdammt weh! Dabei ist doch eigentlich alles ganz toll!

Ich kann heilfroh sein, dass meine Tochter so selbstständig ist. Sie ist ja nicht das erste Mal weg von zu Hause. War schon immer gern unterwegs. Hat früh bei anderen Kindern übernachtet, schon als sie zwei Jahre alt war. Mit ihrem Stofflöwen und ihrer Bettdecke. Mich brauchte sie auf jeden Fall nicht. Damals hatte ich ja auch keine Krise. Im Gegenteil, ich war stolz auf sie. Weil ich ein auffallend eigenständiges Mädchen hatte.

Oder war ich einfach weniger achtsam? War ich zu wenig bei mir selbst? Und vielleicht auch bei meinem Kind? Bin ich im Lauf der Zeit aufmerksamer, sensibler, feinfühliger mit mir und den Menschen um mich herum geworden? Habe ich ein besseres Gespür bekommen – das sich jetzt, hier im Auto, so furios und mit so vielen Gedanken und Gefühlen entlädt? Einzelkinder müssen sich nach draußen bewegen, sonst bleiben sie allein, dachte ich mir damals. Und war voller Zuversicht, dass meine Tochter ihr Leben selbstbewusst anpacken würde. Und jetzt, wo sie all das tut, was ich ihr von Herzen wünsche … Warum diese Angst in mir, plötzlich? Diese Leere. Und dieser verdammte Schmerz?

Die Musik im Auto läuft ungerührt weiter, während ich Selbstgespräche führe. Bilder überrumpeln mich, von früher, als sie noch klein war. Was kommt jetzt wohl? Ein Abschied ist ja immer auch ein Anfang, sagt man. Vielleicht falle ich gar nicht ins Loch. Ich habe ja meine Freunde, meine Liebe, meine Arbeit.

Eine leise Stimme in mir rührt sich, macht auf sich aufmerksam. Erst vorsichtig. Dann immer lauter. Wenn meine Tochter so gut auf ihrem Weg ist, vielleicht gibt das auch mir eine Chance. Neuen Raum. Für Sekunden sehe ich ein Leben vor mir als Frau, nicht als Mutter. Statt mich ständig um meine Tochter zu drehen, könnte ich jetzt, in diesem Moment, hier in London, diese alte Rolle ablegen. Dieses Gefühl von übertriebenem Bemühtsein. Von Alles-gut-machen-Wollen. Vom Schal bis zu den Bonbons, die ich ihr mitgebe und die sie an die Kinder im Bus verteilen soll, nur damit sie sich als Jüngste beliebt macht. Und die dann massenweise aus der Tüte fallen. So dass meine Vierjährige allein im Bus bleiben und alles aufsammeln muss, während alle anderen zum Skikurs gehen. An dieser völlig unmöglichen Situation war nur ich schuld. Aus falscher Fürsorge … aus Sorge.

Vor was eigentlich? *Overprotecting mom.* Warum wollte ich als Mutter so unbedingt vorbildlich sein? Und war es doch gar nicht. Wovor hatte ich Angst? Man kann sein Kind auch mit Liebe erdrücken. Klein machen, um sich selbst groß zu fühlen. Längst erwachsenen Kindern die Wäsche waschen, nur damit sie nach Hause kommen. Ohne mich geht hier nichts, so in der Art. Nicht absichtlich, natürlich. Aber doch den eigenen Wert daraus beziehen, wie perfekt man ist im Bemuttern. Dem eigenen Leben damit einen Halt und einen Sinn zu verpassen, auf Kosten des Kindes. Unbewusst, natürlich. Mütterliche Liebe, die klammert und festhält. Zum Glück hat sich meine Tochter dagegen von klein auf gewehrt. Trotzdem ist es mir glaube ich immer wieder gelungen, sie mit meiner überfürsorglichen Art zu vereinnahmen.

Während wir mit lauter Musik durch London fahren und uns dem neuen Zuhause meiner erwachsenen Tochter nähern, **erlebe ich still und nach außen unauffällig meinen dritten magischen Moment.** Denn ich beschließe, einen Großteil der Verantwortung abzulegen, die ich glaubte tragen zu müssen. Ich beschließe, meine innere Haltung zu ändern. Zu meiner Tochter.

Zu alten Verhaltensmustern. Zu mir selbst. Und neue Aufgaben zu suchen, die mich herausfordern und mir Zufriedenheit schenken. Mich vielleicht endlich zu der unabhängigen Persönlichkeit machen, die meine Tochter längst für mich ist.

Auch diesmal zieht der magische Moment keine große, unübersehbare äußere Veränderung nach sich. Es ist ein leiser, aber ein erstaunlich wichtiger, vielleicht mein wichtigster Schritt im Loslassen. Warum kann ich das in diesem Moment, in London, was ich bisher nie geschafft habe? Obwohl mir meine Tochter viele Gelegenheiten angeboten hat, Vertrauen in sie zu haben und sie gehen zu lassen, war ich doch verhaftet in Sorge um sie und in dem Versuch, ihr Leben nicht aus meiner Hand zu geben.

Du kannst ihnen deine Liebe geben, aber nicht deine Gedanken. Du kannst ihrem Körper ein Heim geben, aber nicht ihrer Seele, denn ihre Seele wohnt im Haus von morgen, das du nicht besuchen kannst, nicht einmal in deinen Träumen. Warum bin ich genau in diesem Moment offen? Warum kann ich den klugen Text von Khalil Gibran in genau dieser Sekunde erst richtig verstehen – und vor allem, erfühlen? Warum bin ich plötzlich in der Lage, das Erwachsensein meiner Tochter anzuerkennen, so dass ich meine Einstellung ändern und meiner eigenen Zukunft ins Auge sehen kann? Mutig, ja zuversichtlich die Veränderung in meinem Leben annehme, die nun bevorsteht?

Es ist doch absurd: Im Grunde ist nichts anders geworden, nach außen ist alles so wie noch vor einer Viertelstunde, als ich wartend und bangend an der Tubestation stand. Und trotzdem habe ich ganz plötzlich eine neue Sicht auf die Dinge. Ich erkenne meine Grenzen als Mutter. Unmissverständlich. Klar. Deutlich. Und, noch wichtiger, ich akzeptiere sie, ich erkenne sie an. Warum kann ich ausgerechnet jetzt, was mir früher nie gelang?

In diesem dritten magischen Moment vollzieht sich tief in mir eine Veränderung. Ich habe das Gefühl, als ob sich seitdem eine transparente Schicht schützend um mich legt, die mich von meiner Tochter unterscheidet und mich dennoch beobachten, mitfühlen, lieben lässt. Unter dieser Schicht nehme ich meine Umrisse wahr, entdecke die eigenen Konturen. Meine Tochter und mich sehe ich wie zwei eigenständige Formen, deren zarte äußere Hüllen sich berühren, aber nicht überlappen. Ich gebe zu, hin und wieder werde ich rückfällig. Dann schießt urplötzlich eine Bemerkung aus mir heraus, die doch noch an den warmen Schal erinnert. Aber meistens halte ich mich zurück. Vertraue ihr. Große Tochter, nenne ich sie. Wie eine Häuptlingsfrau. Ist sie ja auch.

»Als ich entschied, mich nicht zu entscheiden, war ich wie befreit.«

Sarah, Familienmitglied der Autorin, blickt zurück auf ihren magischen Moment.

Sarah, wann ist dir bewusst geworden, dass du dich mehr zu Frauen hingezogen fühlst als zu Männern?
Das war eher eine Folge von kleinen Momenten, nicht dieser große Aha-Moment, den du vielleicht vermutest. Den gab es nicht. Vielleicht deshalb, weil ich ja auch Männer mag.

Du bist also gar nicht lesbisch?
Ich bin eine Frau, die Frauen liebt. Ja. Aber ich bin nicht lesbisch. Dieses Schubladendenken stört mich enorm. Das ging ja schon in der Grundschule los. Da war doch jeder in Mitschüler aus anderen Klassen verliebt, und ständig wurde getuschelt. Bei mir waren es zwei Jungs – und Anne, die viele ganz toll fanden. Ich weiß noch, wie mein Kumpel sagte: Zwei Jungen und Anne, das geht ja gar nicht. Anne ist doch ein Mädchen. Und ich dachte

schon damals: Wieso eigentlich nicht? Ich habe gar nichts dabei gefunden. Viel später habe ich endlich beschlossen, mich von diesen Schubladen zu befreien und ich selbst zu sein. Sarah.

Wie lange ist das her?
Vielleicht zwei Jahre. Ich kann mich noch ziemlich gut erinnern. Ich saß mit meiner Mutter im Strandkorb. Sie hat immer wieder nachgefragt, wollte mich unbedingt verstehen. Natürlich hat sie diese Gespräche mit ihrem emotionalen Background und ihren Kenntnissen darüber, wie Liebe läuft, geführt. Also mit ihren Konzepten. Im Strandkorb sagte ich zum ersten Mal laut den Satz: Mama, ich habe mich doch entschieden! Und zwar dafür, einfach zu schauen, was kommt. Die Wahrscheinlichkeit, dass eine Frau kommt, ist größer, aber es kann auch ein Mann sein.

Wie fühlte sich dieser Moment an?
In diesem Augenblick ist mir bewusst geworden, dass ich so empfinden darf. Insofern war es tatsächlich eine tiefe Befreiung. Ich hatte plötzlich das Gefühl, ihr alle, die ihr ein anderes Gefühlsleben habt als ich, müsst das jetzt genau so hinnehmen, wie ich es sage. Ich muss euch das nicht erklären, und ihr braucht das nicht zu verstehen. Ich gebe mir gern Mühe, euch das so nahezubringen, wie ich kann, aber ich muss mich nicht rechtfertigen. Nie mehr!

Rechtfertigen für was?
Für eine Unentschiedenheit, die gar keine war. Ich fühlte mich ja nie zerrissen. Frauen und Männer, beide sind eine Option. Meine Option. Und die ist erlaubt, die ist zulässig. Das bin ich. Ihr könnt damit umgehen oder nicht. Aber ich muss mich euch nicht anpassen. Das war damals meine eindeutige Entscheidung und ist es bis heute.

Hattest Du mal das Gefühl, dass irgendwas an dir falsch ist?
Ich fand meine Empfindungen, die ich für Männer wie für Frauen hatte, völlig normal. Sie waren für mich nicht ungewöhnlich, falsch oder komisch. Ich habe mich trotzdem lange gefragt, ob ich die Zuneigung zu Frauen überhaupt zulassen soll, ob ich das möchte oder besser unter den Teppich kehre und verdränge.

Warum das?
Ich bin jetzt 37 Jahre alt, und in der Welt, in der ich aufgewachsen bin und erzogen wurde, war das Wort schwul oder lesbisch absolut stigmatisierend. Damals eben. Heute ist das anders. Wenn man feststellte, dass man Frauen liebte, war man sofort mit einem Stigma behaftet. Das wollte ich auf keinen Fall.

War Angst im Spiel?
Früher immer! Mit fünfzehn habe ich mich in ein Mädchen verliebt, in Marie. Sie war eine Klasse unter mir und meine erste große Liebe. Netterweise sagt sie das inzwischen andersherum auch über mich, doch sie hat mir damals mein Herz gebrochen. Ich fand sie total gut, mir war aber nicht bewusst, dass ich mich einfach höllisch verknallt hatte. Wäre sie ein Junge gewesen, hätte ich meine Gefühle hundertprozentig einordnen können. Aber man ist ja so erzogen, als Mädchen verliebt man sich in einen Jungen und umgekehrt. Was anderes gibt es nicht. Marie und ich wurden beste Freundinnen, unzertrennlich. Ich erinnere mich an eine überraschende erotische Anziehung, ganz plötzlich, auf der Rückbank im Auto ihrer Mutter. Abends, auf einem Steg am See, lag ich dann mit dem Kopf auf ihrem Bauch, ganz kitschig. Wir wollten uns küssen, und kurz davor zogen wir unsere Köpfe zurück, wie im schlechten Film. Wir waren beide verwirrt, da läuft was ganz anderes als geplant, dachten wir und konnten das gar nicht verstehen. In dieser Nacht haben wir uns dann doch zum ersten Mal geküsst.

Aber nur im Geheimen ....
Wir haben ein Jahr lang Verstecken gespielt. Wir hatten unser wunderschönes Geheimnis, das passte vielleicht auch ganz gut in die Pubertät, aber wir hatten auch wahnsinnige Entdeckungsangst. Vor allem vor unseren Eltern und unseren Mitschülern. Die Vorstellung, dass unser Verhältnis da bekannt würde, war blanker Horror. Es gab niemanden, der offen homosexuell gewesen wäre. Da wären wir ohne Ende gehänselt worden. Völlig anders als heute. Marie und ich haben uns zwar gegenseitig »Ich liebe dich« gesagt, aber immer in dem Gefühl: Das ist etwas ganz Besonderes und findet nur zwischen uns beiden, nur zwischen dir und mir statt. Wir stehen nicht auf Frauen, auf keinen Fall! Marie hatte dann zunehmend Affären mit Jungs. Das, wie gesagt, hat mir das Herz gebrochen.

Du warst ganz allein mit diesem Schmerz, wo bist du damit hingegangen?
Gute Frage. Von meinem Liebeskummer wusste wirklich niemand. Absolut niemand.

Hast du dich daraufhin in Jungs verliebt?
Nach Marie war erstmal Ruhe. Ich hatte das Thema Frauen für mich abgehakt, mit einer gewissen Erleichterung, glaube ich. Ich war jahrelang allein oder mit Männern zusammen, aber nie sehr lang. Mit gleichaltrigen Jungen konnte ich emotional relativ wenig anfangen. Das war lange Zeit so, noch mit Mitte zwanzig. Aber je älter ich inzwischen werde, desto mehr finde ich Männer in meinem Alter gut. Die kommen ja auch in die Jahre. Jetzt, so Ende dreißig, werden die interessant. Das entdecke ich gerade. Aber alle, die ich gut finde, für die ich mich richtig begeistern kann, sind liiert und haben oft auch Kinder. Das ist so, ich kann es nicht ändern. Tatsächlich habe ich noch nie einen freien

männlichen Single kennengelernt, zu dem ich gesagt hätte, mit dir gehe ich an den Nordpol.

Wann tauchte das verdrängte Gefühl wieder auf?
Bei einem Spanischkurs in Granada. Da wollte mich ein Mädchen necken und streckte mir die Zunge raus. Das hat mich unangenehm berührt, ich fühlte mich wie von mir selbst erwischt. Plötzlich gab es zwischen uns eine erotische Ebene.

Die war dir unangenehm …
Ja, sehr. Ich wollte das nicht. Ich wollte nicht mit einer Frau zusammen sein. Ich hatte ja keinen entsprechenden Freundeskreis, keine homosexuellen Freunde. Die Affinität zu Frauen passte nicht zu meinem Selbstbild. Ich kann das nicht besser erklären. Aber trotz meiner Angst, von allen abgelehnt zu werden, habe ich das Feuer unbewusst gesucht und bin später zu diesem Mädchen nach Madrid gefahren. Ich war ihre erste Erfahrung mit einer Frau, und sie wäre mit mir bis an den Nordpol gegangen. Sie hat das nicht hinterfragt, war viel spontaner und weniger im Kopf als ich. Wir waren zwei Jahre zusammen, aber nie offiziell. Ich habe sie immer wieder weggetreten, und irgendwann ist sie nicht mehr wiedergekommen. Wenn ich mir das so überlege, habe ich anderen und mir selbst viel Leid zugefügt. Ich war damals überhaupt nicht bei mir. Ich weiß auch absolut nicht mehr, wann und wie ich meinen Eltern diese Liebe zu Frauen beichtete. Da habe ich den totalen Blackout. Abgefahren, oder?

Wann hast du dich zum ersten Mal vor anderen zu Frauen bekannt?
Kurze Zeit später. Und nichts von meinen Befürchtungen hat sich bewahrheitet. Ich habe nie eine ablehnende Reaktion gespürt. Und hatte so lange Angst davor.

Aber es war auch nicht wie bei Schwulen oder Lesben, die ihr coming out haben und von dem Zeitpunkt an demonstrativ so leben. Das läuft anders, denke ich, wenn man sich zu beiden Geschlechtern hingezogen fühlt. Wie ein Tauziehen, mal in die eine und mal in die andere Richtung. Ich stelle mir vor, es gibt Männer und Frauen, denen ihre Orientierung komplett klar ist. Ich stecke nicht in deren Haut. Ich war nie homo, fühlte mich aber so, als wolle man mir ein Bekenntnis dazu abringen.

So nach dem Motto: Willst du dich nicht mal entscheiden?
Genau. Das Schubladendenken der Gesellschaft war mein Problem. Und Teil meines langen Prozesses. Deshalb hat das so lange gedauert, bis ich mir selbst darüber im Klaren war, wie ich ticke und wo ich stehe. Ich habe mich entschieden, dass ich Männer ebenso wie Frauen mag. Und das habe ich in diesem besonderen Moment im Strandkorb endlich auch mal laut gesagt.

Mit wem fühlst du dich besser?
In Prozentzahlen kann ich das nicht ausdrücken. Ich bin mit Sicherheit Frauen mehr zugetan. Sagen wir so: Wenn man mir zehn gute Frauen und zehn gute Männer hinstellt, werde ich von den Männern zwei toll finden und von den Frauen sechs. Die Wahrscheinlichkeit, dass ich mit Frauen glücklicher sein kann, ist glaube ich größer. Das hat weniger mit der Sexualität zu tun. Ich kann mit Männern genauso großartige Erfahrungen machen. Ich vermute, es ist eher eine Frage des Miteinanders.

Was heißt das?
Ich brauche sehr viel emotionale Intensität in einer Beziehung, die finde ich leichter bei Frauen. So viele Männer habe ich nicht kennengelernt, die dieses Zwischenmenschliche mitbrachten, das mir ausreicht. Viele Männer sind ja nicht in der Lage, über

ihre Gefühle zu sprechen. Und damit fallen mir solche Beziehungen schwerer. Ich muss nicht den ganzen Tag alles ausdiskutieren, aber brauche jemanden, der sich einlässt, auf mich und auf sich selbst. Das finde ich bei Frauen leichter.

Stößt du immer noch auf Unverständnis?
Allerdings, und das nervt auch. Diese Frage: Hey, wie geht das denn? Es gibt viele Leute, die denken, man muss entweder homo- oder heterosexuell sein. Die Grau nicht fassen können. Und ich bin grau. Wenn Frauen weiß und Männer schwarz sind, bin ich von mir aus ein helles Grau. Aber ich bin grau.

Du bist gerade mit einer Frau zusammen. Könnte es sein, dass du dich plötzlich in einen Mann verliebst? Und wie wäre das dann für deine Lebensgefährtin?
Sie weiß das. Und fühlt selber so. Sie hatte eine große Liebe mit einem Mann, der sich aber nicht von seiner Frau getrennt hat. Mit meiner Welt bin ich absolut im Reinen. Meine Freundin kann das alles hören. Sie kennt das alles.

Ihr würdet euch verlassen, wenn ihr morgen einen Mann kennenlerntet?
Das wird glaube ich nicht passieren. Wir sind besetzt. Da kommt jetzt kein Mann. Aber angenommen, wir würden uns trennen und sie würde mir später sagen, sie wäre jetzt mit einem Mann zusammen, ich würde nicht aus den Latschen kippen.

Ist das der Reiz eurer Geschichte?
Nein, sorry. Aber ich weiß, ich kann nur mit Frauen zusammen sein, die diese Offenheit haben. Meine Freundin übrigens auch. Eine Frau, die richtig lesbisch ist, passt nicht zu mir. Ich würde dann in ein Muster gedrückt, in dem ich mich nicht zu Hause

fühle. Mit meiner Partnerin habe ich das Gefühl, ich bin mit einer Frau zusammen, ohne lesbisch zu sein. Ich empfinde mich als Frau und nicht als Lesbe. Und fühle mich verstanden von einer Frau, die auch so fühlt.

Ihr teilt ein ähnliches Grundgefühl.
Das trifft es gut. Eine gemeinsame Gefühlswelt. Ich wäre auch nicht überrascht, wenn zum Beispiel Anne Will und Miriam Meckel auch so empfinden würden. Die wären vielleicht auch nicht gut aufgehoben mit betont lesbischen Frauen. Das sind Frauen, die Frauen lieben, ohne diesen lesbischen Stempel.

Was ist das für ein Stempel?
Gute Frage. Interessant. Na ja, das ist wieder dieses Schubladendenken. Ich mag es nicht, wenn sexuelle Identität nach außen getragen wird. Ich identifiziere mich nicht über meine Orientierung. Jeder hat doch seine Sexualität. Und natürlich ist sie Teil von mir. Aber man definiert sich ja auch nicht darüber, hetero zu sein.

Als du deine Nicht-Entscheidung laut geäußert hast, war das der Moment, in dem du zum ersten Mal auch eine Haltung zu dir selber gefunden hast?
Ganz klar, seitdem stehe ich dazu, dass ich »grau« fühle, ohne mich ständig hinterfragen zu müssen. Das war vorher nicht so. Ich wurde immer wieder in Erklärungsnot gebracht. Grau ist viel schwerer zu verteidigen. Mit Schubladen können die Leute mehr anfangen und lassen dich in Ruhe. Natürlich werde ich gelegentlich verdächtigt, dass ich mir das alles schönrede und den letzten Schritt der Selbsterkenntnis nur noch nicht gemacht habe. Ich empfinde das aber nicht so. Auch davon habe ich mich befreit. Damals, in dem Strandkorb.

Praxis: Wie wir unseren magischen Momenten auf die Spur kommen

Die Weisheit des Yoga

Das Wort Yoga kommt aus dem indischen Sanskrit und bedeutet »Einheit, Harmonie«. Und genau das bewirkt die Praxis des Yoga, eine Harmonisierung von Körper, Geist und Seele. Dabei werden achtsame Körperhaltungen mit einer bewussten Atmung verbunden. Bei den Übungen wandert unsere Aufmerksamkeit nach innen, und Körper, Gefühl und Verstand finden in eine Einheit. Die Gedanken kommen zur Ruhe, und wir können dem Leben mit ganzer Kraft begegnen. Der Praktizierende nimmt seine Ressourcen bewusster wahr, wird selbstbestimmter, psychisch stabiler und kann sich leichter auf neue Perspektiven einlassen, zeigen Studien. Durch die geistige Ausrichtung auf unser Tun und das Koordinieren von Atmung und Bewegung gelangen wir in einen Zustand von entspannter Wachheit. Yogaübungen sollten immer langsam und achtsam ausgeführt werden, es geht dabei weniger um eine exakte Ausführung, um Geschmeidigkeit oder körperliche Fitness, als vielmehr um das Wahrnehmen der eigenen Ansprüche, Bewertungen und Grenzen. Die Erkenntnisse, die wir durch Yogaübungen über uns gewinnen, geben uns Aufschluss über unsere persönlichen Muster. Beim Yoga spüren wir tief in uns hinein und gewinnen innere Sicherheit, die uns die Angst vor dem Neuen nimmt. Denn wenn wir in uns Stille finden, dann haben wir keine Angst. Wenn wir dort sind, besitzen wir nichts, was wir verlieren könnten. Dort gibt es kein Haben, sondern nur Sein. Das ist ein Zustand absoluter Entspannung, und Angst und Entspannung schließen einander aus. Eine ideale Übung, um wieder mehr Sicherheit und Vertrauen zu gewinnen, ist »Der Baum«. Hirnstrommessungen zeigen: Während dieser Übung synchronisieren sich beide Gehirnhälften, was zu einer Ausschüttung von Glückshormonen (Endorphinen) führt. Wenn sie unseren Körper fluten, sinkt der Stresshormonpegel, die Schwingungen unserer Hirnströmungen verlangsamen sich, und wir erleben in kürzester Zeit wohltuende Tiefenentspannung:

- Wir stellen uns gerade hin, unsere Füße sind fest auf dem Boden, die Knie leicht gebeugt. Wir fixieren mit unseren Augen vor uns einen Punkt, der sich nicht bewegt. Unser Atem fließt.
- Wir verlagern unser Gewicht auf den linken Fuß und ziehen den rechten Fuß zu unserer linken Fessel. Wir falten unsere Hände vor der Brust, die Fingerspitzen zeigen nach oben. Wir ziehen nun den rechten Fuß über die Fessel nach oben und platzieren ihn wahlweise seitlich auf unserem Schienbein oder unserem Oberschenkel.
- Wir führen unsere Hände über den Kopf und öffnen sie auf Schulterbreite. Wir stehen so für einige Atemzüge. Wir nehmen wahr, wie wir atmen. Ruhig oder gepresst? Wie ist die Aktivität unserer Gedanken? Können wir ganz im Augenblick sein?
- Wenn wir die Übung beenden möchten, führen wir die Hände wieder zusammen, senken sie vor die Brust und lassen sie dann wieder an den Seiten heruntersinken. Währenddessen stellen wir auch den rechten Fuß wieder fest auf den Boden. Wir spüren der Übung noch etwas nach. Anschließend üben wir die andere Seite nach dem gleichen Muster.
- Wir schließen die Übung mit einem kurzen Moment des Sitzens in Stille ab.

Lust auf Neues

Wer viel erlebt, steigert seine Lebenszufriedenheit um mehr als 70 Prozent. Das besagen amerikanische Studien. Und sie haben auch eine plausible Erklärung dafür: Unser Gehirn ist zwar bequem, doch es liebt auch Spannung und Reize und möchte eigentlich permanent überrascht werden. Es hungert nach neuen, möglichst herausfordernden Aufgaben und Erfahrungen, weil nichts so zufrieden macht wie das Gefühl, ein Problem gelöst zu haben. Die Ausschüttung von Stresshormonen wird gestoppt, ein wohliges Gefühl des Stolzes und der Erleichterung macht sich breit. Indem wir uns aufregenden Erfahrungen stellen, fördern wir die Flexibilität unseres Gehirns. Denn für längerfristiges Glück geht es darum, die komplizierten Verschaltungen der 100 Milliarden Nervenzellen im Gehirn zu nutzen und neue Verschaltungsmuster zu verankern. Wenn wir zum Beispiel mit 40 Jahren zum ersten Mal joggen, werden im Gehirn neue neuronale Netze aktiviert. Wenn wir regelmäßig auf anderen Wegen zum Büro fahren oder beim Kochen Experimentierfreude entwickeln, passiert das Gleiche. Das Gehirn verändert sich – es erweitert sich sogar. Im Licht dieser Forschungsergebnisse lässt sich behaupten: Die Lust auf Neues garantiert seelische und geistige Gesundheit.

- Ein guter Einstieg ist, wenn wir uns fragen, wann wir das letzte Mal etwas zum ersten Mal gemacht haben. Gut möglich, dass uns auffällt, dass das schon länger her ist. Dann sind wir eingeladen, uns genau zu überlegen, was wir schon immer mal machen wollten, und direkt damit loszulegen ...
- Intensives Erleben hat immer auch etwas mit sinnlichen Erfahrungen zu tun, die wir jenseits der Tagesroutine machen. Wer häufig in einem Bergsee badet, weil er in den Bergen wohnt, wird diese Erfahrung als weniger lustvoll erleben als wir, die als Urlauber zum ersten Mal vor der eiskalten Verlockung stehen und uns überwinden hineinzuspringen. Wir sollen uns öfter im Leben für das Springen entscheiden, wenn wir magische Momente erleben wollen.
- Auch im Alltag können wir immer wieder Neues erleben. Allein, wenn wir morgens mit dem Auto zur Arbeit fahren und auf die vielen verschiedenen Bäume am Straßenrand achten. So viel Vielfalt, die wir vorher wahrscheinlich noch nie wahrgenommen haben. Wir müssen unser Leben nicht neu erfinden, um Neues zu erleben und mehr vom Tag und Leben zu haben.

Kapitel 4

Der Point of no Return – warum Umkehren zwecklos ist und was uns nach dem magischen Moment erwartet

Seit über drei Jahren ist es so: In einem Hamburger Lagerhaus, dessen Namen und Adresse ich vergessen habe, befinden sich gut zwei Drittel von allem, was mir gehört. Von dem also, was sich im Lauf des Lebens als sogenannter Besitz angesammelt hat. Etwa ein Drittel habe ich in der wunderschönen, aber nicht sehr geräumigen Wohnung meines neuen Mannes untergebracht.

Natürlich könnte ich jederzeit das Umzugsunternehmen kontaktieren, das die Sachen von München nach Hamburg gefahren hat. Ich könnte in das Lager gehen, kontrollieren, ob noch alles da ist, sortieren, beschriften, verkaufen oder verschenken. Mehr Raum schaffen in der Wohnung. Und aus dem Möbellager mitnehmen, was mir fehlt. Mein weißes Hochzeits-Porzellan zum Beispiel, zwölfteilig und mit Deckeln auf den Suppentassen. Meine Bücher. Meine Schallplatten und CDs. Das Besteck aus Silber. Meinen marokkanischen Esstisch. Den Sonnenschirm aus Bambus und Pergament, diesen Inbegriff des Sommers.

Vermisst Du diese schönen Dinge gar nicht?, werde ich öfter gefragt und antworte mit einem ehrlichen: Nein. In diesem Moment, hier und heute, vermisse ich nichts. Bis auf meine grüne Lebenskiste. Eine Korbtruhe, in der ich als Studentin mal mein Bettzeug aufbewahrte. Diese Kiste vermisse ich tatsächlich. Die hätte ich gern um mich. Um hin und wieder mal reinzuschauen, nachzusehen, Erinnerungen bildhaft werden zu lassen. Die Kiste ist das Einzige aus meinem Hab und Gut, was mir heilig ist. Und ja, es klingt merkwürdig, aber dieser Kiste gegenüber habe ich so etwas wie ein schlechtes Gewissen. Weil ich sie für mein Empfinden achtlos behandele. Mit all den alten Fotos, Zeugnissen, Alben, Briefen, ach, mit den vielen Sachen, von denen ich gar nicht mehr genau weiß, was es im Einzelnen sein könnte. Sicher ist nur: In dieser Kiste steckt viel Leben. Vorleben, könnte man es nennen. Mein Leben. Vor dem Point of no Return.

Wie kann es sein, dass ich plötzlich erstaunlich wenig Interesse an dem zeige, was mir mal wichtig schien? Dass ein magischer Moment, ein Augenblick, der in meinem Leben alles verändert hat, der Vergangenheit scheinbar ihre Bedeutung nimmt? Warum umgebe ich mich nicht wie früher mit Erinnerungen? Jedes Stück, jede Lampe, jede Vase, jeder Kerzenleuchter hat bei meiner Freundin eine besondere Geschichte. Die selbstverständlich auch ihre Geschichte ist. Warum brauche ich das alles nicht so dringend?

Beim Yoga hörte ich vor kurzem einen Satz, der mich aufhorchen ließ. Er hieß: Im Loslassen entsteht Kraft. »Spürt diese Kraft«, forderte meine Lehrerin die Gruppe auf. Und auf einmal konnte ich fühlen, wie die Muskelspannung nach einer anstrengenden Körperübung zwar nachließ, aber zugleich eine feine Kraft hervortrat, die mich auf geheimnisvolle Weise zusammenhielt. Als ob sie aufpasste, dass ich meine Form nicht verliere. Diese Kraft war angenehm, weil sie von Kopf bis Fuß in mir wirkte. Und mir das Gefühl gab, ganz präsent und stark zu sein. Im Loslassen. In diesem Augenblick.

Auf dem Rückweg vom Yoga musste ich an das Kapitel im Buch denken, an den Point of no Return, wie ich es genannt habe. An den Moment, wo es kein Zurück mehr gibt. Wo sich, laut oder fast unmerklich leise, eine Form neu zusammensetzt, weil die alte ihre Konturen verloren hat und nicht mehr trägt. Das, so scheint mir, ist ultimatives Loslassen, Loslassen ohne Alternative. Wenn eine Rückkehr nicht mehr möglich, eine Umkehr zwecklos ist. Wenn der Ausgangspunkt, das ursprüngliche Leben, nicht mehr erreichbar ist und unabwendbar in die Vergangenheit entgleitet. Hinter mir zurückbleibt. Auf jeder Startbahn, so lese ich, gibt es einen Punkt, an dem der Start eines Flugzeugs nicht mehr abgebrochen werden kann, weil die verbleibende Länge der Bahn nicht ausreicht, um sicher abzubremsen. Das Flugzeug muss abheben und später im schlimmsten Fall notlanden. Aber zuerst muss der Flieger in die Luft. In der Luftfahrt nennt man das den Point of no Return.

Im Loslassen entsteht eine besondere Kraft

Ich bin sicher, diesen Punkt gibt es auch im Leben. Und zwar nach einem besonderen, einem magischen Moment. Da hebt man innerlich ab. Man wird getragen von dem Mut, ins Ungewisse aufzubrechen und neue Möglichkeiten für sich zu entdecken. Dazu gehört, dass man seine Einstellung überprüft, vielleicht die Haltung ändert, sich absetzt von etwas, was vergangen ist, und eine Entscheidung trifft für das Neue, das andere. Ja, man wird getragen von dem Mut, zu fliegen. Und von dieser Kraft, die beim Loslassen freigesetzt wird.

»Würden Sie meiner Frau bitte die Waschräume zeigen?« Das war der Augenblick, wo ich wie ein Flugzeug über den Point of no Return hinausschoss. Und wo die Kraft für eine Lebenswende, für ein einziges großes Ja dem neuen Leben gegenüber in mich hineinströmte. Ohne Gegenwehr, ohne Blockade, ganz sacht und ganz sicher. Wo Loslassen für mich zur einzig möglichen Konsequenz wurde. Und in neue Freiheit und Lebensfreude führte. »Loslassen kann einem auch geschenkt werden, in Form einer völlig neuen Erfahrung«, erklärt mir die Psychologin Eva Wlodarek.

Ein Geschenk. In meinem Fall scheint es größer zu sein als die vielen nicht ausgepackten Umzugskisten im Lagerhaus. Vielleicht kann ich mich an meinem Geschenk, meiner größtmöglichen Liebe und meinem neuen Leben täglich so freuen, dass ich tatsächlich kaum etwas aus meiner Vergangenheit vermisse. Auch nach vier Jahren nicht.

Der magische Moment entschädigt mich, vielleicht besser: Er entlastet mich. Ich lebe unbeschwerter. Mehr loslassen und Freiheit gewinnen statt zu zweifeln und stehenzubleiben. Ist das der richtige Gedanke, ist umkehren deshalb zwecklos?

»Ich bin mir sicher, dieser Punkt hat immer etwas mit dem Zuwachs von Freiheit zu tun.« Die Philosophin Natalie Knapp vermutet, der Point of no Return spiele sich nicht nur im Gehirn, sondern im ganzen Körper ab. Nicht allein der Kopf, der gesamte Organismus habe entschieden, dass etwas zu Ende sei. »Es ist so, als ob alles in mir Nein sagt zu dem, was war.« Diese »Intensität des Widerstrebens« sei unheimlich groß, und die Klarheit bestehe vor allem darin zu wissen, was man nicht mehr wolle.

Es gibt nichts mehr Neues zu erkunden im alten Leben, ist es das? Könnte es sein, dass die Sehnsucht nach Veränderung, nach neuen Gedanken, überraschenden Eindrücken, nie gelebten Gefühlen unbemerkt, wie ein leiser Beifahrer, schon länger auf unserer Autobahn mitgefahren ist, bis wir an den Punkt kommen, wo wir weder umdrehen wollen noch können? Vielleicht hat der eine oder andere bereits eine Ahnung von dem neuen Raum erfahren, der sich nach diesem Point of no Return ausbreitet, von dem weiten Himmel, in den das Flugzeug fliegt. Von der Fülle des Lebens, die möglich ist. »Fülle braucht Raum«, so Natalie Knapp. Der Zuwachs von Freiheit auch. Die neue Lebenskiste müsste demnach größer sein als die, aus der wir kommen. Die alte ist schlichtweg zu eng geworden. Das Körpergefühl, so beschreibt es Natalie Knapp, sei dann so, als müsse man wieder in die zu kleine Kiste zurück.

Niemand will vom größeren Gefühl in das kleinere. Das betrifft nicht nur die aufregende erste Zeit einer großen Liebe, sondern auch das kleine, feine Gefühl für unsere individuelle Entwicklung. Wenn sich in uns etwas verändert. Wenn wir diesem Prozess plötzlich Gehör schenken. Veränderung wahrnehmen. Dann scheint es kein Zurück mehr zu geben.

Ich denke an meine grüne Lebenskiste, die heute sicher zu klein wäre, um all das zu fassen, was ich inzwischen erlebt habe. Genau genommen ging der Deckel schon lange nicht mehr richtig zu. Sie war randvoll, da war kein Platz mehr für irgendetwas Neues. Meine Gedanken wandern in das Hamburger Lagerhaus. Ich betrachte die Korbtruhe plötzlich als Symbol. Wahrscheinlich kommt man an einen Punkt, wo man die Lebenskiste schließen muss, weil nichts mehr hineinpasst. Am Point of no Return wartet eine neue, die geräumigere und noch leere Kiste. Ich erkenne sie, sie erscheint wie eine große Wundertüte.

Niemand will vom größeren Gefühl zurück in das kleinere

Mit der eigenen Entwicklung entsteht eine neue Sichtweise. Die Wahrnehmung hat sich geändert. Könnte das die Erklärung sein? Ein »Aspektwechsel«, so nennt das der Hirnforscher Marc Wittmann in Anlehnung an Wittgenstein, könne den Impuls zur Veränderung auslösen. Wie bei den sogenannten Kippfiguren, zum Beispiel der bekannten »Rubin'schen Vase«, benannt nach dem dänischen Psychologen Rubin. Da sei der Wechsel zweier Aspekte besonders anschaulich. Während man das Bild betrachtet, erkennt man das eine Mal zwei Gesichter im Profil, die sich anschauen, und das andere Mal eine Vase. Auf dem Papier verändert sich nichts. Hirnphysiologische Studien zeigen, so der Forscher, dass bestimmte Areale für das Erkennen von Nase, Mund und Augen zuständig sind. Diese Bereiche seien in dem Moment gleichzeitig aktiv, wenn ich zwei Gesichter sehe statt einer Vase. Verändere sich das Bild und man erkenne plötzlich eine Vase, seien andere Hirnareale zeitgleich miteinander vernetzt. »Das kippt alle zwei, drei Sekunden hin und her, mal Vase, mal Gesichter«, erklärt Wittmann. So wie bei der Rubin'schen Vase könne man sich die Änderung der Wahrnehmung auch in einem größeren Lebenszusammenhang vorstellen. Jeder habe eine »Weltwahrnehmung«, so der Wissenschaftler, bei der bestimmte »Module« des eigenen Empfindens, des Verstehens dieser Welt zusammenwirken. »Auf einmal kippt das, und andere Module in meinem Weltverständnis, in meinem Gefühl für die Situation und in meinem rationalen Verständnis werden plötzlich aktiv.« Mit der Folge, dass ich die Welt plötzlich ganz anders sehe. Marc Wittmann: »Im Kleinen sind das Kippfiguren, im Großen ist es die ganze Welt, die ich anders verstehen kann.« So empfände zum Beispiel ein depressiver Mensch die Welt als schlecht und dunkel. Gehe es diesem Menschen wieder besser, habe sich nicht die Welt verändert, sondern dessen Wahrnehmung und emotionale Bewertung.

Aus hirnphysiologischer Sicht könnte es also sein, dass am Point of no Return ganz andere neuronale Vernetzungen miteinander feuern als noch Sekunden vorher. Welche das gewesen sein mögen, als ich von meiner Startbahn abhob in das unbekannte, das neue Leben? Dieses Geheimnis werde ich wohl nie ergründen.

Marianne Sägebrecht über ihren magischen Moment

Vivat – Creszat – Floreat
Lebe – Wachse – Blühe

Der lichtumflorte Sommertag des 4. Augusts 1967 schreibt heute seine Initialen in den Hundertjährigen Kalender. Kornblumen, rotem Klatschmohn freundschaftlich verbunden, wiegen sich im sanften Sommerwind. Schon machen die ersten gefallenen Äpfel mit roten Bäckchen dem kniehohen Gras ihre Aufwartung, wie ich bei einem Blick aus dem Fenster in den Klinikgarten feststellen darf.

Ups, da gibt es einen kräftigen Tritt an die Innenseite meiner Nabelregion, von meinem kleinen Mädchen vollbracht, das schon seit einigen Stunden dem Licht der Welt entgegenfiebert. Husch husch zurück zum Ort des Geschehens, wo auf dem Alu-Bett ein kräftiges Lichtstrahlenbündel einen verspäteten Hochzeitstanz zu zelebrieren scheint. »Let the Sunshine in«, tönt es freudvoll aus dem Mund der jüngeren Hebamme, die sich über ihren ersten verantwortlichen Einsatz königlich zu amüsieren scheint, ohne an der Ernsthaftigkeit ihres Handelns Zweifel aufkommen zu lassen. Meine wartende Mutter verströmt Ruhe. Sie steht heute ihren Mann an meiner Seite. Mein angetrauter Mann, der kein Blut sehen kann, hat sich heute in den Dunstkreis seiner männlichen Stammesgenossen zurückgezogen, um außerhalb unserer Rufweite die zu erwartende Ankunft seiner Tochter Daniela, ihr Name war ja schon von uns verbrieft worden, gebührlich zu feiern.

»Give Peace a Chance« singt die Hebamme, eine große Verehrerin des Musicals »Hair«, das gerade zu dieser Zeit Furore macht. »Es geht um freie Liebe und die Auflehnung gegen den Krieg, es geht um Frieden«, erklärt sie meiner Mutter begeistert, was diese mit

einem tiefen Seufzer quittiert. Mein Vater Georg war ja im letzten Kriegsmonat des unseligen Zweiten Weltkriegs gefallen.

»Fest pressen, pressen!« Von weit her dringen die Worte der Hebamme an mein Ohr, während wieder eine Wehenwoge schmerzhaft an ihren Ufern strandet. »Die Seele eines Kindes ist heilig«, tönt es über meinem Kopf, der sich schweißgebadet auf dem Bett windet. »Und jetzt noch mal pressen, mein Schatz, ich kann schon die Haare unserer neuen Erdenbürgerin sehen«, ermuntert mich die Hebamme und nimmt mich fest in die Arme. Meine linke Hand umschließt die lebenserfahrene warme Hand meiner Mutter. Plötzlich lahmen meine Kräfte, mein Körper mutiert zu einem Bügelbrett, steif, bewegungsunfähig, Calcium, Magnesium, Vitamine B_{12}, D. Wieder werden die Worte der Hebamme von einer großen Schmerzwelle überrollt und die injizierten Ingredienzien tun zusammen mit der Mobilisierung meiner letzten Kräfte ihre Wirkung. Da geschieht es wieder, das Wunder eines geschenkten Lebens, durch den ersten Schrei meiner Tochter in die Gänge gebracht – Omas Wangen glühen, in den Augenwinkeln glitzern Tränen, Leben schenken und ein lebendiges Wesen als Geschenk an die Brust gelegt bekommen!

Herzkammertüren und Seelenfenster weit geöffnet, bis ins innerste Mark von Liebe für dieses Himmelswesen, das auf meiner Brust liegt, durchglüht. Alle Schmerzen haben sich aus dem Erdenstaub gemacht. »Waschen, wiegen, dann zu den Untersuchungen, nicht einschlafen, Kollegin«, steht plötzlich die stubenälteste Hebamme kontrollierend im Raum. »Die Nabelschnur, ich glaube es nicht, die Nabelschnur ist noch gar nicht durchtrennt, das hat noch ein Nachspiel, Madame!«, keift sie in Richtung Geburtsstätte, bevor sie durch Befehl eines Arztes aus dem Verkehr gezogen wird. »Nabelschnur, waschen, wiegen, Medikamente«, stehen die Worte des Arztes wieder inhaltsschwer nach seinem Abgang im Raum.

»Die Nabelschnur schneide ich erst durch, wenn sie gänzlich auf-

gehört hat zu pulsieren. Heute wird nach meinen Erkenntnissen gehandelt. Mutter und Kind brauchen erst einmal Zeit, unter Einwirkung der ausgelösten Hormone, um das Prägungsphänomen zwischen Mutter und Kind entwickeln lassen zu können. Und diese Zeit werde ich euch gerade heute geben.« Beschwört die junge Hebamme kämpferisch mit Blick auf die Tür ihre Worte.

Meine Hebamme, sie hieß Frieda, löste ihr Versprechen ein, nahm sich heute alle Zeit der Welt, durchtrennte erst nach einer Stunde die schon ausgediente Nabelschnur. Waschen, wiegen, dann gestattete sie dem Säugling, die Zeit bis zur mittäglichen Visite des Arztes auf meiner Brust schlafend zu verbringen, was uns beiden ein glückliches Lächeln ins Antlitz zauberte.

Heute war Friedas letzter Arbeitstag, oh Schreck in der Nachmittagsstunde. »Ich wurde auf Anraten meiner älteren Kollegin gekündigt, wegen mangelhafter Disziplin in Ausübung meines Berufes.«, ließ sie uns bei ihrem Abschied am nächsten Morgen wissen. Was für ein Trauerspiel!

Was für ein glücklicher Umstand, Frieda zusammen mit meiner Mutter vom Schicksal zur Seite gestellt bekommen zu haben. Niemals zuvor fühlte ich mich in tieferer Verbundenheit mit den kosmischen Wurzeln des Seins verbunden. Das Gefühl einer großen Verantwortung für mein geliebtes Kind nahm in meinem Herzen Platz, und mein Lebensprofil begann sich zu wandeln. Einsicht, Nachsicht, Durchblick und Toleranz gaben sich gewürzt mit großer Liebesfähigkeit in meinen neuen Lebensräumen die Klinke in die Hand.

Dem Vater meiner Tochter, die er sehr verehrt und liebt, blieb ich auch nach unserer Trennung sehr verbunden. Er schippert als Kapitän eines Traumschiffs, mit einer patenten Frau und zwei gelungenen Töchtern an Bord über das Weltenmeer. Danke für die intensive, aufwühlende Zeit einer großen Liebe, danke für die guten Gene eines charismatischen Erzeugers.

Da hatte sich die Seele meines mutigen Löwenmädchens, heute Mutter einer anmutigen, selbstbewussten Tochter und Ehefrau eines treusorgenden, liebevollen Ehemannes, auf den schicksalhaften Weg zu ihrem vorbestimmten Lebenshafen gemacht, um zusammen mit Großmutter Agnes und ihrer auserkorenen Mutter die Kommandobrücke des Familienlebensschiffes mit zu leiten, das ist Freude pur!

»Was der Schöpfer plant, muss das Leben halten«, philosophierte der Dichter Rilke so weise. Da bleibt mir nur noch zu sagen: Dem Schöpfer sei Dank. Vivat!

Auch die Theologin Ulrike Murmann ist sich sicher, es gibt diesen Moment, der so eindeutig ist, dass man einen neuen Weg einschlagen muss. Aber warum, will ich wissen. Vielleicht, weil der Mensch »nicht mehr ins Trübe« zurückwolle. Er habe vor diesem Moment einiges durchgemacht, sei emotional durchgeschüttelt worden, habe abgewogen, sich und die Situation geprüft. »Wir wollen nicht wieder in die Unklarheit, wir drängen in die Klarheit.« Murmann denkt an Freundinnen, die sich von ihren Männern getrennt haben. Sie haben sich lange gequält, sagt sie, haben es noch einmal versucht, aber es sollte nicht sein. Irgendetwas hat den Entschluss dann ausgelöst: Jetzt gehe ich. Diese Frauen seien auf einmal vollkommen sicher und legten eine erstaunliche Konsequenz an den Tag. »Ich kann mir das nur erklären, weil da vorher schon so viel gewesen ist, was nicht mehr gut war. Das sind dann ganz klar Momente, da gibt es kein Zurück«, so die Pröpstin. »Umkehr nennt man das in der christlichen Tradition, man kehrt um, und es geht einem besser, weil man jetzt auf dem richtigen Weg ist.« Der Point of no Return – für Murmann ist das die Befreiung vom Falschen, Unentschiedenen, vom Unklaren.

»Es ist ganz wahr, was die Philosophie sagt, dass das Leben rückwärts verstanden werden muss. Aber darüber vergisst man den andern Satz, dass vorwärts gelebt werden muss.« Dieses Zitat des dänischen Theologen und Philosophen Sören Kierkegaard höre ich immer wieder. Heute denke ich, genau zwischen diesem Vorwärts und Rückwärts befindet sich der Moment, der magische Moment. Er macht den Zwischenraum aus. Den Raum, wo Leere ist und nichts als Gegenwart. Wo das Entscheidende stattfindet. Wenn ich mir ein Lineal mit Sekunden statt Zentimetern vorstelle, markiert der Point of no Return den Endpunkt des Lineals. Er symbolisiert Ende und Anfang in einem. Er ist der Aufbruch in das Vorwärts, präzise und unaufhaltsam.

Aber was, wenn Ängste und Zweifel überhandnehmen? Das gibt es ja auch. Wenn der magische Moment, die neue Qualität des Lebens, die Veränderung schon zum Greifen nah ist und man trotzdem zögert, abwartet, Konsequenzen scheut. Und den magischen Moment auf ein unbedeutendes Ereignis eindampft, um den Point of no Return auf keinen Fall überschreiten zu müssen. Um alles festzuhalten und nichts loszulassen. Was, wenn die Abwehr siegt?

»Die Vorbedingung für Momente, in denen ein Neuanfang stattfindet, ist, dass uns etwas bewusst wird, was vorher blockiert war«, sagt Andreas Hamburger. Als Psychoanalytiker gibt er dem Unbewussten großen Raum. Oft seien es kindliche Ängste, zum Beispiel die Angst vor Einsamkeit, die Menschen den Point of no Return nie erreichen lassen. Weil sie, so Hamburger, lieber in »stabil-scheußlichen« Beziehungen bleiben, in sicheren Verhältnissen, als sich an diesen einzigartigen Punkt, wo sich das Leben drehen könnte, heranzuwagen.

Weit verbreitet sind auch tief sitzende Ängste vor allem Unbekannten, die ebenfalls aus der Kindheit stammen und, bei genauer Betrachtung, in der Gegenwart längst keine Berechtigung mehr haben. So wie in meinem Freundeskreis. Eine Freundin brachte es nicht über das Herz, wie sie sagte, sich für einen erfrischenden Flirt, eine beginnende Liebesgeschichte von ihrem Freund zu verabschieden, der sie jahrelang nach Strich und Faden betrog. Sie hätte ganz neu starten können, in Paris, einer Stadt, in der sie früher immer leben wollte. Aber nein, kein Point of no Return. Statt einer neuen Erfahrung Raum zu geben, statt alle Möglichkeiten auszuloten, die mit einem Neubeginn verbunden sein könnten, setzte sie sich weiter ihrer zermürbenden Dauerkrise aus. Eine andere Freundin zweifelte ewig an ihrer Beziehung, machte ihrem Partner unaufhörlich Druck, dass er anders, also besser werden müsse, bis dieser ihr schließlich zuvorkam und sie verließ. Da war das Entsetzen groß, die Verletzung ist bis heute nicht geheilt, sie fühlt sich als Opfer der ganzen Misere und sinnt noch immer auf Rache. »Wer loslässt, ist kein Opfer mehr«, konstatiert Eva Wlodarek.

In solchen Fällen könnten, so die Einschätzung des Analytikers Hamburger, »reflexartig« die Einsamkeitsgefühle eines Babys hochkommen. Sie seien extrem bedrohlich, weil das Baby ohne fremde Hilfe nicht überleben kann. Eine Trennung vom Partner könnte ja zur Folge haben, dass man einen Abend und vielleicht auch den nächsten allein verbringen muss. Da ist plötzlich niemand mehr, der zwar untreu oder unverbesserlich ist, aber zur Not an meiner Seite. Oder im Job: jemand, der mir zu wenig Wertschätzung entgegenbringt, dafür aber mein Einkommen sichert. Wenn ich so kindlich fühle, trete ich auf der Stelle und verschließe mich der Fülle des Lebens, um auf keinen Fall in fremdes Land aufbrechen zu müssen. Wenn ich Unsicherheit und mögliche Bedrohung als Erwachsener noch immer mit Kinderaugen betrachte, kann ich weder meinen Partner noch meinen Arbeitsplatz für ein besseres Leben verlassen. Dann vermeide ich Veränderung. Und den Point of no Return.

Tief in uns wirkt die Angst des kleinen Kindes

»Nur wenn wir uns bewusst machen, dass die Angst sozusagen auf einer falschen Voraussetzung beruht, haben wir die Möglichkeit, darüber nachzudenken und uns zu entscheiden«, sagt Andreas Hamburger. »Solange wir unsere Motive nicht kennen, ist das Ich nicht Herr im eigenen Haus.« Wer nicht mehr von Gefühlen aus der Kindheit beherrscht wird, ist erwachsen und kann bleiben – oder gehen. Beides ist dann eine bewusste Haltung. Die Entscheidung, alles beim Alten zu lassen ebenso wie der Entschluss, das Vergangene loszulassen. Den Aufbruch, die neue Erfahrung zu wagen. Sich dem magischen Moment zu öffnen und den Point of no Return zu überschreiten.

Wie kann ich solche kindlichen Ängste identifizieren und überwinden, will ich von dem Psychoanalytiker wissen. Das sei, so Hamburger, keineswegs unmöglich und könne sogar »zu 90 Prozent« ohne professionelle Hilfe gelingen. »Jeder Mensch hat ein Unbewusstes, da leben Ängste und Sorgen und halbgedachte Gedanken, über die man sich auch allein durchaus klar werden kann, wenn man sich die Zeit nimmt.« Er spricht vom »Scheinwerfer des Bewusstseins«, mit dem man sein Inneres absuchen und unnötige Sorgen aufklären könne. »Wenn ich Angst habe vor dem Krokodil unter dem Bett und mir verbiete nachzuschauen, wird's dann besser? Lieber schaue ich nach, wenn nötig auch ein zweites Mal.«

Andreas Hamburger schlägt vor, sich hinzusetzen und diffuse Angstblockaden genau zu untersuchen. Sich ehrlich zu hinterfragen: Warum ducke ich mich und traue mich nichts zu sagen? Wovor habe ich wirklich Angst? Dass mein Chef mich rausschmeißt? Bin ich mir meiner Fähigkeiten im Job bewusst? Was ich kann und was nicht? Oder: Warum tue ich alles, damit mein untreuer Freund mich nicht verlässt? Was zeigt mir meine Angst?

Fühle ich mich nicht liebenswert genug? Fürchte ich, niemanden mehr zu finden? Warum beende ich die schlechte Ehe nicht selbst und übernehme Verantwortung für mein eigenes Glück, wo ich doch weiß, dass ich meinen Mann nicht ändern kann? Wovor fürchte ich mich? Wer die Situation ehrlich für sich kläre, vielleicht auch zusammen mit einem ihm nahestehenden Menschen, könne frühkindliche Ängste loslassen und zu dem Ergebnis kommen: Ich bin gut, ich finde eine andere Stelle, einen neuen Partner, ein neues Leben. Ich muss hier nicht bleiben. Nur wenn das Unbewusste sehr gut eingemauert und geschützt sei, brauche man therapeutische Hilfe. Allerdings, warnt Hamburger: Man könne sich auch gewaltig in die Tasche lügen.

Das kenne ich. Ich habe mich jahrelang auf eine Freundin verlassen, obwohl sie unsere Freundschaft hinter meinem Rücken verraten hat. Sogar zweimal. Ich bin trotzdem nicht aufgewacht. Habe versucht, ihr Verhalten zu erklären, anstatt mir mein eigenes näher anzuschauen. Ich wollte den Verlust nicht erleben, den Schmerz nicht ertragen. Lieber wegschauen, den Verrat übertünchen, solange es geht. Falsche Nähe festhalten. Um dann, durch eine einzige Bemerkung, so knallhart mit dem Vertrauensbruch konfrontiert zu werden, dass ich unmittelbar darauf den Kontakt abbrach. Für immer. Auch ein Point of no Return. Es hat gedauert, bis ich frei wurde von dieser Erfahrung. »Ein Zeichen für echtes Loslassen ist es, wenn uns das Erlebte gleichgültig geworden ist«, habe ich von Eva Wlodarek gehört. Ich bin auf dem Weg.

»Wer etwas zu lange leugnet, verliert die Realität, auf deren Boden etwas Neues wachsen kann.« Die Bemerkung von Natalie Knapp bringt für mich Seifenblasen zum Platzen. Wer sich hinter Illusionen verschanzt aus Furcht vor Erkenntnis, hat keine Chance auf Entwicklung, stattdessen biegt er sich die Realität zurecht. So lange, bis im besten Fall der Augenblick da ist, der magische Moment, in dem man den scheinbar unbarmherzigen

Schmerz zulassen und akzeptieren muss. Erst dann öffnet sich neuer Raum. Erst dann übertreten wir den Punkt, den Point of no Return. »Oft halten wir an der Vergangenheit fest, weil wir glauben, es müsse uns Gerechtigkeit widerfahren. Tatsache ist aber, wir können das weder vom Leben noch von anderen erwarten. Wir müssen selbst zusehen, dass wir uns befreien«, meint die Psychologin Eva Wlodarek.

Was ich mich frage: Wie ist es möglich, in einem magischen Moment eine unvergleichliche Klarheit zu empfinden, wenn man wie ich ein Leben lang eher zu den Zweiflern und Überdenkern gehörte. »Ich kenne niemanden, der sich in einem einzigen Satz zweimal widersprechen kann«, sagt mein Mann manchmal lachend zu mir. Und es stimmt. In alltäglichen Dingen kann ich mich oft nur schwer entscheiden. Das fängt ganz banal bei der Frühstücksfrage Müsli oder Toastbrot an und hört bei der Überlegung, wo wir den gemeinsamen Urlaub verbringen, noch lange nicht auf. Gerade jetzt, beim Fertigstellen dieses Buches, gehen die Gedanken hin und her: Fahre ich zwei Tage nach Berlin zu meinen Enkelkindern oder bleibe ich doch besser am Schreibtisch, bis alles fertig ist? Solche Entscheidungen können mich Nächte kosten. Ein bisschen übertrieben vielleicht, aber im Grunde ist es so. Dieser Teil von mir ist mühsam, und ich kann mich dabei selbst schlecht ertragen. »Es darf immer diskutiert werden«, sagt dagegen Andreas Hamburger und nennt das Stimmengewirr in mir »innere Demokratie«. Er plädiert sogar dafür, wirklich bedeutsame Entscheidungen so oft zu hinterfragen, bis man zwanzig Mal nacheinander zu demselben Ergebnis komme.

Trotzdem, in den fünf entscheidenden, den magischen Momenten meines Lebens, die mich dahin gebracht haben, wo ich heute stehe, habe ich nicht mit mir diskutiert und auch nicht mit anderen. Da war nichts als diese Klarheit der Gedanken und Gefühle. Der Moment, als ich mich entschied, dieses Buch gegen alle störenden Stimmen im Kopf zu schreiben. Der Moment, als ich einer anderen Kultur und vor allem mir selbst die Tür öffnete und feste Familienwerte aufs Spiel setzte. Der wunderbare Moment, als ich meiner Tochter zum ersten Mal auf Augenhöhe begegnen und sie freigeben konnte. Der Moment, als mein Berufsleben am Boden lag und ich das sonnengelbe Kraftpaket in mir entdeckte. Der Moment, als ich Ja zu meinem Herzen sagte und eine langjährige Ehe in drei Sekunden zu Ende war.

Verluste annehmen und den eigenen Innenraum aufschließen

Ich sage nicht, dass nach meinem Point of no Return nie ein Gefühl von Verlust, von Zweifel oder ein winziger Anflug von Wehmut mitschwang. Ich habe noch jahrelang meiner studierenden Tochter, wenn sie nach Hause kam, die Bettwäsche mit den roten Punkten aufgezogen, die sie als Kind so geliebt hat. Und, um ganz ehrlich zu sein, bewahre ich sie immer noch auf. Sie befindet sich nicht in dem Hamburger Lagerhaus ohne Adresse, sie liegt frisch gebügelt in meinem Schrank, für alle Fälle. Ich hatte auch Zeiten, da habe ich Nacht für Nacht in meinen Träumen mein Leben in München wiederholt. Schönes, Gutes und weniger Gutes. Hoffnungen tauchten im nächtlichen Gefühlsnebel auf und waren im Nu wieder verschwunden. Bilder meiner alten Wohnung traten in unglaublicher Schärfe hervor, im Traum öffnete ich sogar eine Küchenschublade aus meiner Vergangenheit. Tagsüber vermisste ich manchmal meine alten Freunde. Bis ich irgendwann merkte, sie sind nicht verloren. Wer in meinem Leben bleibt, bleibt aus gutem Grund und nicht aus Gewohnheit. Das gilt für beide Seiten. Dieses Gefühl mag ich.

Was ich manchmal vermisse, sind Menschen, die mein früheres Leben teilen. Nicht am Telefon, nicht bei Besuchen hier oder dort, sondern kontinuierlich. Die in meiner Nähe sind, um die

Ecke wohnen, und die wissen, wie mein Hund aussah oder mein Auto oder der Overall, den ich beim Pink-Floyd-Konzert trug. Zeugen meiner Vergangenheit, könnte man sagen. Die gibt es nicht in meinem neuen Leben. Im Leben nach einem besonders dramatischen magischen Moment, nach dem kein Stein auf dem anderen geblieben ist. Eine Entscheidung für etwas ist auch immer eine Entscheidung gegen eine Vielzahl anderer Möglichkeiten. Das muss man wissen, am Point of no Return.

Man kann nicht zweimal in denselben Fluss steigen, mit dieser Erkenntnis hatte der alte Grieche Heraklit ja recht. Das Wasser wird niemals dasselbe sein, und auch ich werde mich verändert haben. Alles fließt, zum Glück. Das Bedürfnis, Menschen wie Dinge festzuhalten, wird von der Natur selbst ad absurdum geführt.

Kürzlich war ich bei einem Vortrag des Biologen und Naturphilosophen Andreas Weber. Er sagte, wenn wir innehalten und dem Vogelflug der Wildgänse lauschen, tragen wir das leise Rauschen des Flügelschlages ein Leben lang in uns. So sei es mit allem, was wir bewusst aufnehmen und auf uns wirken lassen. Eine faszinierende Idee, wie ich finde. Und eine tröstliche. Denn alles, was einmal war und schon im nächsten Moment verloren scheint, wirkt doch weiter. Die Vergangenheit lebt in mir. Ich kann sie jederzeit ans Licht holen. Der magische Moment mag das Leben drehen, der Point of no Return die Wendung markieren und das Umkehren unmöglich machen. Aber alles, was mich geprägt hat, was mir viel bedeutet, liegt abrufbar in meinem Inneren bereit. Ich muss kein Lagerhaus aufsuchen, kein Geschirr mitnehmen und keine alten Bücher. Ich muss nur meinen eigenen Innenraum aufschließen. Ich kann beruhigt loslassen. Denn das Neue birgt das Alte in sich, in mir.

»Wir setzten den Fuß in die Luft und sie trug«, steht auf dem Grabstein der jüdischen Dichterin Hilde Domin, die unter den Nazis ins Exil fliehen musste. Was für ein Satz! Was für eine Hoffnung. Für das Flugzeug, das über den Point of no Return hinaus in den weiten Himmel fliegt, wie für mich.

Mein vierter magischer Moment: *Ich hasse Sie, Sie eingebildete Prinzessin!*

Ein Morgen im Oktober. Auf dem Feld in der Nähe meines Zuhauses schiebt sich die Herbstsonne durch die umstehenden Bäume. Fast behutsam legen sich die milchigen Strahlen auf die Maispflanzen, die bei der Ernte nicht mitgenommen wurden und wie verloren am Boden liegen. Eine davon könnte ich sein, schießt mir durch den Kopf. Es ist nicht mehr ganz früh. Neun Uhr ungefähr. Ich umrunde das Feld mit meinem Hund, wie jeden Morgen. Normalerweise gehe ich pünktlich um halb acht los, um dann genau eine Stunde später ins Büro zu fahren. Das ist heute nicht nötig.

Das Feld ist übersichtlich, wie ein großes Rechteck angelegt. Eine Runde dauert gut zwanzig Minuten. Meistens gehe ich zweimal herum. Ich habe auf dem Feld schon so manche Begegnung gemacht. Auch merkwürdige. Mit der Frau zum Beispiel, die häufig zur selben Zeit, fast auf die Minute gleich, ihren Weg auf der gegenüberliegenden Feldseite beginnt, so dass wir uns im Blick haben, bis wir uns unausweichlich näher kommen und aneinander vorbeimüssen. Wir haben nie ein Wort gewechselt, aber ich mag sie nicht, von Anfang an. Das liegt vor allem an ihrer Gangart, an dem zackigen, fast militärischen Schritt, diesem provozierenden Stechschritt.

Ich neige morgens zum Schlendern. Wie sonst könnte ich die ganze Schönheit der Natur, die Vogelstimmen, den Duft, das Morgenlicht wahrnehmen? Diese Frau scheint von all dem nichts mitzukriegen, so eisern und zielgerichtet, wie sie marschiert.

Es gibt eine unübersichtliche Kurve, da ist der Feldweg von hohen Büschen umsäumt und sehr schmal. So schmal, dass man dem Entgegenkommenden kaum ausweichen kann. Jedes Mal habe ich Sorge, dass ich der fremden Frau ausgerechnet dort in die Arme laufe.

An diesem Morgen passiert es. Exakt in der gefürchteten Kurve. Eine von uns müsste jetzt nachgeben. Beide lassen wir es darauf ankommen, blicken uns in die Augen, ein Machtkampf droht. Entschlossen gehen wir aufeinander zu, keine weicht der anderen aus. Dann die Attacke: Im Vorübergehen berührt mich die Frau absichtlich mit ihrer Schulter, ganz leicht nur, trotzdem drückt sie mich mit erstaunlicher Wucht in die Büsche. *Ich hasse Sie, Sie eingebildete Prinzessin* schleudert sie mir mit kalter Stimme entgegen. Die Frau marschiert weiter, als wäre nichts geschehen. Ich schaue ihr sprachlos hinterher und zittere noch, als ich versuche, auf dem Weg wieder Tritt zu fassen.

Die überraschende Wut trifft mich am heutigen Morgen besonders schwer. Denn mein Selbstvertrauen liegt gerade am Boden, seit die Zeitschrift, für die ich als Ressortleiterin gearbeitet habe, eingestellt wurde und ich mich bei der Arbeitsagentur melden musste. Voller Angst, wie es nun weitergehen soll mit dem Job, mit dem Geldverdienen, mit meiner Existenz und der meiner Tochter. Schließlich lebe ich getrennt und habe Verantwortung. Von wegen Prinzessin.

Nummer 325 bin ich, als ich in das Zimmer meiner Vermittlerin gerufen werde. *Ich habe über achttausend arbeitslose Journalisten in meinen Akten. Da sehe ich keine Chance. Noch dazu in Ihrem Alter.* Zehn rot lackierte Nägel klopfen rhythmisch auf den Behördentisch, als wollten sie diese vernichtende Bemerkung musikalisch unterstreichen. Vor meinen Augen verschwimmt die Frau, ohne dass ich eine Träne rauslasse. In meiner Seele verschwindet der Funke Hoffnung, den ich hatte, auch wenn ich überzeugt war, dass der Besuch beim Amt nichts bringen würde. Was tun? Wie leben? Wie überleben? Existenzangst. Panik. Ich bin arbeitslos. Ich weiß, die ganze Redaktion ist entlassen worden. Schließlich wird die Zeitschrift nicht mehr gedruckt. Es gibt sie ganz einfach nicht mehr. Eingestellt, ohne Vorwarnung. Ich bin nicht gefeuert worden, weil ich unfähig wäre, nicht genug geleistet hätte oder so. Ich habe meine Arbeit verloren, weil die Chefetage aus wirtschaftlichen Gründen so entschieden hat und mein persönliches Schicksal und das meiner Kollegen hier nicht zählt.

Mein Verstand kann einordnen, was das Herz nicht schafft. Die Arbeit hat mir so viel Spaß gemacht. Und Selbstbewusstsein gegeben. Ich hatte Entscheidungen zu treffen in meinem Bereich, kam gut klar mit dem Team, konnte die schönsten Reisen machen, Städte, Länder, Menschen kennenlernen, wie es mir ohne diesen Job nie möglich gewesen wäre. Außerdem war die Arbeit schon deshalb unersetzbar, weil sie mir ein tägliches Gerüst gab. Das ist jetzt weg. Ein unfassbarer Verlust. Früher war jeder Wochentag durchgetaktet. Ich mochte das. Morgens in die Redaktion, abends in der Regel zurück, sich mit netten Kollegen austauschen, den Druck auch mal weglachen, am Abend mehr eine müde Zufriedenheit spüren als Stress, und sogar Dankbarkeit für das, was ich erledigt, weggeschafft, hinter mir gelassen hatte. Ich fühlte mich im Job gebraucht, anerkannt, konnte meine fröhliche Seite ausleben, meine mitreißende Art, wie einige sagten. Meine Fähigkeit, Erlebnisse beim Erzählen auf komische Pointen hin zuzuspitzen, brachte die Kollegen regelmäßig zum Lachen. Ich stand nicht unbedingt im Mittelpunkt, aber wenn ich nicht in der Redaktion war, vermissten sie mich.

Vom kleinen, verzagten Mädchen schien nichts mehr übrig. Das Berufsleben belohnte mich mit einem Gefühl von Selbstsicherheit und Stolz.

Ich erinnere mich, wie ich ein Jahr vor meiner Kündigung nach Paris fliege, um den legendären Karl Lagerfeld zu interviewen. Seine enorme Kultiviertheit und Bildung, seine geniale Begabung und seine Schlagfertigkeit sind eine große Herausforderung für mich, die größte in meinem bisherigen Berufsleben. Der Mann flößt mir äußersten Respekt ein. Ich habe mich auf das Gespräch bis ins Detail vorbereitet, prüfe meine Fragen immer wieder, kann sie auswendig, als ich in Paris lande und mich mit einem Erdbeer-Sorbet bekleckere, kurz vor dem Termin. Da ist nichts mehr zu machen, ich muss mit dem rosaroten Fleck auf der weißen Hemdbluse zum Interview. Ausgerechnet bei diesem Mann, der wie kaum ein anderer sein Äußeres pflegt und den viele eitel nennen.

Mein Gespräch dauert eine Stunde statt der vorgesehenen zwanzig Minuten. Wir laufen uns warm, er ist weder arrogant noch gelangweilt. Die Atmosphäre ist sogar entspannt. Er amüsiert sich. Ich kann mein Glück kaum fassen. Und frage übermütig, ob ihm der Fleck auf meiner Bluse aufgefallen ist. *Wenn er das wäre, hätte ich längst eine Reinigung aufgemacht.* Diese schlaue, locker dahingeworfene Antwort schwirrt mir durch den Kopf, Minuten später, als ich im Jardin du Palais Royal wie benommen auf einer Bank sitze, den abziehenden Regenwolken nachschaue und den feinen Geruch von feuchtem Großstadt-Grün einatme. Ich bin in diesem Moment so glücklich und so stolz auf mich wie nie zuvor. Ja, ich habe bestanden! Ich habe das Interview hinter mich gebracht, besser hätte es nicht laufen können. Ich fühle, wie letzte Reste von Anspannung aus meinen Gliedern weichen und einem inneren Jubel Platz machen, einem herrlichen Frieden mit mir und der Welt.

An diese wunderbare Stimmung denke ich wehmütig zurück, in dieser Zeit, in der ich ohne Arbeit und chancenlos, wie das Amt sagt, das Feld umrunde. Eine Stunde später als früher, an manchen Tagen auch zwei. Es kommt ja nicht drauf an. Keiner wartet auf mich. Ich bin knapp über fünfzig, was soll's noch. Immer wieder: Panik!

Kürzlich fragte mich eine Freundin nach dem schönsten Moment, den ich mir vorstellen könne. Ich sollte dazu die Augen schließen. Ich ließ mich auf das Experiment ein, und es entstand ein traumhaftes Bild: Ich sitze allein hoch oben auf einem Berggipfel, vor mir ein fantastisches Hochgebirgspanorama, mein Blick schweift weit über Täler und Gipfel. Rötlich schimmernde Bergketten breiten sich vor mir aus, von der untergehenden Sonne golden gefärbt. Ich trage ein weißes T-Shirt, Jeans und Turnschuhe. Es ist noch warm. Leichter Wind geht durch mein Haar. Ich fühle mich sicher und vollkommen frei, losgelöst von Gedanken und Gefühlen, die mich beschweren oder einengen könnten. Ein herrlicher, ein großartiger Zustand. Hier werde ich bleiben!

Wie hast du dich auf die Nacht vorbereitet? Es wird ja kalt dort oben. Hast du eine Decke mit? Einen Pullover? Etwas zu essen? Gut gemeinte Fragen zwar, aber sie ärgern mich. Nichts von allem hatte ich, natürlich nicht. Mein romantisches Traumbild droht zu zersplittern. *Du bist nicht gut ausgerüstet.* Die nüchterne Feststellung meiner Therapie-erfahrenen Freundin irritiert mich, stimmt aber leider: Ich habe nicht für mich gesorgt. Weder für Nahrung noch für Wärme. Das Wichtigste zum Überleben hatte ich vergessen. Damals.

Und heute? Gedankenverloren umrunde ich mein Feld. Ich gehe inzwischen noch früher los als sonst. Erstens, weil meine beruflichen Sorgen mich kaum schlafen lassen und ich froh bin, wenn ich mit dem Hund vor die Tür komme. Zweitens, weil die Beleidigung der fremden Frau nachwirkt. *Eingebildete Prinzessin.* Von wegen! Ich will mir meinen Spaziergang nicht von dieser Person vermiesen lassen, aber begegnen will ich ihr auch um keinen Preis. Je früher ich also unterwegs bin, desto besser.

Ich komme an die schmalste Stelle, gleich hinter der unübersichtlichen Kurve beginnen die Büsche. Erste Sonnenstrahlen dringen durch die noch dichten, aber schon herbstlich gefärbten Blätter, als ob sie sich ihren Weg zu mir bahnen wollen. Ich bleibe stehen, wie gefangen von diesem einzigartigen Lichtspiel.

Weil ich aufpasse seit dieser unheimlichen Begegnung, bemerke ich sofort, wenn sich am gegenüberliegenden Rand des Feldes etwas tut. In dem Moment, als ich die volle Schönheit dieses Oktobermorgens in mich aufnehme, Sonnenstrahlen vor mir tanzen, Spinnweben, vom Morgentau benetzt, leicht zu zittern scheinen und ich den kühlen Geruch der Blätter einatme, in dem Moment erkenne ich aus meinen Augenwinkeln heraus eine Bewegung. Ungewöhnlich schnell, ungewöhnlich zackig. Sie ist es. Etwa 200 Meter von mir entfernt. Wie angewurzelt erstarre ich.

Und fasse einen Entschluss. **In meinem vierten magischen Moment.** Ich werde mich nicht mehr in die Enge treiben, mich nie mehr unterkriegen lassen. Von dieser Frau nicht. Und von anderen nicht. Auch von der Dame in der Arbeitsagentur nicht. Von niemandem. Vor allem nicht von mir selbst. Ich werde stark sein und mich für die Zukunft besser ausrüsten. Gegen Anfeindungen. Gegen jedes Gefühl von Ohnmacht. Fürs Überleben. Mein Überleben. Ich denke an das Bild vom Berggipfel. Und, woher es kam, weiß ich nicht, vor mir entsteht plötzlich ein neues Bild von einem kleinen, gelben Postpaket. Der Inhalt ist nichts als Kraft. Meine Kraft, kommt mir in den Sinn. Ich fühle förmlich, wie das Paket sekundenschnell in mein Inneres dringt und die Gegend zwischen Brustraum und Herz besetzt. Da kann ich es spüren. Mein Kraftpaket. Hier, an dem Ort meiner Niederlage, entsteht schlagartig dieses neue Bild.

Gedanken rasen durch meinen Kopf. Stehe ich etwa absichtlich hier, ohne dass mir das bewusst ist? Warte ich insgeheim doch auf die Frau? Provoziere ich die Begegnung mit ihr? Und warum? Sie hat mich sicher auch gesehen. Was geht in ihr vor? Denkt sie, ich will mich rächen? Will sie kommen lassen, in die Zange nehmen, eine Entschuldigung verlangen? Oder anrempeln und beleidigen, so wie sie es getan hat?

Plötzlich dreht sie ab. Unerwartet macht sie eine Wendung nach links und verschwindet in einem kleinen Waldpfad, einem Durchschlupf eher. Sie muss sich sogar leicht bücken, um mir zu entkommen. Ich kann es kaum glauben: Sie ist weg! Verschwunden aus meinem Blickfeld. Übrigens für immer. Denn ich habe diese Frau nie wieder gesehen.

Ich weiß nicht, wie mentale Kraft wirkt. Aber in diesem Moment bin ich sicher, es hat etwas mit der überraschenden Richtungsänderung zu tun. Mein kleines, gelbes Kraftpaket hat Wirkung gezeigt. Sie hat sich nicht an mich herangetraut. Meine neue Stärke wahrgenommen. Die Kraft meiner Gedanken haben sie von mir ferngehalten. Allein meine Vorstellung, dass ich mich nicht mehr angreifen lasse, dass ich ab jetzt stark bin, hat sie zum Umkehren gebracht. Wie ist das möglich?

Seitdem schwöre ich auf mein inneres Kraftpaket. Es begleitet mich, schließlich trage ich es in mir. Kann es jederzeit fühlen, mich auf meine Kraft verlassen, vor allem in Situationen, in denen es um etwas geht. In Augenblicken, in denen mich der Mut verlässt. Wo ich das Problem und nicht die Lösung, die Chance erkenne. In solchen Augenblicken sehe ich das kleine, gelbe Postpaket deutlich vor mir. Es ist mein Motor, der Widerstände in Energie umwandelt. Meine Energie, die mir niemand mehr nimmt. Weil sie aus einer tiefen Lebensfreude gespeist wird, die mir eigen ist und auf die ich immer setzen kann. Auch in Momenten der Zurückweisung, der Ohnmacht, der Angst.

Ich sorge dafür, dass meine Kraftquelle sprudelt. Füttere sie mit guter Energie. Das ist neu. Ganz bewusst suche ich mir Momente des Alleinseins, auf meiner Yogamatte, mit einem Buch.

Ich tanke auf in der Natur. Ich brauche und pflege den Austausch mit Menschen, die mich inspirieren und denen ich etwas zu geben habe. Die Kraft, die ich aus alldem ziehe, kommt gleich in mein gelbes Paket. Zapft jemand diese Quelle an und zieht mir Energie ab, fühle ich mich wie ausgesaugt, dann fahre ich meine Krallen aus. Wie eine Löwin verteidige ich mein lebenswichtiges, wunderbares Kraftpaket.

Auch mit diesem magischen Moment habe ich mich beschenkt. In einer vermeintlich chancenlosen Situation ohne Arbeit und mit wenig Selbstvertrauen kam die Kraft zurück. Als leuchtend gelbes Postpaket wurde sie mir geschickt. Von mir selbst? Vom Zufall? Oder von einer ganz anderen Quelle? Ich weiß es nicht.

Wenige Monate später hatte ich wieder einen Job. Ich arbeitete im Entwicklungsteam einer neuen Zeitschrift, deren Chefredakteurin ich wenige Jahre später wurde. Ohne mein inneres Kraftpaket hätte ich diese Möglichkeit nicht bekommen. Der feindlichen Frau auf dem Feld kann ich nur dankbar sein.

»Seitdem ich mich fühlen kann, gehen alle Türen auf!«

**Christiane Bruszis, Freundin der Autorin,
blickt zurück auf ihren magischen Moment.**

Ein besonderer Abend: Der Vollmond leuchtet vom Himmel. Die Luft flirrt summend, weil sie die Schwingungen des Mönchsgesangs im Tempel aufnimmt. Ein betörender Duft von unzähligen Blütenköpfen und Räucherstäbchen verbindet sich mit schwüler Nachthitze. Jede Hautpore ist geöffnet, wie meine Augen, die gleißendes Vollmondlicht auf dem weißen Tempeldach wahrnehmen. Tief atme ich. Tief spüre ich. Tief fühle ich. Ich fühle mich.

Vor fast genau einem Jahr stand ich an gleicher Stelle und fühlte kaum etwas, schon gar nicht mich. Getrieben war ich, unruhig, ständig in Bewegung. Der Tempelbesuch ein geistiges »Muss«, weil er 300 Jahre alt ist, architektonisch wertvoll. Im leeren Körper häufte ich Wissen an. Unbewusst vielleicht, um ihn zu füllen. Damit der nervöse Geist endlich Ruhe gibt. Aber je mehr ich einsammelte an Wissen, unendlichen Stunden des Arbeitens, je mehr Reisen ich unternahm, um zu mir selbst zu finden, desto weniger blieb mir.

Mein Leben war mein Job, der Job mein Leben. Ich definierte mich nur noch darüber, alles musste sich unterordnen. Ein gutes Gefühl gaben mir nur berufliche Erfolge. Die daraus resultierende Anerkennung trieb mich stetig an. Wie ein Hochleistungsmotor arbeitete ich: schnell, perfekt, ausdauernd. Ruhe brauchte ich nicht. Weil sie nicht sein durfte.

Sorgenvolle Worte von Freunden, der Familie nahm ich genauso wenig wahr wie deutliche körperliche Signale: Schlafstörungen, Herzrasen, Schwindel, Ohrgeräusche.

Die Bremse zog nicht ich, sondern die Firma, für die ich mehr als zehn Jahre alles gegeben hatte. Eine weltweite Umstrukturierung bedeutete einen neuen Chef, eine andere Ausrichtung, noch mehr Arbeit mit weniger Kollegen. Überdies sollte ich in Zukunft verwalten, anstatt zu gestalten.

Der Verstand rotierte, während in meinem Körper aufstieg, was ich versucht hatte mit dem Hochleistungsmotor zu befüllen: die Leere. Dazu zeigte mein Körper jetzt seine Vernachlässigung besonders heftig an. Ich hatte ein Burnout mit allen Symptomen.

Mein Arzt schaute auf mehr als Blutwerte und EKG, Tinnitus und Kreislaufprobleme. Er versuchte mich behutsam für meinen Körper zu sensibilisieren, und als ich wieder mal abwinken wollte, dass ich das nicht könne, empfahl er dringend eine Verhaltensänderung, gar eine Therapie.

Sprachen andere von Bauchgefühl, schaute ich skeptisch an mir herunter. Die Vorstellung, dass dort Entscheidungen getroffen werden sollten, befremdete mich. Alles hatte ich bisher maßgeblich und doch auch erfolgreich mit meinem Verstand erreicht. Haarscharfe Situationsanalysen, auch mal die Erstellung einer »Plus-Minus-Liste« gehörten dazu. Auf der anderen Seite bin ich hochemotional, sehr leidenschaftlich. Viele Menschen beschreiben mich als besonders warmherzig.

Ich hatte das Gefühl, in Einzelteile zerfallen zu sein, zusammenhangs- und haltlos: da Verstand, Profession und Karriere, hier Sinnfragen, Zweifel, Zukunftsangst, dort Trauer, Wut, Enttäuschung. Meine äußere Hülle war durchscheinend wie Pergament. Mechanismen, die mich über Jahre gut getragen hatten, funktionierten nicht mehr.

Ich begab mich auf die Suche nach Hilfe, im Internet, in Foren, bei zwei Freunden, die auch ein Burnout erlitten hatten. Immer wieder tauchte das Thema Achtsamkeit auf, mit sich, seinem Körper. Mir war inzwischen alles recht, Hauptsache ich würde aus meinem Loch herauskommen.

So entschied ich mich für ein Haus, das sich auf Körpertherapie spezialisiert hat. Mittels Bewegungs-, Gesangs- und kunsttherapeutischen Kursen, Gesprächsrunden und Einzelstunden sollte ich wieder zu mir finden. Für mich übersetzt: Überhaupt zu mir finden.

Durch mein Germanistikstudium, meine Begeisterung für Sprache und letztlich meine Berufswahl besitze ich einen großen Wortschatz. Ich kann mich gut ausdrücken. Dennoch war ich wort- und sprachlos, wenn ich in der Einzelstunde die Frage beantworten sollte: »Was fühlen Sie, Frau Bruszis?« Ich stückelte hilflos einige Adjektive aneinander: minderwertig, zweifelnd, unsicher. Alles keine Gefühlsbeschreibungen, wurde mir entgegnet. Fast verzweifelt suchte ich nach Begriffen dafür, wie es mir geht. Unglaublich! Nur sehr langsam konnte ich mich einlassen und formulierte so etwas wie »Enge in der Brust, Herzklopfen, Druck im Magen, Zucken oder Kribbeln«.

Mit der Zeit wurde ich ruhiger, hatte das erste Mal in meinem Leben wirkliche Begegnungen mit mir selbst, weil ich mich mit meinen Schwächen zuließ. Und dennoch quälten mich die Fragen nach der Zukunft. Wie geht es beruflich weiter? Wo will ich leben? Und – nun neu sensibilisiert – an welchem Ort fühle ich mich eigentlich wohl?

Ich lebte seit 16 Jahren in Frankfurt nur wegen des Jobs. Hier hatte ich schnell Karriere gemacht. Der Flughafen in kurzer Entfernung, die Wohnung mittendrin, ein Koffer immer halb gepackt. Freundschaften gestalteten sich schwierig, weil ich beruflich so viel unterwegs war. Die Atmosphäre in der Stadt kam mir meistens kalt und berechnend vor. Dagegen liebte ich Hamburg! Großstädtisches Flair, hanseatisch-unverkrampft. Menschen, die ihre Stadt schätzen und gern hier zu Hause sind. Nur eine Autostunde entfernt die Ostsee, die ich so mag. Immer wieder hatte ich nach beruflichen Alternativen in der Stadt geschaut, viele Gespräche geführt. Es ergab sich einfach nichts.

Vier Wochen waren vorüber. Ich hatte meine letzte Einzelstunde. Unruhig plagte mich nur eine Frage: Wie geht es weiter? Denn dass ich so nicht mehr leben wollte wie bisher, war mir klar. Und so entfaltete sich in dieser letzten Stunde der wundersame Moment in meinem Leben, der alles verändern sollte. Der mich auf meinen neuen Weg brachte, weg von der Autobahn.

Die Körpertherapeutin bat mich, mir zwei Kissen zu nehmen. Ich sollte sie im Raum verteilen. Unwillkürlich und ohne nachzudenken, legte ich eines vor eine dunkel lasierte Holztür. Das andere vor das Fenster. Ich sollte ein Kissen wählen, mich direkt davorstellen, tief atmen und anschließend meine Gefühle beschreiben. Ich schritt auf jenes an der Tür zu. Und es passierte

Erstaunliches. Je näher ich kam, umso stärker begann ich zu zittern. Der Druck auf meine Brust wurde so stark, dass ich kaum atmen konnte. Kurz und stockend zog ich Luft ein. Meine Schultern neigten sich nach vorn, als wollten sie den Brustraum vor einem Angriff schützen. Ich stoppte. Der Nacken versteifte sich schmerzlich. Meine Beine hatten den starken Drang, sich wieder rückwärts zu bewegen. Mit den Augen versuchte ich, das Türschloss zu fixieren, aber sie zuckten nur nervös. Scheinbar wurde alles um mich herum dunkler und undurchsichtig. Mit dem Verstand ersann ich Möglichkeiten, wie die Tür zu öffnen sei. Das musste doch möglich sein! Mein Gefühl bäumte sich auf, ich spürte nur noch Angst und unerklärliche Beklemmung. Nahezu taumelnd wich ich zwei Schritte zurück, weil ich Abstand brauchte. Instinktiv wusste ich, dass ich vor Frankfurt stand. Vor einem Leben, das nur durch Arbeit geprägt war, Karriereambitionen und Weglaufen durch Reisen. Durch Schnelligkeit, um zu verdrängen. Und Bewegung, um nicht ruhig zu werden. Es platze aus mir heraus, dass es mir an diesem Kissen gar nicht gut gehe, ich da wegwolle. »Bewegen Sie sich doch dorthin, wo Sie sich besser fühlen!«, forderte mich die Körpertherapeutin auf.

Ich drehte mich abrupt zur Seite und dann zum Fenster. Dort lag das zweite Kissen. Wie ferngesteuert bewegte ich mich darauf zu. Als ob ich Licht sehen würde, Licht am Ende des Tunnels. Fast stand ich schon auf dem Kissen, als meinen Körper eine unglaubliche Wärme durchströmte, die mich anhalten und innehalten ließ. Mit meinen Augen nahm ich Sonnenlicht wahr. Die hochgeschossenen Malven hinter dem Fenster leuchteten rot und orange. Ich entdeckte die vollen Köpfe der Sonnenblumen, die sich leicht im Wind wiegten. Das Grün der Sträucher dazwischen. Mein Brustkorb weitete, mein Kopf hob sich. Unvermittelt spürte ich im Nacken eine angenehme Aufrichtung, die wohltuend den Rücken entspannte. In jeder Ecke meines Körpers war Luft. Das ließ mich ganz leicht werden. Jegliche Verkrampfung löste sich. Ich spürte sogar, wie mein Mund ganz von selbst ein Lächeln formte. Was fühlte ich mich unbeschwert, sorglos, wie als Kind. Ich sah die kleine Christiane vor mir, die die Hand ausstreckte und wortlos zu rufen schien: »Komm einfach, alles wird gut!« Tränen schossen aus meinen Augen. Alles floss heraus: vor allem Angst, Verletzungen, Selbstzweifel, Hirngespinste. Ich hielt nichts mehr fest. Ich musste nicht mehr die Starke, die Kontrollierte sein. Ich konnte es zulassen, zum ersten Mal in meinem Leben. Mein Körper schien den Verstand sanft umzupolen. Gefühle und Gedanken verbanden sich harmonisch. Die Einzelteile fügten sich wie von selbst zusammen. Ich war ganz eins mit mir, fühlte eine ungeahnte Kraft und Energie. Fast hätte ich die Arme gehoben, weil ich das Gefühl hatte, abheben zu können. Es gab keine geschlossenen Türen mehr für mich, nur noch Licht und Zuversicht.

Es platzte aus mir heraus: »Auch ohne Job, auch ohne Wohnung, ich ziehe nach Hamburg.« Wie lange dieser Moment gedauert hat, kann ich heute nicht mehr sagen. Aber es war für mich ein magischer Moment. Vielleicht sogar der erste in meinem Leben.

Und wie als würde dieser Moment auch später noch mein Leben beeinflussen, vielleicht auf »magische« Weise richten oder immer wieder kleine magische Momente nach sich ziehen, hatte ich, nur fünf Wochen später, einen Mietvertrag für eine Traumwohnung und einen Arbeitsvertrag für einen neuen Job in Hamburg.

Der Vollmond hat sich hinter ein paar kleinen Wolken versteckt. Ich nehme einen tiefen letzten Atemzug. Wie schön ist es hier, und so ganz anders als im letzten Jahr! Aber ich freue mich auch in ein paar Tagen nach Hause fliegen zu können, in meine neue Heimat Hamburg.

Christiane Bruszis

Praxis: Wie wir unseren magischen Momenten auf die Spur kommen

Selbstvertrauen stärken

Wie dominant jemand auftritt, wie schnell er Entscheidungen fällt oder wie immun er gegenüber Kritik erscheint, sagt in Wahrheit nichts über sein Selbstvertrauen aus. Selbstvertrauen hat übrigens auch nichts mit äußeren Werten zu tun, sondern mit den inneren. Es speist sich nämlich nicht aus einem tollen Job oder einem großen Haus, sondern aus Selbstachtung und Selbstwertgefühl. Dabei ist Selbstvertrauen nicht nur entscheidend für unsere seelische und körperliche Gesundheit, die sogenannte Ich-Stärke ist vor allem eine wichtige Voraussetzung dafür, dass wir den Mut aufbringen, möglichen Lebenswenden Raum zu geben, auch auf die Gefahr hin, dafür Altes, Gewohntes loslassen zu müssen. Psychologen nennen Selbstvertrauen das Kraftwerk der Seele, denn es bestimmt unser Lebensgefühl und unsere Beziehungen. Dabei kommt es nicht darauf an, gute Karten zu haben, sondern auch mit schlechten gut zu spielen. Wenn wir uns diesen Satz zu Herzen nehmen, geraten wir nicht so schnell in die Opferrolle, sondern versuchen aus unseren Möglichkeiten das Beste zu machen. Und genau diese Haltung stärkt unser Selbstvertrauen. Denn der selbstbewusste Mensch akzeptiert sich mit seinen Schwächen. Wer hingegen wenig Selbstvertrauen hat, kann 1. seine Schwächen nicht akzeptieren, 2. nimmt er seine Schwächen zu wichtig und 3. nimmt er Schwächen bei sich wahr, die kein anderer außer ihm selbst erkennt. Wenig Selbstvertrauen ist aber kein Schicksal, das wir hinnehmen müssen. Es liegt an uns, unser Selbstwertgefühl Tag für Tag zu stärken. Vier Wege führen hier zum Ziel.

- Akzeptanz: Wir sollten lernen, unsere Unsicherheit zu akzeptieren und uns sagen: »Ja, so ist es!« Es ist ganz normal, unsicher zu sein. Schwierig wird es nur dann, wenn wir unsere Unsicherheit mit den falschen Methoden bekämpfen, indem wir zum Beispiel andere abwerten, nur um uns besser zu fühlen, oder wenn wir uns aus Angst, Fehler zu machen, gar nicht erst auf den Weg begeben.

- Realismus: Wir sollten unsere Stärken sehen. Die meisten Menschen sind weder außergewöhnlich intelligent noch außergewöhnlich schön. Wer ein gutes Selbstwertgefühl hat, erkennt die Realität an, akzeptiert sie und läuft keinen unrealistischen Idealen hinterher. Wir müssen nicht perfekt sein, es reicht, wenn wir wir selbst sind.
- Den inneren Kritiker ausschalten: Wir sollten lernen, unseren inneren Kritiker zu ignorieren. Er ist ein ganz übler Untermieter unserer Psyche, der unser Können und Verhalten etwa wie folgt kommentiert: »Das schaffst du nie!« oder: »Bilde dir bloß nichts ein auf deinen Erfolg.« Der innere Kritiker ist eine psychologische Metapher für erworbene, oft falsche innere Überzeugungen, die uns durch frühere Bezugspersonen implementiert wurden. Wenn wir unser Selbstwertgefühl steigern wollen, müssen wir ihm den Mund verbieten.
- Außenperspektive: Wir sollten uns öfter mal von außen betrachten. Bei Veränderungsprozessen geht es im Kern darum, unsere innere psychische Programmierung zu erkennen und Abstand zu ihr zu gewinnen. So müssen Menschen mit geringem Selbstvertrauen begreifen lernen, dass sie keineswegs minderwertig, hässlich oder dumm sind, sondern dass nur ihr niedriges Selbstwertgefühl sie das glauben lässt. Das ist ihre Programmierung. Sie sollten einen Abstand zwischen ihrem mangelnden Selbstvertrauen und ihrem Verstand schaffen, sich quasi so neutral wie möglich betrachten. Erst dann können sie erkennen: Ich bin gut.

Von der Kunst loszulassen

Wenn wir das gute Neue, das sich uns in einem magischen Moment mit all seiner Fülle offenbart, annehmen und umsetzen wollen, bedeutet das häufig auch, Altes loszulassen. Loslassen ist eine Form der Anpassung an ein Ereignis oder eine Situation, sagen Psychologen. Wir akzeptieren, dass uns etwas widerfahren ist, das unsere Blickrichtung verändert hat. Doch diese Akzeptanz fällt uns oft nicht leicht. Je unsicherer wir uns fühlen und je weniger Vertrauen wir in uns und andere haben, desto mehr neigen wir zum Festhalten. Doch damit bewirken wir, dass wir nicht wach und lebendig sind und dass wir die Dinge, die zu tun sind oder die uns das Leben anbietet, nicht annehmen. Zum Loslassen gehört auch die Erkenntnis, dass ein Neubeginn kein Versagen und man selbst kein Verlierer ist. Auch die Überzeugung, es verdient zu haben, dass es uns gut geht, gehört zu der Kunst, alten Plänen den Rücken zu kehren und dem Neuen Raum zu geben. Diese Bereitschaft ist unser wichtigstes Kapital, wenn es darum geht, die Reichtümer des Lebens auszuschöpfen und den magischen Moment dafür als eine ganz besondere Chance wahrzunehmen. Doch diese Bereitschaft, dieses intuitive Wissen um eine gute Wendung im Leben hat einen starken Gegenspieler: die Schwarzmalerei. Wenn wir dazu neigen, den Teufel an die Wand zu malen, sehen wir hinter jeder Chance, die sich uns bietet, die mögliche Krise, in die uns der Mut zum Wagnis treiben könnte. Je krisenfester unsere Psyche ist, je stärker unsere seelische Widerstandskraft, desto weniger lassen wir unser Leben von dieser pessimistischen Perspektive bestimmen, desto eher trauen wir uns einen Perspektivwechsel hin zu neuen, glücksversprechenden Lebensoptionen. Für diese seelische Kraft müssen wir über drei Dinge verfügen.

1. Den Glauben an die eigene Handlungsfähigkeit: Wenn wir von unseren Fähigkeiten überzeugt sind, haben wir keine Angst vor steinigen Wegen, weil wir uns den Wechselfällen des Lebens nicht hilflos ausgeliefert fühlen. Statt in die Opferrolle zu fallen, werden wir aktiv und sind überzeugt davon, Einfluss nehmen zu können. Dabei versuchen wir nicht unbedingt, Schwierigkeiten im Alleingang zu lösen. Wer Teil eines stabilen sozialen Netzes ist, wird mit Stolpersteinen im Leben besser fertig.
2. Optimismus: Die Überzeugung, dass sich die Dinge zum Positiven wenden werden, ist die Quelle der seelischen Widerstandskraft. Dafür sollten wir den Blick auf unsere Stärken lenken. Denn nur dann können wir das Vertrauen in unsere Fähigkeiten spüren und optimistisch in die Zukunft blicken. Dabei sollten wir eine Ich-kann-Einstellung ent-

wickeln: Was auch immer auf uns zukommt, wir sind fähig und werden eine Lösung finden.

3. Gelassenheit: Wer eine sorglose Gegenwart für selbstverständlich hält, wird kommenden Problemen nicht gewachsen sein. Wenn wir uns jedoch gedanklich auf die Wechselfälle des Lebens vorbereiten und sie gelassen akzeptieren, stärken wir mit diesem vorausschauenden Krisenmanagement unsere innere Widerstandskraft. Eine Kraft, die Lust auf Neues zulässt.

Kapitel 5

Sternstunden zählen langsamer – wie magische Momente die Lebenszeit verlängern und wir Zusammenhänge neu erfassen können

Ein besonderer Abend am Küchentisch, vor etwas mehr als fünfzehn Jahren. Mein Cousin war aus einem Schweigekloster im Altmühltal zurückgekommen. Als Reporter jahrelang in Kriegsgebieten unterwegs, wollte er nun versuchen, in einem geregelten Leben Fuß zu fassen. Und dafür erst einmal schweigen. Ich stand damals mitten im Beruf, hatte ein intensives Familienleben und gute Freunde. Jede Stunde war ausgefüllt. Kaum Lücken, so mochte ich das.

Dem Abend sah ich mit gespannter Erwartung entgegen. Was wird mein Cousin zu erzählen haben? Ich sei die Erste, so hatte er am Telefon gesagt, mit der er das Schweigen brechen wolle. Irgendwie aufregend. Aber auch befremdlich. »Was hast du in den zehn Tagen gemacht? War dir nie langweilig?«, wollte ich wissen, als wir uns gegenübersaßen. »Langweilig?« Mein Cousin schaute mich nahezu belustigt an. Ich bemerkte, dass seine Augen auf eine ganz besondere Weise strahlten. Verrückt, dachte ich, das sind jetzt seine ersten Worte nach langer Zeit. Ich lauschte mich förmlich in ihn hinein.

»Du ahnst gar nicht, was ich alles erlebt habe. Ich hätte noch viel länger bleiben können!« Ich war verblüfft. Wofür? Was gab es dort zu sehen? Die erste Begebenheit, die mein Cousin mir schilderte, war der vergnügte Ausflug einer Entenfamilie auf dem Klosterteich. Voller Begeisterung erzählte er mir, wie vier kleine Enten ihrer Mutter hinterherpaddelten und die letzte in der Schlange die vorwitzigste war. Sie habe stets versucht, auf eigene Faust loszusteuern, und sich nicht um den ängstlichen Ruf der Mutter geschert. »Ich habe den Charakter der Enten studiert. Unglaublich! Da konnte ich stundenlang zusehen.« Oft habe er auch auf der Holzbrücke gestanden, über einem Bach. Was da unten alles los war! Steine in allen möglichen Farben, diese schillernden Grüntöne vom Moos und den Gräsern unter Wasser. Und die Fische erst! Bachforellen, Regenbogenforellen, einige seien am Bauch voller Punkte, andere grau und unscheinbar, das müssten wohl die Jungen gewesen sein. Ein auffallend dickes Exemplar hätte jedes Mal an der gleichen Stelle gewartet, wie eine gute Bekannte. Mein Cousin war gar nicht zu stoppen vor Begeisterung. Manche Fische seien geradezu übermütig aus dem Wasser gesprungen, erzählte er, um Fliegen oder Mücken zu jagen. Auf jeden Fall sei unten im Fluss die Hölle los gewesen. Und am Ufer auch. Auf den Wiesen! Die Vögel, die Mohnblumen, diese knallroten Tupfen auf den Feldern, die besonderen Gestalten der Kiefern und wie sich die Bäume im Wind bogen. Das reinste Bühnenspektakel! »Wirklich, die paar Tage kommen mir vor wie Wochen.«

Plötzlich war ich diejenige, die schwieg. Bis eben hatte ich mich noch für eine interessierte Naturfreundin gehalten und nicht ganz schlecht in der Beobachtung. Welche Details meinen Cousin faszinierten und mit welchem Enthusiasmus er seine Erlebnisse wiedergab, machte mich sprachlos. Kleinste Eindrücke waren für ihn plötzlich zu den allergrößten geworden, und Tage hatten sich in Wochen verwandelt. Was für eine erstaunliche Erfahrung! Was für eine Fülle!

Dieser längst vergangene Abend am Küchentisch kommt mir wieder in den Sinn, als ich dem Hirnforscher Marc Wittmann gegenübersitze. Wie kann es sein, dass sich zehn Tage wie mehrere Wochen anfühlen? Woran liegt das, frage ich ihn. »Je mehr sich unser Gedächtnis in einem bestimmten Zeitraum merken muss, umso länger empfinden wir diese Zeit«, erklärt mir der Wissenschaftler. Man denke nur an die erste Urlaubswoche, die uns an einem unbekannten Reiseziel herrlich lang vorkomme, während die zweite nur so dahinrase. An einem Ort, den wir nicht kennen, wo die Umgebung neu, die Sprache und die Gewohnheiten vielleicht anders sind, wo zahlreiche Eindrücke und Überraschungen auf uns warten, habe das Gedächtnis einen Haufen neuer Informationen zu verarbeiten. Mit der Folge, dass uns die Zeit länger erscheint. Anders als im gewohnten Alltagstrott. Da muss nichts Besonderes abgespeichert werden, und prompt vergeht die Zeit wie im Flug. »Wenn wir zu sehr in der Routine sind, kommt uns ein langer Zeitraum ganz kurz vor«, fasst Wittmann zusammen. »Dann sagen wir so etwas wie: schon wieder Weihnachten, schon wieder ein Jahr rum.«

Freche Enten, bunte Fische, Mohnblumen auf den Feldern und Kiefern im Wind: Für meinen Cousin war das in keinem einzigen Moment langweilig, sondern jeden Tag aufs Neue voller Abwechslung. Aufmerksamer als sonst betrachtete er die vielen kleinen Dinge um sich herum und staunte. So fütterte er sein Gehirn mit den unterschiedlichsten Eindrücken. Der innere Motor schaltete dabei einen Gang zurück, und auch das Zeitempfinden bremste ab. Mein Cousin konnte stundenlang den Enten hinterherschauen, ohne zu merken, wie die Zeit verging. Wie gebannt betrachtete er die Besonderheiten der Natur und des Lebens, über die wir normalerweise gedankenlos hinweggehen. Er war im Hier und Jetzt. Und empfand deshalb zehn Tage so lang wie ein paar Wochen.

Wer sich voll und ganz auf eine Situation oder eine Beobachtung einlässt, entdeckt eine neue Zeitqualität. Die innere Uhr tickt dann langsamer. Und die Zeit wird gefühlt mehr. Achtsamkeit belohnt mit neuen Eindrücken, die Zeit erscheint in der Folge länger, weil sie gut genutzt wird. Aufmerksamer durchs Leben zu gehen erlaubt dem Augenblick, sich zu entfalten. Jeder Moment, der stille, laute, kleine, große kann dann zu einem magischen Moment werden. Ich gebe zu, so habe ich das noch nie gesehen.

Mein Cousin hat das Innehalten gebraucht, um die Ruhe wiederzufinden, die er in seinem Beruf als Kriegsreporter, der für ihn wie eine einzige Gefechtslage war, verloren hatte. Doch nicht nur er, viele von uns kommen aus einer Art Gefechtslage. Sei es die Konkurrenz am Arbeitsplatz, eine schwierige Partnerschaft oder das anstrengende Zusammenspiel von Beruf und Familie. Man müsste es schaffen, auch im Alltag die Augen offenzuhalten, sich überraschen zu lassen von der Vielfalt an Impulsen, die in einem winzigen Moment stecken. Täglich Futter zu sammeln für das Gehirn und die Seele. Die Qualität der Zeit aufzuspüren, um an Lebensqualität zu gewinnen.

Wann habe ich das letzte Mal einfach nur beobachtet und, wie Marc Wittmann sagt, meine Zeit gedehnt? Im Alltag eher nicht. Leider. Eine Atlantiküberquerung fällt mir ein, die sechs Tage dauerte und sich für mich wie ein ganzer Oktober anfühlte. Ich erinnere mich noch gut an viele Schiffsgäste, die von dem endlosen Meer so gelangweilt waren, dass sie schon morgens an die Spielautomaten oder in den Wellnessbereich im Inneren des Schiffes verschwanden und erst zum Abendessen wieder auftauchten. Während ich, dick eingepackt mit Decken, Schal und Mütze, bei pfeifendem Wind viele Stunden an Deck zubrachte.

Ich konnte mich gar nicht sattsehen an dem magischen Spiel zwischen Himmel und Erde. Den hauchfeinen Übergängen zwischen Blau, Grau und Weiß, den Schwaden der Gischt und dem Glitzern der Wasserperlen, wenn sie für Minuten von der Sonne beschienen wurden. Am Nachbartisch hörte ich Bemerkungen wie »Immer nur Meer. Irgendwie doch eintöniger, als wir dachten.« Ich konnte das nicht begreifen. Für mich passierte in der unbegrenzten Weite des Ozeans jeden Tag, jede Stunde, jeden Moment etwas Magisches, Unerklärliches. Nicht nur bei Sonnenuntergängen oder traumhaften Regenbögen, die Himmel und Erde überspannten. Solche Bilder verschlugen mir schon mal den Atem. Aber auch im Nebelgrau entdeckte ich Bewegung, Veränderung, Lebendigkeit. Von wegen eintönig! Jeder Tag war ein Erlebnis. Er schien viel langsamer zu vergehen, als das Schiff fuhr. Mein Zeitgefühl hatte sich auf dem Meer völlig verändert.

Was ist das überhaupt, Zeitgefühl? Wie entsteht es? Marc Wittmann gibt mir die Frage zurück. »Wir sehen die Zeit nicht, wir hören sie nicht, nehmen sie aber trotzdem wahr. Wie ist das möglich?« Ich habe keine Ahnung. »Zeitempfinden entsteht über Körperwahrnehmung, das ist Teil meiner Forschung.« Der Wissenschaftler untersucht das Zeitbewusstsein in Floating-Tanks, bei Menschen, die in körperwarmem Salzwasser vor sich hin treiben und weder etwas hören noch etwas sehen. »Sie sind nur ganz Körper und ganz Gedanke, alles andere ist weg.« Nach Erkenntnissen von Wittmann spüren die meisten die Zeit am Anfang besonders intensiv. Viele sind ungeduldig: Was mache ich hier bloß die nächste Stunde? Allmählich verlieren sich Gedanken und Gefühle, und alles beruhigt sich. Weil sich die Grenzen des Körpers im körperwarmen Wasser auflösen und die Schwerkraft durch den Salzgehalt ausgeschaltet ist. So entsteht ein Versenkungszustand wie in der Meditation, wo es weder Raum- noch Zeitbewusstsein gibt. Die Zeit bleibt einfach stehen. Weil der Körper nicht mehr bewusst erlebt wird und die Gefühle zur Ruhe kommen, die wir über unseren Körper wahrnehmen. »Jede Emotion ist mit körperlichen Symptomen verbunden, von der Verliebtheit bis zur Angst. Wer seine Gefühle spürt, erlebt gleichzeitig seinen Körper«, erklärt Wittmann.

Man muss nicht im Floating-Tank schwimmen. Gut zu beobachten ist Zeitbewusstsein auch beim Warten, etwa an einer Bushaltestelle. Wenn der Bus nicht kommt, entsteht erst Langeweile, dann Unruhe, und man fängt an, ungeduldig auf und ab zu wandern. Marc Wittmann: »Da bin ich voll und ganz im Moment, ich spüre mich und meine Zeit.« Falls nichts Besonderes passiert, kann man sich später kaum mehr daran erinnern. Die Warterei fühlt sich im Nachhinein kurz an, obwohl man sie in dem Moment wie eine Ewigkeit erlebt hat. Hätte sich dagegen etwas Bemerkenswertes ereignet, eine interessante Unterhaltung oder jemand, der Hilfe braucht, würde man dieselbe Zeitspanne später als besonders lang wahrnehmen, obwohl sie objektiv nur kurz war.

Extrem, so höre ich, ist die Erfahrung von Zeit beim Träumen. Das kann ich nachvollziehen. Wenn der Wecker klingelt und man noch einmal einschläft, intensiv träumt, aufwacht und befürchtet, dass inzwischen Stunden vergangen sind. Dabei sind es maximal Minuten. Weil der Traum reich an Gefühlen und Geschehen war, dehnt sich die Zeit sogar im Schlaf.

Das gilt auch für den magischen Moment. »Da passiert etwas ganz Intensives, ich bin total präsent, nehme durch meine Emotionalität genau wahr und habe so viel in Erinnerung, dass der magische Moment rückblickend deutlich länger erscheint«, erklärt Marc Wittmann. Aus Sicht der Wissenschaft steht fest: »Ein intensives Leben dehnt die Zeit, Routine verkürzt sie.« Je mehr magische Momente, je mehr Wendepunkte, desto länger das Leben. Was für eine gute Nachricht! Je mehr Sternstunden, je mehr magische Momente, desto langsamer vergeht das Leben.

Zeit ist das, was ich aus ihr mache

Der Hirnforscher hält noch einen spannenden Gedanken bereit. Er sagt, dass es gar keine Zeit gebe, sondern jeder Mensch seine eigene Zeit sei. »Wir sind unsere Zeit. Die Zeit ist das, was ich aus ihr mache.« Ich muss einen Moment nachdenken, bevor ich das verstehe. Aber der Gedanke stimmt! Natürlich macht die Zeit etwas mit mir. Falten zum Beispiel, graue Haare, kleine und größere Zipperlein. Aber viel mehr mache ich doch mit meiner Zeit! Durch meine Haltung zum Leben. Durch die Bereitschaft, mich berühren zu lassen. Durch Erinnerungen und Achtsamkeit für den Moment und die Chance, mich neu zu entdecken. Dem Augenblick offen zu begegnen, in dem Veränderung möglich ist. In mir. Und außerhalb von mir. Es stimmt, ich bin vor allem meine Lebenszeit, die ich so oder so gestalten kann. Zweifelnd oder zuversichtlich, vorsichtig oder aktiv, mit dem halb leeren Glas vor Augen oder dem halb vollen. Je nachdem, wie meine Grundeinstellung ist, fülle ich die Jahre. Die Verbindung zwischen mir und meiner Zeit erscheint mir bemerkenswert logisch. Und wie eine Aufforderung zu leben.

Aber was, wenn ich das Gefühl habe, alles rast nur so an mir vorbei? Ich bin gar nicht richtig anwesend, weil ich an zu viele Dinge gleichzeitig denken muss? »Zeit-Verlust bedeutet Ich-Verlust.« Wittmann erklärt den Satz an einem Beispiel, wie ich es selbst hundertmal erlebt habe: Nach einem normalen Bürotag weiß man oft kaum, was man den ganzen Tag getan hat. Acht Stunden und mehr sind herum, und man fragt sich, womit habe ich meine Zeit heute wirklich verbracht? Telefoniert, Mails gelesen und geschrieben, mich mit Kollegen ausgetauscht, Meetings abgesessen und dabei schon an den nächsten Termin gedacht. Das Übliche eben. Eine Menge los, aber nichts zu berichten. Das, so der Hirnforscher, ist der »Ich-Verlust im Alltag«. Dann ist am

Abend zwar alles erledigt, aber ich habe nichts erlebt. Weil ich mich selbst nicht erlebt habe. Nicht im Kontakt mit mir war. In der Folge fehlt die Erinnerung an das, was an diesem Tag gewesen ist. Und am nächsten. Und übernächsten.

»Die Gefühlsdichte und die Wahrnehmungstiefe entscheiden, wie viel Zeit wir zu leben haben«, bringt es die Philosophin Natalie Knapp auf den Punkt. Bin ich nicht da, ist die Zeit auch nicht da. Wo die Zeit fehlt, fehle ich. Das ist die Wechselwirkung, die fatal sein kann oder beglückend. Je nachdem, wie ich mit meiner Zeit umgehe. Denn – wie war das noch? Ich bin meine Zeit!

Magische Momente zu erleben kann diesen »Ich-Verlust« stoppen. Dieses Rasen auf der Autobahn. Das Feststecken in Routinen und Kleben an Konzepten. Nicht mehr wahrnehmen, wer ich wirklich bin, wo ich stehe, was mir guttut. Ich habe das Thema bei mir selbst erkannt und sehe es auch bei vielen anderen.

Ina Müller über ihren magischen Moment

»Ey, wir sind Fäääåns . . . !«
High noon in London. Ein Pub, davor ein dickes Ehepaar, das Riesenportionen Fish and Chips in sich reinstopfte. Und ich dachte, Mann, ey, diese Engländer . . . fett, schmierig, Bier und Pommes, Und ne Kippe am löten, und alles mittags um zwölf. Ich grinste und schüttelte (natürlich nur im Geiste) im Vorbeigehen den Kopf, als die beiden laut riefen: »Ina? Ey, Inas Nacht? Ja klar, det isse. Ey, wir sind Fäääääns, wir gucken det immer!«
Dieser Moment hat mein Leben in puncto Vorurteile ziemlich verändert.

Aus einer Stimmung heraus kaufte ich das neue Album der Engländerin Adele. Und bin erstaunt: In dem Lied *Million Years ago* verleiht die 25-jährige Sängerin genau diesem Gefühl Ausdruck, wahrscheinlich, weil die rasante Geschwindigkeit unserer Zeit und gleichzeitig die Sehnsucht nach Sinn und Fülle längst alle Generationen erwischt hat. Adele singt:

I wish I could live a little more
Look up to the sky, not just the floor
I feel like my life is flashing by
And all I can do is watch and cry.

Bei einer Tagung zum Thema Stressmanagement schrieb ich vor Jahren einen Satz mit, der mir spontan gefiel: Wer keine Zeit hat, hat kein Leben. Klar, dachte ich, man sollte sich mehr Auszeiten nehmen für die schönen Dinge. Hobbys pflegen, mit Freunden sein, genießen und entspannen. Inzwischen weiß ich, in dem Satz steckt wesentlich mehr. Kein Leben zu haben bedeutet ja auch: nach innen dichtmachen. Sich abschotten. Unerreichbar sein für den Zauber des Moments, für einen neuen Wegweiser. Unfähig, das Herz zu öffnen und die innere Stimme zu hören. Unzugänglich für den Erfahrungsschatz, der in jedem Augenblick stecken könnte. Hinter dem eigenen Panzer kann kein Leben blühen. Da verkümmern alle Sinne.

Deswegen heißt es: Lebendigkeit wagen! Das Leben von innen nach außen spüren und von außen nach innen. Sich immer mal aus dem Trott herausbegeben und ehrlich fragen: Bin ich noch glücklich, mit der Art, wie ich lebe, mit den Menschen um mich herum, mit meiner Arbeit? Und wenn die Antwort ein Nein ist, die Richtung wechseln. Solche Fragen würden doch bedeuten, dass ich Respekt habe vor meinem Leben. Und vor meiner Zeit. Dass ich mich verantwortlich fühle dafür, wie ich mein Leben führe. Für meinen Panzer genauso wie für meine Offenheit und Lebensfreude.

Respekt vor dem Leben zu haben bedeutet, sich Fragen zu stellen

»You are the sum of your moments« – Du bist die Summe deiner Momente. So kam ich auf dieses Buch. Und auf mich. Auf Fragen, auf Erlebnisse, auf Wendepunkte. Auf die fünf magischen Momente, die mich ausmachen. Ich bin meine Lebenszeit. Und weil sie alles andere als eintönig ist, bin ich meine lange Lebenszeit! In der sich die Momente wie Perlen zu einer Kette aneinanderreihen. Größere wie kleinere im Wechsel, dazwischen fünf dicke Klunker. Das sind die magischen Momente, die mit allen anderen Momenten zusammen meine Lebenskette bilden. Alle hängen zusammen, an einem einzigen, an meinem Lebensfaden.

»Wir vergessen gern, dass jeder Moment zählt. Es kann wie eine Bedrohung erscheinen, sich daran zu erinnern«, sagt Natalie Knapp. Warum das? Werde ich nicht ständig aufgefordert, weniger zu planen, weniger zurückzuschauen, mehr auf den Moment zu achten? Lerne ich das nicht auch im Yoga? Knapp erklärt: »Wenn jeder Moment bedeutsam ist, heißt das auch, dass nichts, was wir tun, beliebig ist.« Wer den Moment schätze, müsse auch Verantwortung für sein Handeln übernehmen, und zwar in jedem Moment. Das, so die Philosophin, könne sich schon mal bedrohlich anfühlen.

Ich finde bedrohlich, dass die Zeit mit zunehmendem Alter kostbarer wird und damit auch jeder Moment. Ich werde achtsamer, ja. Aber ich sorge mich auch etwas mehr. Weniger um mich als um andere. Um meinen Mann in dem Wunsch, unsere späte Liebe möge uns beiden lange erhalten bleiben. Um meine Tochter und ihre Familie in der Hoffnung, der Alltag mit zwei kleinen

Kindern in Deutschlands angeblich entspannter und doch so herausfordernder Metropole möge allen vieren gut gelingen. Um meine hoch betagte Mutter. Ich sorge mich um Freunde, bei denen Krankheiten auftauchen und um die ersten, die plötzlich allein dastehen. Und ich suche nach Wegen, um frei zu werden von allen möglichen wie unmöglichen Zukunftsvisionen. Auch deshalb gehe ich fast täglich zum Yoga.

Auf meiner Matte zählt tatsächlich nur das Jetzt. Immer wieder bin ich erstaunt, wie schnell ich Ängste und schlechte Energien dort loswerden kann. Fast mit einem einzigen Atemzug.

Vor kurzem hat mich ein Gespräch so in Unruhe versetzt, dass ich kaum in den Schlaf fand. Ich fühlte mich am Morgen kraftlos und war nicht sicher, ob ich eineinhalb Stunden Yoga überhaupt durchhalten würde. Ziemlich angeschlagen legte ich mich auf meine Matte. Die Lehrerin hatte wie immer ein paar Worte für den Anfang der Stunde vorbereitet. Diesmal las sie vor: »Wenn du traurig bist, atme. Wenn du wütend bist, atme. Wenn das Glück wie Goldfische durch deine Adern fließt, atme.«

Für mich war das ein kleiner magischer Moment. Ich fühlte mich, als hätte mir jemand tief ins Herz geschaut und meine Gemütslage erkannt. »Atmet drei Mal bewusst ein und bewusst aus, achtet dabei auf den Kreislauf des Atems. So schafft ihr Distanz und handelt bewusst«, höre ich die Lehrerin sagen. Das Bewusstsein, dass ich ein- und ausatmen kann, traf mich wie der Blitz. Ich spürte die kalte Luft an meinen Nasenlöchern beim Einatmen, die dann als warmer Hauch wieder aus mir herausströmte. Diese winzig kleine Beobachtung, die ja jeden Tag, jede Sekunde möglich ist, hat mich urplötzlich berührt. Und ich fühlte, wie ich eine Energie entwickelte, die ich an diesem Tag nie für möglich gehalten hätte.

»In dem Moment, in dem wir berührt werden, ändert sich der Rhythmus des Erlebens«, sagt Natalie Knapp. Etwas geschieht, womit wir nicht gerechnet haben. Ganz gleich, ob man im Alltagstrubel, zwischen Kita, Waschmaschine und Büro überraschend den Duft des Flieders wahrnimmt und beschließt, am Abend einen Frühlingsspaziergang zu machen. Oder plötzlich eine weiche Kinderhand spürt und von einer Welle der Liebe erfasst wird, weil man diesen kleinen Menschen für immer beschützen möchte.

Wenn das Alltägliche als Besonderheit aufblitzt, heißt das, man hat seine festgelegte Spur für einen Moment verlassen. Für einen magischen Moment, vielleicht.

Besondere Momente sind manchmal wie vom Himmel geschickt, aber wir können aktiv die Chance vergrößern, sie zu erleben. Davon ist Marc Wittmann überzeugt. Statt alles wie immer zu machen, kann man lernen, die Aufmerksamkeit wieder auf die ganz gewöhnlichen Dinge zu richten und den Alltag neu zu erkunden. In jedem Augenblick sei es möglich, bewusst zu leben und dadurch die gefühlte Zeit zu verlängern. Beim Kochen, Aufräumen, im Gespräch könne man versuchen, den Körper genau wahrzunehmen. Spüren, wie sich unterschiedliche Gefühle in ihm ausdrücken. »Präsenz ist auch Körperbewusstsein«, so Wittmann.

Natürlich ist es möglich, jahrelang mit dem Auto zur Arbeit zu fahren, wie ferngesteuert, ohne den Weg zu beachten. Man kann aber auch zwischendurch eine andere Strecke ausprobieren oder mal die öffentlichen Verkehrsmittel nehmen. Sich bewusst vom Autopiloten befreien und auf Abwechslung einlassen. Im Alltag. Die Belohnung dafür ist ein neuer Blick auf das Gewohnte. Und mehr Erleben in der eigenen Zeit.

Wenn Marc Wittmann in sein Freiburger Institut geht, nimmt er gelegentlich den Umweg über einen historischen Friedhof. Dort betrachtet er die Natur, die Schichten der Steine, die alten Inschriften. Das dauert ein paar Minuten länger, aber die schenkt er sich ab und zu. »Ich spüre dann, dass ich anwesend bin. Lebendig. Und bin mir sogar bewusst, dass ich derjenige bin, der gerade alles betrachtet, mein bewusstes Ich.« Man könne sogar Bewusstsein für die eigene Bewusstheit entwickeln. Indem man gewissermaßen aus sich herausschaue. »Achtsamkeit ist wie ein Poet«, meint der Forscher. Ein Dichter verdichte ja die Beobachtungen, die er macht, in seiner Sprache. Gedichte zu lesen sei daher eben auch eine gute Schule für mehr Bewusstheit. Egal, auf welchem Weg man seine Aufmerksamkeit schule, entscheidend sei doch die wunderbare Erkenntnis: »Wer bewusst lebt, lebt gefühlt länger.«

Die Fähigkeit, Gewohntes immer wieder neu zu sehen, nennen Buddhisten und Zen-Übende den »Anfängergeist«. Wenn wir es schaffen, uns eine offene Haltung anzueignen, mit möglichst wenig Vorurteilen und Gedanken wie »kenne ich schon, weiß ich längst«, können wir die Qualität der Zeit, die wir auf dieser Erde verbringen, freilegen und unmittelbar erfahren. »Es gibt genügend magische Momente an jedem Tag. Jedes Lächeln eines Kindes, jedes Dankeschön, das ich bekomme«, sagt André Daiyû Steiner. Der Boden, auf dem Fülle gedeihen kann, ist innere Offenheit. Die »gemähte Wiese«, wie es der Zen-Meister ausdrückt.

Ich weiß noch, wie ich mit meinem Mann einmal quer durch Hamburg zu Fuß nach Hause ging. Wir brauchten für wenige Kilometer fast vier Stunden. Ich war so verliebt, dass ich vor Glück kaum gehen konnte. Die Welt erschien mir an diesem Abend wie eine riesengroße Wundertüte. Alles um mich herum war einzigartig. Jedem Straßencafé, jeder Häuserfassade, jedem Menschen, der mir entgegenkam, konnte ich etwas abgewinnen. Mich wundern, staunen, schauen, austauschen und dabei stehenbleiben. Immer wieder stehenbleiben. Als ob ich Eindrücke nur stehend verarbeiten könnte. Auch wenn ich nicht in einem Ausnahmezustand bin, ist das übrigens so: Ich muss Halt machen, wenn mich ein Satz, ein Bild, ein Geräusch gefangen nimmt.

Als ob sie ahnt, worüber ich gerade schreibe, ruft meine Freundin Tamara an. Sie hat sich für drei Monate nach Indien aufgemacht. Dort besucht sie eine Freundin, eine Inderin, die sie vor zwanzig Jahren zuletzt gesehen hat, und reist mit ihr durchs Land. Ein Abenteuer. Die Freundin, die Inder, das Leben – alles sei so ganz anders, als sie es in Erinnerung hatte, stand in ihren Mails. Unpünktlich, unzuverlässig, umständlich – und unglaublich liebenswert. Verrückt ist nur, dass Tamara normalerweise jeden, mit dem sie sich verabredet, großräumig warten lässt. Und jetzt? Jetzt scheint es an der Zeit, dass sie diese Erfahrung umgekehrt macht und selbst zum Warten verdonnert wird. Am Telefon platzt es nur so aus ihr heraus: »Ich lerne wirklich, was Geduld heißt. Das Leben hier verlangt etwas ganz Neues. Eine andere Dimension, weißt du. Die verändert mich. Ich kann nicht reagieren wie immer, ich muss ja auf die Mentalität der Menschen eingehen. Man darf nicht irritiert sein und bloß nicht vergleichen. Sondern muss überlegen, wie gehe ich mit der Situation um, ohne gleich ins alte europäische Verhalten zu fallen. Gestern war ich ziemlich genervt, das hatte aber mit mir zu tun. Ich versuche, nicht ungerecht zu sein. Schaue wirklich alles mit anderen Augen an, auch mich. Ich schwöre dir, an mein schönes, sauberes Zuhause verschwende ich nicht einen Gedanken. Ich war so viele Jahre auf dieser Insel. Deshalb musste ich raus. Aber ich ahnte nicht, was ich hier alles erleben würde.«

Tamara schwappte fast über vor Mitteilungsdrang. Ihr Redeschwall hätte noch Stunden gedauert, wäre die Facetime-Leitung nicht zusammengebrochen. Selten habe ich meine Freundin so voller Lebendigkeit, voller Interesse und voller Eindrücke erlebt. Das war ein Beispiel für Präsenz, für Gegenwärtigkeit, geht mir nach dem Gespräch durch den Kopf. So muss sich das anfühlen. Keine Unzufriedenheit, kein Ärger, keine Vergleiche. Meine Freundin hat das Leben so akzeptiert, wie es ist. Dort, wo sie ist.

»Wo ich bin, will ich sein.« Der Satz von Jens Corssen fällt mir ein. Er trifft nicht nur die Situation meiner Freundin haargenau. Die Umgebung so akzeptieren, wie sie ist. Und mittendrin sich selbst. Ist das eine Kunst? Eine Begabung? Ein Geschenk? Tamara im fernen Indien macht es mir jedenfalls gerade vor.

Darum geht es doch auch, wenn wir Sternstunden zählen und länger leben wollen: von sich selbst ablassen zu können und sich öffnen für andere Menschen, andere Blickwinkel, auch andere Kulturen. Das wäre gerade in der gegenwärtigen Krisenzeit eine enorme Entwicklungschance. Sich ernst nehmen, aber nicht immer wichtig. Keine Arroganz. Stattdessen: sich nützlich machen, helfen, die Hand hinhalten. Verbundenheit spüren. Auch darin entfaltet sich die Qualität der Zeit. Und die Möglichkeit, magische Momente zu entdecken. Der Psychotherapeut Jens Corssen hat vor Jahren eine Klientin auf den Münchner Marienplatz geschickt. Sie sollte sich einfach eine Zeitlang umsehen, wo und wie Menschen Hilfe brauchen. Eine ungewöhnliche, aber wie es scheint wirksame Therapie. Die Frau hat einen kleinen Jungen entdeckt, der geweint hat, weil seine Fahrradkette kaputt war. Sie konnte ihn trösten. Sie hat einer alten Dame über den Zebrastreifen geholfen und Japaner begleitet, die den Weg zum Hauptbahnhof suchten. »Nach wenigen Tagen am Marienplatz ging es meiner Klientin deutlich besser. Sie wollte keine Therapie mehr machen, sondern sich um andere kümmern«, erzählt Corssen.

Dasein für andere bringt Energie. Ich erlebe das in einem Heim für behinderte Kinder, in das ich regelmäßig zu Besuch komme. Die Lebensfreude, die dort herrscht, vor allem unter den Betreuern, beeindruckt mich jedes Mal und lässt mich verstummen. Ich werde regelrecht demütig. Meine Maßstäbe verschieben sich schlagartig, wenn ich sehe, worum es in diesem

Heim geht und über was ich mich in Hamburg manchmal aufrege. »Man kommt zu sich, indem man anderen dient. Der Weg des Seins ist der Weg des Tuns«, sagt Jens Corssen. Das ist es, was ich bei den Betreuern im Heim empfinde und in mir stärker kultivieren möchte: nicht nur die Augen offen halten, sondern auch gestalten, bewegen, verändern. Handeln. Mich mitten ins Leben stellen und spüren, was es für ein Glück ist, lebendig zu sein! Dann, so stelle ich mir vor, entstehen magische Momente ganz von allein.

Eine Freundin von mir musste fast zwei Jahre lang um das Leben ihres Partners bangen. Woche für Woche saß sie am Krankenbett, versuchte, ihm Kraft zu geben, ihn zu trösten, aufzumuntern, ihm das Gefühl zu vermitteln, dass er nicht allein ist. Inzwischen ist ihr Lebensgefährte wieder zu Hause und es geht ihm besser. Für meine Freundin ist jetzt alles anders als vorher. Nicht, weil sie erschöpft wäre oder die Anspannung sie einholt oder sie ihr eigenes Leben vermisst. Nicht deshalb. »Ich habe der Liebe auf den Grund geschaut«, sagt sie leise. Ich bekam Gänsehaut, als ich das hörte. Und bin sicher, das muss ein magischer Moment gewesen sein, in dem sie die Tiefe ihrer beider Verbundenheit erkannt hat. Bis heute kann sie nicht darüber sprechen. Das Glück, lebendig zu sein, ist ein vielschichtiges, manchmal sehr dünnhäutiges Gefühl und bestimmt nicht nur mit einem großen Jauchzer verbunden. »Seitdem ich so glücklich bin wie nie zuvor, bin ich häufiger traurig«, sagt mein Mann. Ich verstehe ihn gut.

Magische Momente sind Resonanzmomente

Mit anderen auf einer Wellenlänge sein und sich wahrgenommen fühlen. Im Wald Geborgenheit spüren oder Freiheit am Meer. Für das so beglückende wie lebenswichtige Gefühl der

Verbundenheit hat der Soziologe Hartmut Rosa den Begriff »Resonanz« geprägt und kürzlich ein Buch darüber veröffentlicht. Wir alle, so der Forscher, haben die Erfahrung der seelischen Berührung, des feinen Austausches mit der Welt, bereits erlebt. Kein Kind kann ohne Resonanz aufwachsen. Denn ohne das Zusammenspiel zwischen Eltern und Kind, ohne Reaktionen, verkümmert das Leben. Wir sind auf Resonanz angewiesen.

Magische Momente, so meine ich, sind ausschließlich Resonanzmomente. Momente, in denen sich die Seele angesprochen fühlt und den Weg zeigt, der zu gehen ist.

Barbara Schöneberger über ihren magischen Moment

Ein sehr entscheidender Moment meines Lebens war mein erster Besuch in Berlin. Damals wohnte ich noch in München und kam an das Brandenburger Tor, um live die große Silvestergala des Jahres 2000/2001 zu moderieren.

Ich war total geplättet, wie urban, gegensätzlich und anonym Berlin war. Mir erschien das wie die große weite Welt, an der ich bis dahin noch nicht teilgenommen hatte. In dem Moment, als ich die Bühne betrat und die vielen Menschen vor mir sah, die bis zum Großen Stern standen, um das neue Jahr zu feiern, war mir klar, dass das meine Stadt werden sollte. Ich hatte das Gefühl: Hier ist der Nabel der Welt! Hier passiert was! Und ich wollte unbedingt dabei sein.

Eine Woche später zog ich mit Sack und Pack nach Berlin – damals passte noch alles in einen Kombi –, und ab da begann ein neues Leben.

In einer völlig fremden Umgebung, ich kannte eigentlich niemanden, war zum ersten Mal weit weg von meinem Elternhaus und musste mich allein durchschlagen. In Berlin bin ich erst so richtig erwachsen geworden. Und ich liebe diese Stadt immer noch wie am ersten Tag (allerdings – jetzt, wo ich schon erwachsen bin – könnte ich mir auch vorstellen, wieder nach München zu ziehen)!

Warum bin ich im Herbst Richtung Ostsee gefahren und mit einem Vogelforscher über nasse Wiesen gestreift? Ich wollte den Zug der Kraniche beobachten, der Glücksvögel, wie sie genannt werden. Ein Erlebnis, das ich mir zu dem besonderen Geburtstag schenkte, an dem eine Weichenstellung in meinem Leben unmittelbar bevorstand: das Ende meiner Tätigkeit als Chefredakteurin. Ich werde nie vergessen, wie ich mich bewegungslos an einer Holzhütte versteckte, Regentropfen im Gesicht, und geduldig wartete, bis es so weit war. Irgendwann fing die Luft leise an zu summen, viele tausend Flügelschläge versetzten sie in Vibration. Das Geräusch wurde lauter. Obwohl noch nichts zu sehen war, ergriff mich eine ungeheure Aufregung. Dann die ersten Rufe aus der Luft, kein hektisches Geschnatter wie bei Gänsen, eher melodische, leicht heisere Töne, die vom Himmel kamen, als Vorboten für ein fantastisches Spektakel, das sich ereignete, als viele hundert Vögel keilförmig wenige Meter vor mir landeten.

In diesem Moment hatte ich so ein Gefühl wie: Alles wird gut. Ich darf auf mich und meine Zukunft vertrauen. Ich kann nicht erklären, warum sich diese Gewissheit und dazu ein tiefes Glück in mir ausbreitete. Es hatte mit mir und den Vögeln zu tun und dem Empfinden, dass alles um mich herum größer ist als ich, dass die Natur mich förmlich aufnimmt und einbettet. Ein irrlichternder Gedanke, als ob die Kraniche meine Seele zwischen Himmel und Erde hin- und hertragen. Ich dachte an das Gedicht *Mondnacht* von Joseph von Eichendorff, das ich so liebe und auch als Lied gern höre: »… und meine Seele spannte/ Weit ihre Flügel aus/ Flog durch die stillen Lande /Als flöge sie nach Haus.« Seit langem bewegen mich diese Zeilen und ich wünsche mir, dass sie einmal dort zu lesen sind, wo Menschen später an mich denken. Die Kraniche jedenfalls waren an diesem Tag, in diesen Stunden vor meinem Geburtstag, nicht nur meine Glücks-, sondern auch meine Seelenvögel. In diesem kleinen, magischen Moment nahe der Ostsee.

Natalie Knapp nennt ihn den »verdichteten Moment des Geheimnisvollen«. Den Moment, in dem ich etwas erkenne, und das Erkannte trotzdem ein Geheimnis bleibt. Es bleibt ein Rätsel, was die Kraniche alles in mir ausgelöst haben und warum. »Das sind diese magischen Augenblicke, in denen ich plötzlich erkenne, wie mein Leben ist. In denen ein einziger Satz mein Schicksal enthält, obwohl ich niemandem erklären kann, warum dieser Satz eine Bedeutung hat«, sagt Knapp.

Vielleicht sind es Momente, die sich dem Nachdenken entziehen und beim besten Willen nicht verstehen lassen. Momente, die unerklärlich bleiben und gerade deshalb ihren magischen Charakter haben. Wahrscheinlich muss man viel öfter den Verstand ausschalten, um größere Zusammenhänge erahnen zu können.

So wie es auch ein Geheimnis bleibt, warum ich mich heute, wie jedes Jahr im Frühling, an den ersten grünen Blattspitzen gefreut habe wie ein Kind und – wieder mal – stehengeblieben bin. Am Alsterkanal waren die ersten Boote unterwegs, das Klatschen der Ruderblätter auf dem Wasser hörte sich herrlich erfrischend an. Der Sommer kommt, frohlockte ich, zugegeben etwas früh. Es ist noch nicht einmal April. Aber die Freude war schon da. Wieder am Schreibtisch hörte ich dann in der Ferne das Geräusch eines Mopeds. Ja, kein Zweifel, draußen geht das Leben wieder los! Solche kleinen Beobachtungen schenken mir Energie und machen mich glücklich.

Natalie Knapp erzählt von einem »unglaublichen Gefühl der Lebendigkeit«, wenn sie samstags auf ihren Berliner Markt geht. Auch dann, wenn es gar nichts einzukaufen gibt. Aber ohne dieses Ritual fehlt ihr etwas Entscheidendes. Sie hat versucht zu verstehen, warum manche wiederkehrenden Eindrücke und Rituale nie eintönig oder langweilig werden. Am Morgen mit einem Kaffee entspannt in der Sonne sitzen – warum nutzt sich dieses wunderbare Gefühl nie im Leben ab? »Wahrscheinlich, weil im Wiederkehren des ewig Gleichen eine große Fülle steckt. Auch das bleibt letztlich ein Geheimnis«, meint die Philosophin.

Ich stelle fest: Jetzt, gegen Ende des Buches, taucht das Wort »Geheimnis« öfter auf. Ein Zufall? Ich glaube nicht. Eher vermute ich, dass ich dem, was ich als magisch empfinde, damit ein Stück näher komme. Dem Zauber der kleinen und großen Momente, von denen wir sagen, sie seien nicht von dieser Welt. Sie bleiben, wie der Kaffeegenuss in der Morgensonne, ein Geheimnis. Vielleicht für immer. Hoffentlich.

Ich habe versucht, mich diesen Momenten vorsichtig und eher zufällig anzunähern. Von der Biografie- bis zur Hirnforschung, von der Philosophie bis zur Psychologie, von der Theologie bis zum Zen. Für mich ist deutlich geworden: Magische Momente sind trotz aller Deutungen nicht erklärbar und auch nicht zu verstehen. Trotzdem bin ich sicher, dass sie einen Sinn in sich tragen.

Als Haltestellen und Wendepunkte, so denke ich, markieren sie wie Leuchttürme die wichtigen Stationen auf dem Weg unserer Entwicklung. Jeder Turm ein Entwicklungsschritt. »Der Gipfel der Entwicklung ist wahrscheinlich der Tod. Ich vermute, dass er noch einmal ein großes Abenteuer sein wird«, sagt die Psychologin Eva Wlodarek. Zen-Meister André Daiyû Steiner geht noch weiter. Für ihn ist das Leben ein einziges Training. »Es soll uns so weit bringen, dass wir den größten magischen Moment des Übergangs, das Sterben, mit Würde meistern.«

Wie immer man das mögliche Ende oder den Neubeginn betrachtet: Leben ist auf jeden Fall Bewegung und kein Zustand, keine feste Form. Alles ist im Fluss. Wir spüren das und stemmen uns doch oft dagegen. »Zwischen dem Festhalten des Gewohnten und dem Wagnis von etwas Neuem ist so eine Starre«, stellt Natalie Knapp fest. Genau dort, in diesem kleinen Zwischenraum, kann der magische Moment stattfinden. Er leitet eine Veränderung ein, den nächsten Schritt auf dem Lebensweg.

»Wir haben unser Leben nicht umsonst. Es geht um Entwicklung. Wenn wir darauf nicht achten, den Herausforderungen ausweichen und unsere Einstellung nicht immer wieder korrigieren, führen wir meiner Ansicht nach ein banales Leben«, meint Eva Wlodarek. Magische Momente könnten solche Korrekturen sein. Vielleicht weiß unsere innere Stimme sehr genau, wo es langgeht. Und zwingt uns zum Umkehren, sobald der Augenblick gekommen ist.

»Wir sind hier, nicht um zu sein, sondern um zu werden«, ist auch der Krisenforscher Bijan Amini überzeugt. Den Sinn eines Geschehens zu erkennen sei nicht zu jedem Zeitpunkt möglich. »Aber in dem Moment, in dem sich mir ein neuer Sinn erschließt, bin ich ein Stück reifer.« Jede Krise, so der Professor, habe eine individuelle Sinnbotschaft. Und er erzählt eine Geschichte:

Eine ältere Dame sitzt im Wartezimmer beim Arzt, und eine junge Frau kommt herein, um ihren Mantel zu holen. Sie fängt an zu weinen. Soeben hat sie erfahren, dass sie Brustkrebs hat. Alles, was sie beschäftigt, sind ihre beiden kleinen Kinder. »Was wird aus ihnen, wenn ich sterbe?«, fragt sie die ältere Dame verzweifelt. Die beiden kommen in ein langes Gespräch. Nach fast einer Stunde steht die junge Frau auf und bedankt sich. Die ältere Dame entgegnet: »Ich bin es, die Ihnen zu danken hat. Ich bin seit zehn Jahren Schmerzpatientin, ohne eine einzige schmerzfreie Minute. Die letzten sechzig Minuten habe ich überhaupt keinen Schmerz gespürt. Wissen Sie, was das bedeutet?« Die junge Frau weint jetzt vor Freude und sagt: »Das muss ich meinem Mann erzählen. Stell Dir vor, ich habe einer wunderbaren Frau eine Stunde ohne Schmerzen geschenkt.«

Die Geschichte hat mich aus mehreren Gründen berührt. Sie zeigt, dass sogar im Moment der größten Verzweiflung Chancen verborgen sind. Dass magische Momente entstehen, wenn man sich nicht abschottet, sondern aufschließt. Und sie macht deutlich, dass wir alle viel mehr miteinander verbunden sind, als uns bewusst ist.

»Ich bin Leben, das leben will, inmitten von Leben, das leben will«, hat der Menschenkenner und Menschenfreund Albert Schweitzer gesagt. Leben will leben. Was für eine geheimnisvolle Energie steckt doch in jedem Einzelnen von uns! Ohne sie können wir nicht existieren. Sie ist einzigartig und verbindet uns miteinander. Für sie riskieren Menschen alles. Sogar ihr eigenes Leben.

Der Gedanke an diese tief verwurzelte Lebenskraft macht mich ruhig. Ich bin – nur! – einer von siebeneinhalb Milliarden Menschen, die leben wollen. Was für eine tröstliche und zugleich ungeheuerliche Vorstellung. Eine unglaubliche Kraft, die da zusammenkommt! Es mag naiv sein und kurz gedacht, aber ich fühle mich geborgen von der Idee, dass etwas viel Größeres existieren könnte. Das rückt mich zurecht, gibt mir quasi einen Rahmen.

Woher die unermüdliche Lebensenergie in den Menschen kommt? Wohin sie geht? Ich weiß es nicht, das ist sicher nicht nur für mich ein Geheimnis. Aber ich weiß, dass ich es liebe, in Sommernächten auf einer Decke zu liegen und stundenlang in den Sternenhimmel zu schauen. Ich fühle mich wie aufgesogen von der Unendlichkeit und empfinde, dass ich in diesem Moment auf magische Weise teilhabe an einem großen Ganzen. Dass ich das Leben tiefer begreife als sonst. Weil das, was ich da gerade erblicke, unvorstellbar und unendlich ist. Das beruhigt und bewegt mich in gleicher Weise.

Die neueste Entdeckung, dass Gravitationswellen, die beim Verschmelzen von schwarzen Löchern im Weltall entstehen, nachweisbar sind, mag sogar für manchen skeptischen Wissenschaftler ein magischer Moment gewesen sein. Die Forschung ist der gewaltigsten aller Bewegungen, dem Urknall, nähergekommen und damit vielleicht dem Ursprung aller Energie, allen Lebens.

Könnten wir ein Teil sein dieses kosmischen Geschehens? »Das Leben, die Welt, das Universum ist so viel komplexer als alles, was wir mit unserem rationalen Verstand erfassen können«, sagt die Philosophin Natalie Knapp. Sie geht davon aus, dass wir in »verdichteten« Momenten dem Geheimnis näherkommen. Eben in den Momenten, in denen wir etwas erkennen, was trotzdem geheimnisvoll bleibt. Kinder haben damit kein Problem. Ich saß einmal mit einem vierjährigen Jungen eine Stunde auf dem Dachboden seiner Eltern, weil er mir seinen geheimen Schatz zeigen wollte. Die Zeit verging, aber ich durfte mich nicht bewegen. Das Sitzen dort oben war bereits sein Geheimnis. Das Kind hatte ein richtiges Gespür: ein Geheimnis nimmt man nicht in Augenschein. Mein Enkelsohn, auch in dem Alter, wünscht sich, über den Wolken zu wohnen, jedes Mal, wenn er aus dem Flugzeug guckt. Was zieht ihn dort wie magisch an? Die Farben? Die Weite? Die Ruhe? Erklären kann und will er das nicht. Es bleibt sein Geheimnis.

Geheimnis oder magischer Moment? Ich denke wieder an meinen Cousin, der in Thailand mit einem Filmteam ein Kloster besuchte und, als die Aufnahmen fertig waren, von dem Mönch gebeten wurde zu bleiben. Der Mann sprach kein Englisch, er machte nur Gesten. Aber er bedeutete meinem Cousin, er möge sich unter einen Baum setzen. Das Team fuhr ins Hotel, mein

Cousin folgte der Aufforderung, bis heute weiß er nicht, warum er das damals tat. Er saß unter dem Baum, der Mönch brachte Tee und ging. Nach und nach fühlte sich mein Cousin immer wohler. Er hatte überraschend Zeit und genoss den Ausblick. Irgendwann kam der Mönch wieder und setzte sich meinem Cousin gegenüber. Ohne etwas zu sagen, sah er ihm nun direkt in die Augen. In diesem Moment begann mein Cousin zu weinen. Das tat ihm so gut, dass er gar nicht aufhören konnte. Alle Anspannung floss heraus. Als keine Tränen mehr kamen, begleitete der Mönch ihn wortlos zu seinem Auto.

Das Erlebnis wird mein Cousin nie vergessen. Er glaubt, sich beim Weinen befreit und geleert zu haben, so dass sein Geist wieder geschärft war. Eine Woche später wollte er in einen Zug einsteigen, der ins Kriegsgebiet nach Kambodscha fuhr. Eine innere Stimme warnte ihn, und er stieg, einem Impuls folgend, im letzten Moment wieder aus. Der Zug ging Stunden danach bei einem Bombenattentat in die Luft. Mein Cousin ist sich heute sicher, zwischen seiner Entscheidung, den Zug zu verlassen, und der Begegnung mit dem Mönch gibt es eine Verbindung.

»Sinn entsteht, wo Zusammenhang ist.« Wieder erinnere ich mich an das Zeitungsinterview mit dem Philosophen Wilhelm Schmid. Ich denke, dass viele Begegnungen und Erfahrungen in meinem Leben miteinander in Zusammenhang stehen und irgendwie gefügt scheinen, also ganz logisch aufeinander folgen. Auch meine magischen Momente. Das Gefühl, es gibt einen roten Faden in meinem Leben, eins folgt aus dem anderen, kenne ich seit langem. Wenn irgendetwas die Reihenfolge nicht einhält und nicht klappt, sagen wir doch oft: Dann sollte es nicht sein. Umgekehrt müsste das heißen: Was gut geht, soll sein. Spüren wir da unbewusst eine Wahrheit? Gibt es irgendwo eine Art Plan?

»Wir leben in einer Zeit, die behauptet, das Erleben bestünde nur aus einer erklärbaren Dimension. Wir alle erfahren, dass es so nicht ist, gestehen uns das aber nicht ein, weil es wissenschaftlich nicht korrekt zu sein scheint«, sagt Natalie Knapp. Ich bin mit diesem Anspruch aufgewachsen. Nur, was belegbar und erklärbar ist, in ausgewählten Studien und wissenschaftlichen Veröffentlichungen von ausgewiesenen Experten, wird akzeptiert und kann Gegenstand einer Diskussion sein. Magisch? Ein Unwort. Einfach Unsinn.

Knapp spricht mir deshalb aus dem Herzen. Sie betrachtet es sogar als eine Frage der Redlichkeit, anzuerkennen, dass das Leben zentral aus nicht erklärbaren Momenten besteht und ohne sie weniger lebenswert wäre. »Das hat für mich etwas Magisches, wenn etwas mit mir in Resonanz geht und ich nicht weiß, warum und was da gerade passiert.«

Eva Wlodarek ist es ein Anliegen, das Magische, das wir in uns haben, wiederzuentdecken. »Wir besitzen es von Geburt an, aber meist wird es schon früh verschüttet. Später sind wir dann unser ganzes Leben lang damit beschäftigt, unsere Magie wiederzugewinnen und zu der Person zu werden, als die wir gedacht sind.«

Die lebendige Seele wiederfinden. Für die Theologin Ulrike Murmann bedeutet das: »Staunen, weil es doch ein Wunder ist, dass ich mich freuen kann. Dass ich Kraft in mir fühle, lieben darf, Lust am Leben habe, lachen, weinen und Mitgefühl empfinden kann. Es ist doch keine Selbstverständlichkeit, dass ich leben darf!«

Vielleicht ist auch das der Sinn eines magischen Moments: dass man sich plötzlich darüber klar wird, wie wenig im Leben selbstverständlich ist. Und wie viel ein Geschenk. Zu erleben, was die Liebe mit mir macht, wie es sich anfühlt, wenn ich in der Liebe scheitere, wenn ein Kind mir vertraut oder ein Mensch Hilfe braucht. Sich diesen Momenten zu stellen, sie auszuloten und zu verstehen.

Hinschauen und berührbar sein. Magische Momente entdecken. Von vorgefertigten Plänen ablassen und sich frei fühlen, das Ruder herumzureißen, wenn der Moment gekommen ist. Lebendigkeit spüren und Verbundenheit. Handeln. Das ist die Qualität, die unsere Zeit verlängert. Und das Leben reich, lang und sinnvoll macht. In jedem Augenblick. Von Anfang an.

»Yoga geht erst richtig los, wenn du von der Matte runter bist.« Die flapsige Bemerkung eines Lehrers ließ mich neulich aufhorchen. Wie soll denn das gehen?, fragte ich mich erstaunt. Nun ja, die Antwort ist, so stelle ich mir vor, dieses Buch.

Mein fünfter magischer Moment: *Würden Sie meiner Frau bitte die Waschräume zeigen?*

Was passiert in einem Moment, der schlagartig klarmacht, dass nichts mehr ist, wie es war? Dass kein Stein auf dem anderen bleibt und in eben dieser Sekunde, bei einem einzigen Satz, eine fundamentale Lebensveränderung stattfindet? Ein Aufbruch ins Unbekannte. Ausgelöst durch nur acht Wörter. Was passiert, wenn alles Gewohnte plötzlich weg und das Neue noch nicht da ist? Im Yoga nennt man die Sekunden zwischen Ein- und Ausatmen, diese kaum wahrnehmbare Pause, den Moment der absoluten Stille. In diesem Moment ist alles so, wie es ist. Ohne Wertung. Ohne Warum. Yogis sagen, es ist der Augenblick der Bewusstheit, der tiefen Einsicht. Und dass in diesem Moment, in der Stille zwischen zwei Atemzügen, Wunder geschehen können.

Für mich ereignet sich in den Sekunden, die ein einziger Satz dauert, mein fünfter magischer Moment.

Dabei sitze ich nicht auf meiner Yogamatte und übe Asanas. Ich fahre mit einem Mann, den ich erst kurz kenne, in einem Hotel vor, wir waren ein paar Stunden unterwegs, und ich habe gegen den Durst sehr viel Wasser getrunken. Ich bin zum zweiten Mal verheiratet, fühle mich verankert in meiner Familie und bin im Innersten meines Wesens genauso konservativ, wie ich erzogen wurde. Ich mag und verteidige Werte. *Stand by Your Man,* dieser Country-Song bedeutet mir viel, warum, weiß ich nicht. Ist es die Melodie oder der Text, der so überzeugend die Treue beschwört?

In dem Moment, als mein Leben am Hoteleingang eine unumkehrbare Wendung nimmt, als ein gewaltiger Ruck mich durchfährt und ich wie besinnungslos und doch hellwach die Stufen zu den Waschräumen heruntergehe, in diesem Augenblick bin ich mit meinem Leben rundum zufrieden. Ich bin hoch motiviert und engagiert in meiner Verantwortung und Kreativität als Chefredakteurin, ich pendele zwischen zwei wunderbaren Städten, die mich beide in ihrer Unterschiedlichkeit inspirieren. Ich bin Mutter, Stiefmutter, Großmutter und vielleicht bald Schwiegermutter. Ein nicht mehr junges, ein beschenktes Leben.

Warum braucht es nur ein paar Wochen des Kennenlernens und diesen, genau diesen Satz, um mein gut eingerichtetes Dasein fundamental auf den Kopf zu stellen? *Würden Sie meiner Frau bitte die Waschräume zeigen.* Was machen bloß diese harmlosen Wörter mit mir? Ich werde mich von meinem zweiten Ehemann trennen, denn ich reise bereits mit meinem neuen. Ein sträflicher, bisher völlig undenkbarer Gedanke schießt mir durch den Kopf. Ungläubig hänge ich ihm nach, und weiß doch in meinem tiefsten Herzen: Ja, es stimmt. Genau so ist es. Muss es sein. Ich kann nicht mehr zurück. Weder in meiner Vorstellung noch im richtigen Leben.

Was ist in mir angelegt, welcher Boden verdorrt, damit ich diesen Satz wie einen warmen Regen, wie einen abrupten Wendepunkt erleben kann, als Schlüsselmoment, der mir unerwartet eine neue Tür öffnet? Der Preis dafür ist doch erschreckend hoch. Die emotionalen Kosten sind verheerend. Die Veränderung, die da in mir aufleuchtet und blitzartig zur Gewissheit wird, wirft alle und alles um mich herum aus der Bahn. Sie zerbricht eine Familie, lässt 40 Jahre Vergangenheit in München im Stich, eine Heimatstadt und einen festen Freundeskreis, in den ich eingebettet bin. Eine Welt in Scherben. Meine Welt … aber ist es wirklich meine?

Wenig später sitze ich allein in einem Café. Ich warte auf meinen neuen Mann und habe Zeit. Zeit, die ich dringend zum Nachdenken, zum Nachspüren brauche. Ich fühle mich wie beim Yoga. Im Moment der Stille, des Nicht-Atmens. Ich versuche, mich zu beobachten. Was ist da gerade geschehen? Was kann ein einziger Satz in mir auslösen? Ein Wunder? Ich bin keine gute Abschiednehmerin. War ich nie. Das Gewohnte, das Sichere hat längst seinen festen Platz in meinem Leben eingenommen. Warum bin ich plötzlich bereit, diesen Hafen aufzugeben, anderen Leid zuzufügen, Tränen, Vorwürfe, Schuld auf mich zu laden? Ich trage Verantwortung, für mich, aber vor allem für die vielen wunderbaren Menschen, die meine engste Familie ausmachen. Ich füge nicht nur ihnen, sondern auch mir selbst einen unfassbaren Verlust zu. Schmerzen, die meine neue Liebe trüben werden. Ganz bestimmt. Darf ich das riskieren?

Warum bin ich so erstaunlich ungerührt bei diesen Gedanken? Woher diese tiefe Gewissheit in mir, dass ich alle Konsequenzen meines Handelns, egal welche, auf mich nehmen werde? Weil ich den Mann, den Menschen getroffen habe, mit dem ich zusammen sein will. Für immer. Der plötzlich alles in den Schatten stellt, was bisher war. Auch das Gute.

Komisch, ich spüre, dass ich gar keine Angst empfinde. Im Gegenteil, ich bin seelenruhig. Sollen die Dinge doch ihren Lauf nehmen, denke ich in meiner Atempause. Ich vertraue meinem

Leben, als ob es mich stets gut geleitet hätte. Hat es ja auch. Obwohl es Brüche gab und Stürze, habe ich immer wieder Halt gefunden. Bei anderen.

Auch bei mir selbst? Hatte ich je den Mut zu zeigen, wie ich wirklich bin? Weiß ich überhaupt, wer ich bin? Habe ich auch nur die geringste Ahnung von mir?

Ich sitze im Café und verfolge mich selbst. Dränge mich in die Ecke. Stelle mich meinen eigenen Fragen. Werde plötzlich bezwungen von einer wilden Sehnsucht, alle Rollen, die ich angenommen habe, um anderen zu gefallen, alle Rüstungen, die mich vor Nähe zu mir selbst wie zu anderen schützen sollen, abzulegen. Bei diesem neuen Mann. Für diesen neuen Mann. Mit mir, mit ihm, durch unser Zusammensein will ich erfahren, wer ich wirklich bin. Um nie mehr Stärke demonstrieren zu müssen, wo gar keine ist. Um nie mehr Gefühle von Schwäche und Unzulänglichkeit hinter arrogantem Gehabe zu verstecken.

Wenn ich ehrlich bin, hier in meiner Atempause, im Café unweit des Hotels: Ich mochte mich in letzter Zeit immer weniger. Meine manchmal schroffe Art, mein abgehetztes Funktionieren, meine Ungeduld. Ich glaube, viele dachten von mir, ich sei heillos egoistisch geworden und nur mit mir beschäftigt.

Genau das, glaube ich, war ich am allerwenigsten. Aber statt mich aufzuschließen, mich zu zeigen, habe ich von Erwartungen an andere und Enttäuschungen über andere gelebt. Und den Zeitmangel in meinem Leben dankbar in Kauf genommen. Es war ja immer so viel los. Termine, Verabredungen, Reisen. Ja, ich habe anderen etwas vorgespielt, aber vor allem mir selbst. Mich nach innen und außen verpanzert dichtgemacht.

Würden Sie meiner Frau bitte die Waschräume zeigen. Was genau bedeutet dieser Satz für mich? Ich bestelle mir noch eine Tasse Kaffee und überlege. Nehme den Satz, der bereits über mein Leben entschieden hat, sorgfältig auseinander. Seziere ihn. *Meiner Frau …* Ein Statement. Klingt, als ob er Besitz von mir ergreift. Ohne mich zu fragen. Mein neuer Mann hat ja auch sehr klar und bestimmt gesprochen zu dem Portier an der Hoteltür. Es war genau genommen keine Bitte, eher eine Ansage. Er ist mit dem Auto fast in die Drehtür gefahren. Ich spüre, das gefällt mir. Wenn er *meiner Freundin* gesagt hätte, die Botschaft wäre zweifellos unverbindlicher gewesen. Hätte zwar mehr der Realität entsprochen. Wäre damit aber auch nüchterner gewesen. Distanzierter. *Meine Frau* beherbergt den Gedanken an eine Zukunft. Unsere Zukunft. Klingt irgendwie fest. Unverbrüchlich. Schützend.

Ja, ich fühle mich behütet durch seine Wortwahl. Das ist es. Sie klingt nach Vertrauen. Fürsorge. Bringt plötzlich ein tiefes Gefühl von Aufgehobensein zurück, das sich wohl aus meinem alten Leben geschlichen hat. Unmerklich, doch mit der Zeit habe ich es immer mehr vermisst, dieses Gefühl. Etwas hat sich verändert. Wir, mein Ehemann und ich, haben uns beide verändert. Nicht zusammen, jeder für sich. Bis die Kluft entstand, die wir nicht wahrhaben wollten. *… die Waschräume zeigen …* eine ganz normale Sache, was um Himmels willen ist da Besonderes dran? Ich habe viel Wasser getrunken und im Auto von meiner Not gesprochen. Und er hat meine missliche Lage ernst genommen, so schnell wie möglich eine Lösung gesucht. Er hat mich ernst genommen. Mein Bedürfnis. Ich habe ihm quasi gezeigt, wie es in mir aussieht. Und er hat darauf reagiert. Einfühlsam. Klar. Respektvoll. Für mein Gefühl: männlich.

Ich nehme einen Schluck Kaffee. Der Satz ist ein Symbol, fällt mir ein. Für meinen Wunsch nach einer Liebe, die mir einen starken Arm und eine schützende Hand anbietet. Und für meinen Wunsch, mich und meine Bedürfnisse nicht verstecken zu müssen. Mich zeigen zu können. Zu dürfen. Und trotzdem bei mir zu bleiben. Für meinen Wunsch, aus tiefstem Herzen lieben zu können in einer innigen, intimen Bindung, die es mir erlaubt, vollkommen ehrlich und ganz ich selbst zu sein.

Die Sekunden, in denen mein neuer Mann diesen alles verändernden Satz spricht, sind rückblickend mein fünfter magischer Moment. Mein Leben hat noch einmal von vorn begonnen. Ich habe Vergangenes losgelassen. Die Stadt gewechselt. Heimat aufgegeben. Mich Wehmut und Traurigkeit ausgesetzt, die mich hin und wieder einholen. Und doch nie auch nur eine Sekunde an der Entscheidung gezweifelt.

Woher ich mit sechzig Jahren den Mut für diesen Schritt genommen habe, wurde ich oft gefragt. Ich habe mich nicht als mutig empfunden, damals. Mut existiert doch nur dort, wo Risiko ist, wo Gefahr droht. Beides ist in dem Moment der Stille, in der Atempause, in der Wunder geschehen, nicht aufgetaucht. Von meinem Aussichtpunkt auf mein Leben, meinem fünften magischen Moment, sehe ich keine Kreuzung, keine Weggabelung, auf der ich hätte nach rechts oder links abbiegen können. Ich konnte nur weitergehen. Das zutiefst sichere Gefühl von Liebe hat keine Alternative zugelassen.

Wenn ich diesen Moment heute doch zu meinen magischen Momenten zähle, dann deshalb, weil er alles verändert hat. Und ich mich getraut habe, ausschließlich auf mich selbst zu hören. Abzubrechen und aufzubrechen, allen Anfeindungen, allen Vorwürfen, allem Unverständnis zum Trotz niemand anderem als meiner inneren Stimme zu folgen. Um meine eigene, selbst gewählte und völlig unbekannte Zukunft zu leben, die jetzt jeden Tag die schönste Gegenwart ist, die ich mir vorstellen kann. Damit war ich tatsächlich stärker, als ich je von mir gedacht hätte. Ich lerne mich kennen durch diese Liebe, täglich ein bisschen besser. Ja, in meiner Atempause vor dem Hotel ist ein Wunder geschehen.

»Ich könnte gesund nicht glücklicher sein. Dieses Gefühl nahm mir fast den Atem.«

Ulrike Fach-Vierth, Kollegin der Autorin, blickt zurück auf ihren magischen Moment.

Zwei Jahre nachdem ich die Diagnose MS erhalten habe, sitze ich mit Dorothee beim Abendessen, und sie erzählt mir von ihrem Buchprojekt über magische Momente. Während sie ihre Idee näher erläutert, muss ich an den Moment in der Neurologischen Praxis denken, vielleicht weil er so gar nichts Magisches an sich hatte. Nach einer Lumbalpunktion wurde mir die Diagnose in aller Kürze und Sachlichkeit mitgeteilt. Der Arzt erklärte mir zudem, dass ich bei meiner chronisch schleichenden Variante außer Krankengymnastik nichts tun könne, um Einfluss auf den Verlauf der Krankheit zu nehmen.

Etwas ganz anderes sagt der amerikanische Molekularbiologe Jon Kabat-Zinn. Wie ich lese, erklärt der Professor in seiner Stress Reduction Clinic den Patienten: »Aus unserer Sicht haben Sie, solange Sie atmen, mehr gesunde als kranke Anteile in sich, egal, was alles mit Ihnen nicht stimmt. Vieles von dem, was gesund in uns ist, beachten wir entweder gar nicht, vernachlässigen wir oder nehmen es als selbstverständlich hin. Wenn wir den Blick auf die Dinge verändern, werden diese gesunden Anteile in uns durch gezielte Aufmerksamkeit mit Energie versorgt. Dadurch werden unsere Selbstheilungskräfte gestärkt, und der Weg zur Heilung ist gebahnt.« Mir leuchteten diese Gedanken viel mehr ein, als die wenig hoffnungsvolle, schulmedizinische Sicht meines Neurologen. In den vergangenen zwei Jahren habe ich deshalb immer wieder und oft vergeblich versucht, meine Krankheit mit anderen Augen zu sehen. Den gesunden Anteilen meines Körpers mehr Aufmerksamkeit zu schenken als den nicht mehr so gut funktionierenden. Seit vergangenem Sommer gelingt mir das überraschend gut.

»Ich hatte bei den magischen Momenten auch an dich gedacht. Fällt dir ein Augenblick ein, der unvergesslich geblieben ist und dein Leben verändert hat?«, fragt Dorothee. Meine Gedanken gehen erneut auf Wanderschaft, hinaus aus dem Hamburger Restaurant. Dieses Mal treibt es meine Erinnerung in den Süden, in ein kleines Dorf am Comer See, in dem ich letzten Sommer die Ferien mit meiner Familie verbrachte. Ich sehe den See vor mir mit seinem wunderbaren Wasser, das in intensiven Blautönen schimmert, dahinter die in den Himmel ragende majestätische Bergsilhouette, und ich sehe mich mit meinen Kindern und meinem Mann an einem mit weißem Tuch bedeckten Tisch auf einer Terrasse sitzen. Wir sitzen da unter wolkenlosem Himmel, der warme Abendwind streichelt unsere Haut, und wir sind erfüllt von glückseliger Gelassenheit und tiefer Lebensfreude. Ich schmecke den Wein, rieche den Duft einer typisch italienischen Küche, höre meinen Hund, wie er sich unter dem Tisch wohlig räkelt, und dann spüre ich dieses Gefühl – ganz deutlich. Ein Gefühl, das meinen ganzen Körper durchströmt, das mir fast den Atem nimmt, mich irgendwie ein wenig schwindelig macht und dem ein ganz kurzer, aber umso tiefer empfundener Gedanke folgt: Ich könnte gesund nicht glücklicher sein.

Warum war dies ein magischer Moment für mich? Weil er sich ganz besonders anfühlte? Weil er mir seit dem Abend nicht mehr aus dem Sinn gehen will? Oder weil die Wahrnehmung dieses Momentes mein Leben tatsächlich zum Besseren verändert hat, weil er so ungewöhnlich nachhallt in mir? Magisch war dieser Augenblick vor allem deshalb, weil er sich so ganz anders anfühlte als andere Momente. Schöne Augenblicke erlebte ich bis dahin oft nur im Kopf, dort saß dann auch die Erinnerung.

Ich könnte gesund nicht glücklicher sein. Diesen Gedanken, diesen magischen Moment habe ich im ganzen Körper gespürt, von Kopf bis Fuß. Er hatte eine enorme Kraft und war deutlich mehr als nur ein Gedanke. Eher ein großes, ganzheitliches Sein.

Immer wieder denke ich seitdem an Jon Kabat-Zinn. Ihm zufolge bedeutet Heilung nicht unbedingt Genesung von Krankheit. Auch wenn wir nicht gesund werden, können wir jederzeit Heilung erfahren, indem wir unsere Einstellung zu Krankheit und Schmerz verändern und lernen, das Ganze zu betrachten statt nur den Ausschnitt Krankheit. In meinem magischen Moment habe ich Heilung erfahren, da bin ich sicher, deshalb war er so groß, so einzigartig, wo ich doch eigentlich eine unheilbare Krankheit habe. An diesem Abend am Comer See konnte ich mich und mein Leben plötzlich in einem größeren Zusammenhang sehen, das veränderte schlagartig meine Einstellung. Wie wenig Aufmerksamkeit sollte der MS-Erkrankung eigentlich gebühren, wo ich doch mit so viel Glück gesegnet bin! Eine Einsicht, die mich seitdem durchs Leben trägt und viele Tränen schon im Ansatz wegzaubert, die ich noch vor diesem Sommer verzweifelt geweint hatte.

»Für mich ist es erstaunlich, welch großen Wert wir einerseits auf unser äußeres Erscheinungsbild legen, während wir andererseits das Gefühl für den Körper vollkommen verloren haben«, schreibt Jon Kabat-Zinn. »Wenn wir unsere Energie einmal darauf richten, unseren Körper wirklich zu spüren, und uns davor hüten, in das urteilende Denken über den Körper zu verfallen, kann sich unser ganzes Körpererleben und das Erleben unserer selbst in radikaler Weise verwandeln.« Tatsächlich legte ich immer großen Wert auf mein äußeres Erscheinungsbild, was nach Ausbruch meiner Krankheit und mit einer zunehmenden Gehstörung dazu führte, dass ich ständig damit beschäftigt war, mein

Auftreten und meine Wirkung aufs Härteste zu verurteilen. Blödes Bein, mieses Schlurfen, dämliches Stolpern.

Als ich am Morgen nach diesem magischen Abend im See-Restaurant mit meinem Mann und unserem Hund wieder den steinigen Strand erreiche, kommen mir zum ersten Mal keine abfälligen Urteile über meinen Gang in den Sinn. Beinahe beschwingt humple ich die Betontreppe hinunter, lächelnd lasse ich mir von meinen Mann über die Kiesel helfen, und zum ersten Mal fühle ich mich auch nicht wie eine alte Frau, als ich auf dem mitgebrachten Klappstuhl Platz nehme, weil ich vom Boden nicht mehr hochkomme. Plötzlich fühlt sich alles richtig an, zu mir gehörig, einfach in Ordnung auf eine Art. Auch als ich mich auf dem Po in den See robbe, weil ich das Gleichgewicht beim Gehen auf den Steinen verliere, schimpfe oder klage ich nicht über meine Unbeholfenheit, sondern bin erfüllt von Vorfreude auf das Schwimmen mit meinem wasserverrückten Hund. Ganz ähnlich erlebe ich den Nachmittag auf dem Markt, als ich eingehakt bei meiner Tochter langsam von Stand zu Stand gehe, jede Menge Geld für völlig unnötige Dinge ausgebe und jede Bank, an der wir vorbeikommen, zum Ausruhen nutze.

Er wirkt den ganzen Tag über nach, dieser magische Moment. Diese tief im Inneren empfundene Gewissheit, dass es mir doch trotz meiner Einschränkung so verdammt gut geht. Und durch diese Gewissheit spüre ich den Wunsch in mir, den Blick auf das Ganze für alle Zeit üben zu wollen. Denn es wird mir an diesem Tag so deutlich, wie großartig das Leben sein kann, wenn wir uns den schönen Momenten gegenüber öffnen und unser Augenmerk nicht auf das Defizit richten, auf das, was wir nicht haben. Was für eine Erleichterung zu erkennen, dass jeder Augenblick unser Lehrer sein kann – und unser Glücksbringer.

Mit diesem geweiteten Blick erlebe ich den ersten Tag seit meiner Erkrankung, an dem mich meine Einschränkung nicht verärgert, frustriert oder traurig macht, sondern an dem ich sie akzeptiere und integriere in mein ansonsten wundervolles Leben. Mir wird an diesem Tag außerdem deutlich, dass genau genommen alles, was der Körper leistet, ungewöhnlich und erstaunlich ist. Wir verwenden nur selten Zeit darauf, uns dies vor Augen zu führen. Gehen ist ein gutes Beispiel. Wer jemals in der Situation war, nicht laufen zu können, weiß, was für eine kostbare und wunderbare Fähigkeit das Gehen ist. Nicht anders ist es mit dem Sehen, Hören, Sprechen, Atmen, Denken. Mit jedem Sinneseindruck, jeder Bewegung, der wir unsere bewusste Wahrnehmung zuwenden. Alles kleine Körperwunder, die ich noch in vollen Zügen genießen darf, wenn ich denn auf sie achte. Ich beschließe, dies auch nach meinem Urlaub zu tun, meinen Perspektivwechsel, den ich durch diesen magischen Moment gewonnen habe, mit nach Hause zu nehmen und jeden Tag das gute Leben zu üben. Das ist doch die Voraussetzung für Zuversicht!

Am ersten Tag nach unserer Rückkehr bin ich auf der Hundewiese und werfe meinem Hund von einer Parkbank aus Bälle auf den Rasen, die er mit großem Eifer apportiert. Eine Gruppe von Joggern rennt an mir vorbei. Früher war ich eine leidenschaftliche Läuferin. Seit Ausbruch der Krankheit hatte ich ehrlich gesagt jedes laufende Wesen mit Neid und ziemlich miesen Gefühlen beobachtet. Dieses Mal schaue ich der laufenden Gruppe freundlich hinterher, richte dann den Blick wieder auf meinen fröhlichen Hund, der mir so viel Freude bereitet, und in dem Moment spüre ich eine wohlige Gelassenheit in mir aufsteigen.

Neulich las ich in einer Tageszeitung, die »German Angst« sei zurück. Die Deutschen blickten verunsichert in die Zukunft. Besonders pessimistisch sei die mittlere Generation, 83 Prozent dieser Befragten rechneten mit schlechteren Zeiten. Ich gehöre zu dieser Generation, und bis zu meinem magischen Moment überwog auch in meinem Leben die Angst vor der Zukunft. Sie war allgegenwärtig, weshalb es mir oft nicht möglich war, zuversichtlich nach vorne zu blicken. Wie lange würde ich noch ohne Hilfsmittel gehen können? Wie würde sich das Leben in einem Rollstuhl anfühlen? Könnte mein Mann mit einer hilfsbedürftigen Frau leben? Was würden die Kinder sagen? Wer würde sich um den Hund kümmern? Es ist der Blick auf die Welt, der alles verändert, und wer Angst hat, kann dem Guten nicht genug Gewicht geben. Das Prinzip Zuversicht jedoch ist in jeder unserer Zellen einprogrammiert, sagen Psychologen. Durch den besonderen Augenblick am See ist diese Kraft in mir wieder erwacht. Weil der Moment meinen Blickwinkel verändert hat, mich angestoßen hat, meine Perspektive zu wechseln und nicht dort mit meiner Aufmerksamkeit zu verharren, wo ich mir selbst nicht guttue.

Seit jeher gilt die Hoffnung als Triebkraft des Lebens, denn nichts beflügelt stärker als das Gefühl, vor einer guten Zukunft zu stehen. Fest daran zu glauben, dass Pläne gelingen, Vorsätze eingelöst, Probleme überwunden werden. Selbst wenn es anders kommt – und gerade dann, wenn es anders kommt. Denn ohne Zuversicht kein Aufstehen am Morgen, kein Aufbruch ins Ungewisse, kein Aufschwung – und kein magischer Moment, der wie bei mir den Weg zur Heilung bahnen kann.

Ulrike Fach-Vierth

Praxis: Wie wir unseren magischen Momenten auf die Spur kommen

Lebenszeit gewinnen

Die Zeit unseres Lebens ist nicht identisch mit dem, was die Uhren anzeigen. Denn unser Zeitempfinden gehorcht den Gesetzen der Wahrnehmung. Unsere gefühlte Zeit orientiert sich an der Menge von Informationen, die unser Gehirn in einem bestimmten Zeitraum zu verarbeiten hat. Zeiträume, in denen das Gehirn hochaktiv ist, werden als länger bewertet als Zeiten mit geringer geistiger Aktivität. Bewusste Wahrnehmung verlängert also die Zeit, denn je genauer wir hinschauen, je intensiver wir unsere Umwelt erleben, desto mehr Reize hat das Gehirn zu verarbeiten. Psychologen sprechen von Echtzeitbeobachtung. Wer die Gesetze der gefühlten Zeit versteht, kann mit ihr umgehen und gewinnt nicht weniger als wunderbare Lebenszeit, Zeit zum Werden, zum Verändern, zum Sein.

- Ein Gesetz der gefühlten Zeit lautet: Je mehr wir in der Gegenwart leben, desto mehr Zeit haben wir. Denn in unserer Erinnerung schrumpfen die Zeiten, in denen wir nicht voll im Hier und Jetzt präsent sind. Wer bei einem Spaziergang über eine Blumenwiese den Streit von gestern Revue passieren lässt, verpasst die Gegenwart. So, von uns selbst abgelenkt, werden wir die zauberhafte Blütenpracht, durch die wir gerade gehen, nicht sehen und auch keinen magischen Moment erleben können. Seien wir uns also über den Wert eines Augenblicks im Klaren und nehmen wir ihn so genau und umfassend wie möglich wahr: Sinne und Gedächtnis sind auf Empfang, und jeder Eindruck, den sie aufnehmen, bremst die Zeit, die wir empfinden.
- Die größte Zeitverschwendung überhaupt ist das sogenannte Multitasking. Denn was eigentlich Zeit sparen soll, überfordert das Gehirn und stört die Konzentration. Wichtige Informationen gehen dem Gedächtnis durch die geteilte Wahrnehmung verloren, was die vergangenen Stunden zu gefühlten Minuten schrumpfen lässt. Drosseln wir das Tempo unseres Lebens, verlangsamt sich auch der Takt der inneren

Uhr. Wir gewinnen Lebenszeit. Also eines nach dem anderen und alles zu seiner Zeit.

- Indem wir unsere eigene Wahrnehmung und Aufmerksamkeit schulen, wandelt sich auch unser Empfinden von Zeit. Kennen wir nicht alle Augenblicke, in denen die Zeit stillzustehen scheint? Diese Momente sollten wir viel häufiger bewusst wahrnehmen. Das schult unsere Aufmerksamkeit. Einfach mal innehalten, sich einlassen auf die Wunder des Lebens. Auf dem Gipfel eines Berges, angesichts der Ozeanbrandung oder im Schaffensrausch verlieren Pläne und Sorgen ihre Bedeutung. Momente, in die wir eintauchen, auf die wir uns hundertprozentig einlassen. Sie umfassen alles, was je war und sein wird – eine gefühlte Ewigkeit.

Das Geheimnis der Resonanz

Geborgenheit ist der Schlüssel zu einem glücklichen, gelingenden Leben. Sich aufgehoben fühlen, die Gewissheit haben, am richtigen Platz zu sein und menschliche Wärme zu spüren, zählt zu den größten Sehnsüchten des Menschen. Dieses beglückende und lebenswichtige Gefühl der Verbundenheit, der Resonanz, erwächst aus dem Wissen, nicht allein zu sein, und der Erfahrung, dass zwischen der Welt und den persönlichen Bedürfnissen Übereinstimmung herrscht. Wenn wir uns geborgen fühlen, sind wir in der Lage, ohne überzogene Sorgen in die Welt zu blicken und uns auf das Leben zu freuen. Dass wir es selbst in der Hand haben, diese wundersame Kraft der Resonanz zu erleben, zeigt die soziologische Forschung. Wir sollten dafür nur bereit sein, eine neue Beziehung zur Welt einzugehen, und uns die Zeit nehmen, Beziehungen unterschiedlichster Art zuzulassen. Uns von anderen Menschen, von Orten, von Musik, der Natur berühren lassen und diesen Begegnungen erlauben, etwas in uns zum Schwingen zu bringen. Wenn wir aber durch die Welt hetzen, dann kommt es zu einem Stillstand dieser Schwingungen, weil wir schnell und effizient die Dinge handhaben müssen. Die Beschleunigung unseres Lebens führt dazu, dass uns die Dinge und andere Menschen tendenziell fremd werden. Wir interagieren mit ihnen nur noch instrumentell. Diese Entfremdung ist das Gegenteil von einer Resonanzerfahrung. Wer entfremdet ist von der Welt, der erfährt sie als kalt, feindlich oder zumindest gleichgültig. Wer aber Resonanz erfährt, dem erscheint die Welt atmend, tragend, wohlwollend oder sogar gütig. Für ein gutes Leben sollten wir uns deshalb Resonanzräume sichern:

- Die meisten Menschen finden Resonanz in zwischenmenschlichen Begegnungen. Jedes Mal, wenn wir uns dafür öffnen, Beziehungen mit anderen Menschen einzugehen, erschließen wir uns Resonanzräume. Vor allem in der Liebe, dem paradigmatischen Fall einer zwischenmenschlichen Resonanzerfahrung. Eine Beziehung zwischen zwei Personen kann allerdings nur dann eine Resonanzbeziehung sein, wenn wir uns mit dem anderen in der Tiefe berühren und uns wechselseitig antworten. Wer sich jeden Tag beim Frühstück schweigend gegenübersitzt, tut das nicht.
- Die Kunst ist ein großes Resonanzfeld. Viele Menschen kennen beispielsweise überwältigende Momente des Musikerlebens, die so tief und schön sind, dass wir zu Tränen bewegt werden. Das sind Resonanzerfahrungen. Wir werden durch etwas Äußeres in unserem Innersten berührt und ergriffen, und zwar so, dass Innen und Außen eine resonierende Verbindung eingehen. Das Wundersame an der Musik ist ja, dass wir nicht genau sagen können, ob wir sie innen oder außen hören.
- Auch in der Natur erleben wir Resonanzmomente. Wenn wir in einem Wald spazieren gehen oder am Rand des Ozeans die Wellen heranrollen hören und sehen und dabei das Gefühl haben, die Welt atme und würde mit uns kommunizieren. Immer dann machen wir die Erfahrung, dass zwischen der Natur draußen und dem eigenen Inneren eine Beziehung besteht. Wir erleben ein Verbundensein mit der Welt, das tatsächlich etwas in uns zum Schwingen bringt, weil wir uns von Naturschauspielen berühren, bewegen und ergreifen lassen.

Die besonderen Momente der elf Experten

Dr. Natalie Knapp

Die Erkenntnis, dass ich von anderen nicht so gesehen werde, wie ich mich selbst wahrnehme, ist der erste magische Moment in meinem Leben, an den ich mich erinnern kann. Ein Türöffneraugenblick. Ich war sechzehn Jahre alt. Und es war, als ob jemand plötzlich das Licht einschaltet und ich etwas sehe, was ich vorher nicht sehen konnte.

Auslöser war eine Situation im Musikunterricht. Der Lehrer fragte jede Woche den Stoff der vergangenen Stunde ab. Er rief einen Schüler auf, der aber krank gewesen war. Der Lehrer vorwurfsvoll: »Sie hätten sich in der Zwischenzeit informieren können.« »Ich bin erst seit gestern wieder da«, so der Schüler. »Dann hatten Sie doch einen ganzen Tag Zeit«, gab der Lehrer zurück. Das fand ich radikal ungerecht. Ich meldete mich: »Wenn man krank ist, ist man krank. Niemand kann sich an einem Tag über alle Fächer informieren. Fragen Sie mich ab, ich weiß wahrscheinlich auch nichts, aber dann habe ich die sechs wenigstens verdient!« Darauf zischte mich der Lehrer an: »Und Sie halten jetzt den Mund! Ihre Frechheit ist an der ganzen Schule bekannt.«

Dieser Satz hat mich schockiert, weil ich mich nie so gesehen hatte. Ich fand mich gar nicht frech. Ich war nicht rebellisch, habe weder viel getrunken noch gekifft, ich war eigentlich ein ganz braves Mädchen. Ich wollte auch nicht provozieren, fand den Vorwurf des Lehrers nur eben ungerecht und wollte meine

Meinung loswerden, wie es meine Art war. Ich dachte gar nicht, dass daran etwas falsch sein könnte. Schon gar nicht, dass die Mehrheit der Lehrer offenbar schon seit längerer Zeit ein Urteil über mich gefällt hatte, das meinen eigenen Empfindungen nicht entsprach.

Ich bin nie gern in diese Schule gegangen, aber ich hätte nicht ausdrücken können, warum oder was da nicht stimmte. Von da an ging ich über den Pausenhof und stellte mir vor, dass die Lehrer mich insgeheim abschätzig betrachteten. Das war sicher übertrieben, aber in diesem Alter erscheinen Erkenntnisse absolut. In ihrer Welt war ich frech und aufmüpfig und provokativ, während ich aus meiner Perspektive versuchte, zu argumentieren und meine ehrliche Überzeugung zu vertreten. Ihre Realität war eine andere als meine.

Von diesem Moment an wusste ich, dass andere mich ganz anders wahrnehmen als ich mich selbst. Es war beunruhigend, dass ich daran nichts ändern konnte. Das hat in mir einen richtigen Knacks gegeben. Plötzlich konnte ich nicht mehr vertrauen. Was fühle ich? Was fühlen die? Was läuft hier eigentlich ab? Wie konnte das passieren? Ich habe daraufhin die Schule gewechselt.

Das war ein Schlüsselmoment für mich, weil ich begriffen habe, dass man am selben Ort leben kann, aber nicht notwendigerweise in derselben Welt ist. Man schaut die gleichen Dinge an, aber man sieht nicht dasselbe. Eine ganz zentrale Erkenntnis, die nicht nur für diesen Moment galt. Für einen Erwachsenen vielleicht eine Banalität, aber für einen jungen Menschen ist das keine banale Entdeckung. Ich denke heute dran, wenn ich zum Beispiel in der Bäckerei stehe: Wir sind hier alle in demselben Laden, aber wir kommen aus unterschiedlichen Welten. Das habe ich damals verstanden, und das hat in meinem Leben für immer etwas verändert. Ich verlor die kindliche Naivität zu glauben, dass jemand etwas sagt und der andere genau versteht, was er meint.

Ich habe damals begriffen, dass es etwas sehr Besonderes ist, wenn man im selben Moment am selben Ort wirklich dieselbe Stimmung teilt oder sich verstanden fühlt oder der andere sich verstanden fühlt. Das ist keine Selbstverständlichkeit.

Mein Körper, mein ganzer Organismus wusste übrigens schon vorher, dass mit mir an dieser Schule etwas nicht stimmte. Ich ging mit physischem Widerwillen hin. Bis dieser Moment im Musikunterricht die Erkenntnis quasi ans Licht schwemmte. In der neuen Schule fühlte ich mich nicht heimischer, aber weniger gespalten. Weil ich ja wusste, die kennen mich sowieso nicht, war mein Gefühl der Fremdheit real. Diese Einsamkeit wurde dann zu einem tragenden Element in mir, bis ich an die Universität kam, wo ich zum ersten Mal im Leben das Gefühl hatte, da sind Menschen, die betrachten die Welt auf eine ähnliche Art wie ich. Und haben Fragen ans Leben, die auch ich stelle.

Dr. Natalie Knapp studierte Literaturwissenschaften, Religionsphilosophie und Religionsgeschichte. Sie promovierte in Freiburg i. Br. über Heidegger, Derrida und Rilke. Von 2001 bis 2013 arbeitete sie als Kulturredakteurin beim SWR. Seither lebt sie als freie Autorin und philosophische Beraterin in Berlin. Sie ist Gründungsmitglied des Berufsverbandes für philosophische Praxis, Mitglied verschiedener Expertengremien, hält Vorträge und leitet Seminare. Bei Rowohlt erschienen von ihr: *Der unendliche Augenblick. Warum Zeiten der Unsicherheit so wertvoll sind* (2015), *Kompass neues Denken. Wie wir uns in einer unübersichtlichen Welt orientieren können* (2013); und *Der Quantensprung des Denkens. Was wir von der modernen Physik lernen können* (2011).
http://anders-denken-lernen.de/

André Daiyû Steiner

Es ist kurz vor Mitternacht, als bei meiner Frau Anastasia die Wehen einsetzen. In der Klinik angekommen, tut sich allerdings nicht viel. »Bewegen Sie sich, bewegen Sie sich«, rät eine Ärztin. Draußen liegt Schnee, es ist eiskalt, Spaziergänge bieten sich nicht so richtig an. So erkunden wir die Gänge aller Stockwerke. Zuerst noch im Gespräch, dann schweigend, wie in einer Gehmeditation. Wieder vergehen Stunden. Zwischendurch empfinden wir Momente der absoluten Stille und Klarheit, dann springen wieder Gedanken im Geist hin und her. »Wie lange dauert das denn noch?« »Wir sind hier zu zweit hergekommen und werden zu dritt – irgendwann wird es ja hoffentlich soweit sein – diesen Ort wieder verlassen. Und dann?« »Wie trägt man eigentlich so ein kleines Wesen?« Die Ärzte ermuntern uns: »Steigen Sie Treppen, hoch und runter und immer weitermachen.« Hundemüde ziehe ich mich irgendwann in eine Ecke zurück, während Anastasia tapfer weiter Treppen hoch und wieder runter steigt. Endlich! Die Bewegungen scheinen zu wirken, wir dürfen in den Entbindungsbereich. »Atmen Sie tief, und weiter so.« Meine Frau windet sich mehr und mehr in ihren Schmerzen und erhält eine PDA – eine rückenmarksnahe Regionalanästhesie. Die Schmerzen sind danach weg. Und wieder warten wir Stunden. Vielleicht helfen uns Mozart und Beethoven, Musik, die ich auf einem MP3-Player extra als »Geburtshilfe« und zur Beruhigung mitgebracht habe. Aber wo ist bloß unsere Ärztin? Sie hatte doch versprochen, auf jeden Fall dabei zu sein. Jetzt geht es richtig los. »Atmen Sie weiter«, beruhigt uns die Hebamme, aber wieder dauert es Stunden. »Es tut sich was«, ruft die Hebamme, »da kommt was!« Die Frauenärztin ist immer noch nicht aufgetaucht. »Da schaut schon was raus.« Jetzt bekomme ich Anweisungen. »Halten Sie das mal, jetzt atmen Sie mit Ihrer Frau zusammen, schauen Sie mal.« Diese Momente vergehen wie im

Flug – tief berührt von diesem Werden, von diesem Entstehen fühle ich mich wie in einer wunderbaren Trance. Und dann kommt das Kind, die Hebamme zieht, und es flutscht irgendwie aus der Mutter hinaus. Die Nabelschnur wird getrennt. »Ja, es ist ein Mädchen«, sage ich, völlig ergriffen von diesem Moment des unsäglichen Glücks, dem Wunder, dem Geschenk. Mir fehlen die Worte für diese Erfahrung. Xenia Aiko, unsere Tochter, ist am 28. Dezember auf die Welt gekommen. Es ist der gleiche Tag, an dem auch ich Geburtstag habe. Mit einem Lächeln im Gesicht sagt meine Frau: »Du durftest gerade dein Geschenk auspacken.«

Dieser Tag ist wie kein anderer bisher in meinem Leben. Ein Moment, der irgendwie göttlich, ja übersinnlich ist. Nach dem Reinigen, Wiegen, und Messen darf ich dieses winzige Wesen in den Arm nehmen. Und dann ist nur noch Dankbarkeit in meinem Herzen, und die Tränen fließen.

Nachtrag 1: Unsere Frauenärztin kam verspätet, weil an diesem Tag ihre Mutter gestorben ist.

Nachtrag 2:
Als Dorothee Röhrig mich bat, über einen besonderen Moment in meinem Leben zu schreiben, war die Geburt unserer Tochter das, was als Erstes hochkam. Natürlich wären auch die erste Begegnung mit meiner Frau und die vielen gemeinsamen Momente erwähnenswert. Als Zen-Lehrer hätte ich auch über Erweckungsmomente, Erlebnisse und Erfahrungen des Aufwachens in meinem Kloster in Japan berichten können oder die Glücksgefühle beim Zieleinlauf nach einem Marathon. Und über viele andere wunderbare Momente und Erlebnisse in meinem Leben. Denn eigentlich sind alle Momente, jeder Augenblick im Leben eines Menschen ein Geschenk, ein Wunder, ein Mysterium …

Sensei André Daiyû Steiner ist Zen-Lehrer, Management- und Mental-Trainer und Coach. Er hat Wirtschaftsinformatik, Wirtschafts- und Organisationspsychologie studiert und diverse Diplome in Buddhismus und positiver Psychotherapie. Über zehn Jahre war er im Management großer Konzerne tätig. Er praktiziert Zen seit über 24 Jahren und hat seine Grundausbildung bei japanischen Zen-Meistern gemacht. Heute lehrt Daiyû Steiner an Universitäten und begleitet Menschen, die am Zen-Training Interesse haben. Aktuell von ihm erschienen ist: *Business Zen: Mit Achtsamkeit zu mehr Gelassenheit in der Führung*, Wiley 2016.
http://www.imakoko.de/

Prof. Dr. Bijan Amini
Ich hatte eine sehr starke Vaterbindung, weil ich meine Mutter verlor, als ich acht Jahre alt war. Er war für mich Mutter und Vater zugleich. Als Kind kränkelte ich immer mal wieder und dann wachte mein Vater die ganze Nacht neben mir und legte seine Hand auf meinen Bauch und auf meinen Kopf, bis ich wieder gesund war. Und manchmal sagte er lächelnd: »Wenn Bijan gesund ist, bin ich selber krank.«

Ich bin nun seit 55 Jahren in Deutschland, und mein Vater kam einmal hierher, um mich zu besuchen. Das Erste, was er sagte, als ich ihn abholte, war: »Bijan, das ist das letzte Mal, ein weiteres Mal schaffe ich es nicht.« Es ist in der Tat beschwerlich für einen alten Mann, im Iran zur Passbehörde zu gehen und ein Visum zu beantragen und dann so lange im Flugzeug zu sitzen.

Nun kam mein Vater an, und das war natürlich eine große Freude, wir hatten uns Jahre nicht gesehen. Das erste Thema auf der Fahrt von Hamburg nach Kiel war der Tod. Er sprach ganz sachlich darüber.

Drei Tage später wurde er krank. Der Arzt kam und diagnostizierte eine Gürtelrose. Eine schlechte Nachricht. Das Fieber sank und stieg, man konnte nichts machen. Er hatte keinen Appetit, konnte nichts mehr essen, und ich sah, wie er vor meinen Augen in meiner Wohnung sterben würde. Was sollte ich tun? Was konnte ich tun? Nichts. »Ich habe keine Angst vor dem Tod, aber warum muss ich in der Fremde sterben?«, fragte mein Vater immer wieder. Ich bat den Arzt, irgendwie zu ermöglichen, dass er in den Iran zurückfliegen könne. Aber der meinte: »Das geht nicht, er kann ja noch nicht einmal aufstehen. Den Rückflug würde Ihr Vater nicht überleben.«

So war die Situation. Da habe ich mich zu meinem Vater gesetzt, ganz so, wie er sich damals in meiner Kindheit oft zu mir gesetzt hatte, seine Hand genommen und gesagt: »Baba, weißt du noch, wie oft ich krank war und wie oft du an meinem Bett gesessen und meine Hand gehalten hast und wie oft du mich gesund gepflegt hast?« Er lächelte müde. Und ich sagte: »Weißt du noch, wie du gesagt hast, wenn Bijan gesund ist, bin ich selber krank?« Er erinnerte sich gut und lächelte kraftlos.

Und nun kommt der Satz, den mir nur der Himmel auf die Zunge gelegt haben kann. Mein magischer Moment. »Meinst du nicht, dass ich dir etwas schulde? Meinst du nicht, dass du mir die Chance geben müsstest, dich wenigstens ein einziges Mal gesund zu pflegen? Bringst du die Kraft auf, mir das zu ermöglichen?«

Er starrte die Decke an, ich weiß nicht wie lang, es schien wie eine Ewigkeit, vielleicht war es nur eine halbe Minute, und er schien zu begreifen, was ich von ihm verlangte, nämlich am Leben zu bleiben. Und er schien zu verstehen, dass er auch das wieder für mich tun würde und nicht für sich selbst. Dass er mir half, nicht sich. Dann hob er seine Hände gegen den Himmel und dankte Gott.

Am nächsten Tag hatte mein Vater Appetit und konnte essen. Drei Tage später stellte der Arzt fest, dass er transportfähig war, kein Fieber hatte, dass er sich gut fühlte. Ich packte seinen Koffer und fuhr ihn zum Flughafen. Wir gingen zum Schalter, man hat meinem Vater sofort angesehen, dass er krank ist, und einen Rollstuhl bestellt. Den lehnte er ab. Er ging den ganzen Weg vom Abfertigungsschalter bis zum Flugzeug zu Fuß. Drei Tage vorher in der Wohnung hatte er keinen Schritt gehen können. In Teheran angekommen rief er mich sofort an und sagte: »Dreißig Jahre sind wir getrennt, aber wir waren uns noch nie so nah.« Ein Jahr später starb er dann an Altersschwäche. Entschuldigung, das war vielleicht zu persönlich. Aber Sie wollten ja etwas Persönliches hören.

Prof. Dr. Bijan Amini (veröffentlicht unter: Adl-Amini) ist emeritierter Professor für Erziehungswissenschaften. Er lehrte an der Universität Kiel. Amini ist Begründer des erziehungswissenschaftlichen Fachgebiets der Krisenpädagogik und hilft Menschen in Krisensituationen durch Beratungsgespräche und Traumdeutungen. Er war Präsident der Deutschen Gesellschaft für Logotherapie und Existenzanalyse und ist Vizepräsident der Europäischen Gesellschaft für Krisenpädagogik. Von ihm liegen zahlreiche Publikationen vor, sein dreibändiges Hauptwerk über *Krisenpädagogik* ist im Syllabus-Verlag erschienen. www.krisenpaedagogik.de

Dr. Eva Wlodarek

Ich habe mir mein Psychologie-Studium mit dem Schreiben von Texten finanziert. Deshalb ergab es sich, dass ich sofort nach meinem Diplom bei der Zeitschrift *Brigitte* als Redakteurin für das Ressort Psychologie eingestellt wurde. Ein Traumjob, trotzdem kam in mir zunehmend das Gefühl auf: Ich bin nicht am richtigen Ort. Eigentlich wollte ich doch Psychotherapeutin werden, nicht Journalistin. Eine Vorstellung von der idealen Praxis hatte ich damals auch schon: Als Studentin hatte ich an einem Seminar in einer psychotherapeutischen Gemeinschaftspraxis teilgenommen, die mir besonders gut gefiel. Ich mochte die großzügigen Räume, die Atmosphäre. Damals dachte ich begeistert, wenn du jemals eine Praxis aufmachst, müsste die genauso aussehen. Aber nun war ich Redakteurin – und gib mal etwas auf, worum dich andere beneiden, was durchaus Spaß macht, wo du gutes Geld verdienst. So dauerte es noch ein Jahr, bis ich endgültig den Entschluss fasste, meinen Redakteursjob aufzugeben. Ohne eine andere Stelle in Aussicht zu haben und in dem Bewusstsein, dass die Chancen für Psychologen schlecht standen. Ich war fest entschlossen, lieber zu hungern, als noch länger am falschen Ort zu sein. Also reichte ich meine Kündigung ein.

Am Nachmittag desselben Tages bekam ich einen Anruf – und jetzt kommt der magische Moment: aus genau der Praxis, die ich seinerzeit so wunderbar fand! Ein Kollege hatte dort spontan gekündigt. Ob ich den nun freien Raum haben und als Junior-Therapeutin einsteigen wolle? Und ich rief nur: Jaaaa! Damit fing eine neue, sehr intensive, beglückende Berufsphase an. Mein magischer Moment hat sich gezeigt, nachdem ich den Mut hatte, ins Nichts zu springen. Noch am selben Tag ging eine neue Tür auf, und das war das Beste, was mir überhaupt passieren konnte. Übrigens wurde ich dann später neben meiner Praxis für viele Jahre die beratende Psychologin der *Brigitte*.

Schon immer bin ich mit absoluter Konsequenz meiner inneren Stimme gefolgt. Wenn sie eindeutig ist, dann bin ich mutig, lasse los und gehe voran. Diese Haltung durchzieht mein ganzes Leben.

Dr. Eva Wlodarek ist Diplom-Psychologin. Sie studierte Germanistik und Philosophie, danach Psychologie, und schrieb ihre Doktorarbeit über das Thema »Glücklichsein«. Sie ist eine gefragte Referentin und Coach im Bereich Persönlichkeit und Kommunikation. Als Expertin ist sie häufig in den Medien. Ihre Ratgeberbücher zu den Themen Erfolg und Selbstvertrauen sind Bestseller und wurden in mehrere Sprachen übersetzt. Das aktuelle Buch trägt den Titel *Jeder Mensch hat Charisma. Lassen Sie Ihre Persönlichkeit leuchten*, Kösel 2016. www.wlodarek.de

Dr. Jens Corssen

Ich kannte den Mann nicht, mit dem ich im Club auf Fuerteventura vor vielen Jahren bei schlechtem Wetter ein Tennismatch spielte. Ich erinnere mich nur, dass er ständig etwas zu meckern hatte: Der Wind. Das Wetter. Das Netz. Der Club … Vor allem ärgerte er sich über sich selbst. Er schimpfte und kämpfte also gegen alles, nur nicht wirklich um Punkte.

Mein Gegner war schlecht drauf und verkrampfte sich durch sein Klagen immer mehr. Obwohl ich an sich schlechter spielte als er, gewann ich. Mein Gegner konnte nicht verstehen, warum. Wer gegen das Leben ist, macht keine Punkte, sagte ich zu ihm.

Am selben Tag, abends bei einem Glas Bier, hat er mich lange ausgefragt. Er wollte mehr über meine Gewinnerstrategie wissen. Was ich ihm über meine Selbst-Entwickler-Philosophie erzählte, schrieb er fleißig mit. Wie zum Beispiel über Unerschütterlichkeit, vom Gewinn des »inneren Spiels« und von der großen Macht der Gedanken. Dadurch wurde ihm klar: Die schlechten Wetter-Bedingungen waren für mich eine Trainingseinheit für mentale Stabilität und für ihn eine Zumutung. Durch diese Haltung hatte er sich geschwächt.

Gegen Ende unseres langen Gesprächs meinte er, dass ich unbedingt Vorträge und Seminare über die ihn so faszinierende Philosophie und Praxis des Selbst-Entwicklers halten sollte. »Das brauchen die Leute!«, meinte er. In meiner Praxis als Therapeut würde ich doch viel zu wenige mit meinen Ideen erreichen. Er habe ein Consultant-Unternehmen, kenne viele Manager, Führungskräfte und Firmen, an die er mich sehr gerne empfehlen würde. Da ich 28 Jahre lang täglich sechs bis acht Klienten hatte und mich das zunehmend erschöpfte, fielen seine Worte bei mir auf fruchtbaren Boden. Weg aus dieser Routinearbeit! Hin zu neuen Herausforderungen und Anstrengungen, zu vielen Reisen und auch zu mehr freien Tagen.

Dieses Schlechtwetter-Match, dieses Gespräch mit meinem interessierten Tennispartner, seine Begeisterung und sein seriöses Angebot führten mich innerhalb eines Jahres in ein neues, beruflich anspruchsvolles Umfeld. Für mich auch nach 15 Jahren immer noch inspirierend und ein einmaliger Glücksfall. Ein ganz besonderer Moment.

Dr. Jens Corssen ist Diplom-Psychologe, kognitiver Verhaltenstherapeut, psychologischer Berater und Autor. Als Spezialist für mentale Selbstführung (*Inner Coaching*) berät er Führungskräfte, aber auch Fußballprofis. Mit der von ihm entwickelten Philosophie und Praxis des Selbst-Entwicklers vereint er psychologische mit pragmatischen Ansätzen für Persönlichkeitsentwicklung, Veränderungsprozesse und Zielerreichung. Seit fünf Jahren coacht er nicht mehr auf Ziele hin, sondern auf gehobene Gestimmtheit. Seine jüngsten Veröffentlichungen: *Zu Gelassenheit und gehobener Gestimmtheit*, 3 CDs; *Das Corssen-Prinzip. Die vier Werkzeuge für ein friedvolles Leben*, Arkana 2016.
http://jenscorssen.com

Dr. Johanna Müller-Ebert

Ich arbeitete an einem Forschungsauftrag für interkulturelle Kommunikation und durfte dafür mehrmals nach Paris reisen. Eines Tages sah ich beim Frühstück in der Zeitung ein Foto von Fred Vargas, einer wunderbaren Autorin, die gerade am Himmel der gehobenen Krimiliteratur auftauchte. In dem Bericht war zu lesen, sie hätte in Pariser Cafés damit begonnen, ihre Kriminalromane zu schreiben. Da durchzuckte mich dieses Ja! Genau! Das will ich auch! Ein Gefühl voller Begeisterung, voller Inspiration. Warum nicht in Cafés beginnen, Bücher zu schreiben? Mein magischer Moment. Ich hatte schon als Kind gern Tagebuch geschrieben und zu Beginn der Pubertät richtig Lust bekommen, ernsthaft mit dem Schreiben anzufangen, erstmal als »Kinderbuch-Autorin« für meine Mitschülerinnen. Schreiben ist für mich seit diesem Moment verbunden mit dem Bild eines Pariser Cafés. Und bei all der Disziplin, die das Bücherschreiben erfordert, halte ich mir immer diesen genussvollen Moment und das sinnliche Ambiente vor Augen. Ich möchte eben nicht nur trockene Forschungsberichte verfassen, sondern auch etwas gestalten. Mit der Zeitungsseite und dem Bild von Fred Vargas beim Frühstück in Paris begann meine Karriere als Sachbuchautorin.

Dr. Johanna Müller-Ebert ist Diplom-Psychologin und arbeitet seit mehr als 20 Jahren als Coach und Psychotherapeutin: Sie war 15 Jahre in einem Ausbildungsinstitut für Gestalttherapie tätig, Dozentin an verschiedenen Universitäten und Coach für Entwicklung von Hochschulcurricula und Kommunikationsprozessen. In jüngerer Zeit erschienen von ihr: *Trennungskompetenz in allen Lebenslagen. Vom Loslassen, Aufhören und neu anfangen*, Kösel 2007; *Wie Neues gelingt. Die 4 Schritte zur Veränderungskompetenz*, Kösel 2014. www.dr-johanna-mueller-ebert.de

Dr. Katrin Rohnstock

Meine Eltern sind alt. Sie haben Haus und Garten, doch sie bewältigen die Arbeit nicht mehr. Sie möchten, dass ich ihnen helfe, doch wenn ich die Dinge nicht genauso mache, wie sie es vorschreiben, sind sie unzufrieden und nörgelig. Sie lassen keinen Spielraum. Das macht keinen Spaß.

Im vorletzten Jahr, als ich die Weinreben, die an der Scheunenwand hinaufklettern, zurückschnitt, haben sie ein unglaubliches Theater veranstaltet und mir vorgeworfen, ich würde ihre Gartenpracht zerstören. Im Frühjahr schlug der Wein kräftig aus. Er gab mir Recht. Im letzten Jahr waren die Rosen so hoch gewachsen, dass sie sich außerhalb des Blickfeldes in den Himmel hangelten. Ich wollte sie schneiden. Da sind meine Mutter und mein Vater fast in Ohnmacht gefallen und haben mir heftige Vorwürfe gemacht: Ihre einzige Freude im Alter! Ich würde die Pflanzen verstümmeln! Ich hätte keine Ahnung. Da fiel bei mir der Groschen. Ein magischer Augenblick, eine Erkenntnis. Plötzlich dachte ich: Jetzt bin ich dran. Jetzt muss ich das Ruder übernehmen, ich, die nächste Generation. Bis dahin war ich zurückhaltend, unsicher, dachte: Na gut, wenn die Eltern nicht loslassen, ist das ihre Sache. Und in diesem Moment, mit der Rosenschere in der Hand, kam mir die Eingebung: Ich muss mich jetzt durchsetzen. Ich schnitt die Rosen auf Augenhöhe zurück – in der Gewissheit: Wenn ich das Haus übernehmen und nicht verkaufen soll, muss ich es mir aneignen. »Was Du ererbt von deinen Vätern, erwirb es, um es zu besitzen«, heißt es in Goethes *Faust*. Das bedeutet, du musst eine Beziehung zu diesem Erbe aufbauen. Das ist nur möglich, wenn du es auch nach eigenem Gusto gestalten kannst. Das war ein besonderer Moment. Ich stehe das jetzt durch, dachte ich. Ich biete ihnen die Stirn. Es ist bitter, die eigenen Eltern in die Grenzen zu weisen. Es ist für sie ein schwieriger Lernprozess: einzusehen, dass sie nicht mehr das Sagen haben. Dass sie loslassen müssen. Das ist im ursprünglichen Sinne Emanzipation. Der Sohn emanzipiert sich vom Vater, indem er die Rolle des Vaters übernimmt.

So wurde das Schneiden der Rosen für mich zum Symbol für einen neuen Lebensabschnitt. Letzte Woche nun bekam ich eine Erkenntnis geschenkt, die dazu passt. Ich interviewte in der Oberpfalz einen Mann, der auf einem kleinen Dorf aufgewachsen, mit 71 Jahren sein stattliches Unternehmen an seinen Sohn übergeben hatte. Vater und Sohn kommen gut miteinander aus. Ich fragte ihn, wie sie das hinbekämen, und er sagte mir: »Wenn das Unternehmen übergeben ist, gilt: mithelfen ja, mitreden nein.« Er lässt seinen Sohn gewähren, unterstützt ihn, wenn er um Hilfe bittet, und hält sich ansonsten mit Rat oder mit Meinungsäußerungen völlig zurück. Wie klug.

Katrin Rohnstock ist Literaturwissenschaftlerin. In ihrem Studium beschäftigte sie sich mit autobiografischem Schreiben und hielt später an der Frankfurter Europa-Universität Viadrina darüber Vorlesungen und Seminare. 1998 kam ihr die Idee, die Lebenserinnerungen von Menschen wie »du und ich« aufzuschreiben und auf diese Weise Zeitgeschichte zu bewahren. Sie entwickelte eine spezielle Methode der Interviewführung und des lebensgeschichtlichen Schreibens, gründete die Firma Rohnstock Biografien und initiierte den Berufsstand des Autobiografikers.
Zusammen mit Lucette Ackermann hat Sie das Buch *Aus der Bahn geworfen. Über Männer, die ihr Leben verändern mussten* (Orell Füssli, 2016) verfasst.
http://www.rohnstock-biografien.de

Dr. Marc Wittmann

Ich war in einer Beziehung, auf die ich mich nicht richtig einlassen konnte. Irgendwann hatte meine Freundin genug und trennte sich von mir. Ich war weder besonders traurig darüber, noch hatte ich Sehnsucht, noch fand ich die neue Freiheit super – ich habe eigentlich gar nichts gespürt. Eher war ich wie betäubt. Gut, das ist jetzt eben vorbei, dachte ich.

Nach drei Monaten haben wir uns bei einer Party wieder getroffen. Ich wusste, dass meine Freundin auch kommen würde, war aber nicht sonderlich aufgeregt. Es war ja vorbei. Als ich vor ihr stand, erlebte ich plötzlich einen Gefühlsausbruch wie ein Vulkan. Ich war so verliebt, dass ich fürchtete, es zerreißt mich gleich. Null Kontrolle mehr über meine Emotionen. Ich schwor meiner ehemaligen Freundin ewige Liebe und ging fast auf die Knie, um von ihr erhört zu werden. Unglaublich war das. Ich wurde überschwemmt von einem noch nie gekannten Liebesempfinden. So eine emotionale Eruption hätte ich mir nie vorstellen können. Ich kannte mich selbst gar nicht mehr.

Meiner Freundin war das natürlich alles zu viel, sie wollte nicht mehr zu mir zurück. Das war unendlich bitter und hat mich mehrere Jahre beschäftigt. Der Vorfall und die Tatsache, dass ich meine Freundin nicht zurückgewinnen konnte, ließen mich einfach nicht los. Im Nachhinein war das ein magischer Moment, mit dem sich mein Gefühlsleben völlig verändert hat. Der Ausbruch hat mich im Innersten erschüttert, er hat meinen Panzer geknackt. Ich war wohl gefühlsmäßig festgefroren, verkrustet. Bis zu diesem Moment. Es dauerte wirklich lange, bis ich mich wieder gefangen und diesen Augenblick verarbeitet hatte. Ganz leise hat sich meine Gefühlswelt neu geordnet. Immer öfter traute ich mich, Emotionen zu zeigen, auch mal impulsiv zu sein, ohne gleich verrückt zu spielen. Ich bin heute viel präsenter und aufmerksamer in meiner Beziehung als früher. Dieser intensive, geheimnisvolle Moment vor vielen Jahren kommt deshalb heute meiner Frau zugute.

Marc Wittmann forscht am Institut für Grenzgebiete der Psychologie und Psychohygiene in Freiburg. Nach seinem Studium der Psychologie und Philosophie in Fribourg (Schweiz) und München promovierte und habilitierte er sich am Institut für Medizinische Psychologie der Ludwig-Maximilians-Universität München bei Prof. Ernst Pöppel. Zwischen 2004 und 2009 war er Research Fellow an der University of California San Diego. Im C.H.-Beck-Verlag sind zwei Bücher von ihm zum Thema Zeitwahrnehmung erschienen: *Gefühlte Zeit: Kleine Psychologie des Zeitempfindens* (2012) und *Wenn die Zeit stehen bleibt: Kleine Psychologie der Grenzerfahrungen* (2015).
http://sites.google.com/site/webmarcwittmann

Dr. Ulrich Bauhofer
20. November 1971. Ein Samstag. 11 Uhr 18. Der Moment, der mein Leben veränderte. Der mir eine Richtung und meine Bestimmung gab. Ich war 19, und es war der Moment, in dem sich mir eine neue, weite Bewusstseinswelt öffnete. Der Moment, in dem ich zu meditieren lernte. Ich spürte, nein, ich wusste damals sofort, dass es der bestimmende Moment meines Lebens sein würde. Und wirklich: Alles, was danach kam, entsprang aus diesem Augenblick. Mein Studium, meine experimentelle Doktorarbeit über die Wirkungen der Transzendentalen Meditation, meine Begegnung mit Maharishi, die Zeit mit ihm, mein Kontakt mit Ayurveda und meinen medizinischen Lehrern, mein Beruf und die Arbeit mit meinen Patienten, meine Vorträge und

Seminare, meine Liebe zum Leben und zu den Menschen, meine Sehnsucht nach Spiritualität. Alles, was ich über das Leben lernte, die kostbarsten Fügungen und Begegnungen, entstanden letztlich aus diesem Moment. Wenn ich daran denke, erfüllt es mich mit tiefer Dankbarkeit. Nur ein einziger Moment – der mir meinen Lebenssinn schenkte.

Dr. med. Ulrich Bauhofer ist Arzt, Bestsellerautor, Vortrags-Redner, Meditationstrainer und Experte für Stress- und Energiemanagement. Vor über 30 Jahren begann er als erster westlicher Mediziner, die ayurvedische Heilkunde in Indien von vedischen Ärzten zu lernen. Dr. Bauhofer leitete über zehn Jahre die größte Ayurveda-Klinik in Europa. Derzeit hat er eine ayurvedische Praxis in München, berät Unternehmen und Führungskräfte zu Gesundheits- und Stressmanagement und hält international Vorträge. Er ist Vorsitzender der Deutschen Gesellschaft für Ayurveda, Mitinitiator der Weimarer Visionen.
http://www.drbauhofer.de

Dr. Ulrike Murmann

Meine magischen Momente sind ganz klar die Geburten meiner Kinder. Der Augenblick, in dem ich unseren kleinen Säugling im Arm hielt und ein so unbeschreibliches Glück empfand. Dreimal durfte ich dieses Wunder erleben. Mein Staunen und meine große Dankbarkeit darüber mündeten in dem Satz: Gott sei Dank! Ich danke dir, Gott, dass dieser Mensch auf die Erde gekommen ist. Natürlich habe ich auch meinem Mann gedankt und der Hebamme und dem Gynäkologen, aber das reichte nicht. Ich habe Stunden vor Glück geweint und auf diesen kleinen Wurm geschaut und gedacht, was ist das Leben doch für ein Wunder. Das zu erleben ist die Fülle. Deswegen ist es für mich als Christin so wichtig, dass wir die Taufe feiern. In diesem Ritual bringen die Eltern, Familie und Freunde ihren Dank vor Gott und bitten ihn um seinen Segen. Der Täufling wird dann mit Wasser gesegnet, wir legen ihm die Hände auf und sprechen aus, was wir uns für ihn wünschen. Ja, eine glückliche Geburt stellt wirklich alles in den Schatten.

Dr. Ulrike Murmann ist Pröpstin und Hauptpastorin der Hauptkirche St. Katharinen in Hamburg. Damit ist sie nach 133 männlichen Hauptpastoren die erste Frau im Amt einer Hauptpastorin. In dieser Funktion engagiert sie sich für die Sanierung ihrer Kirche, für Diskurse und Kulturangebote und für die Entwicklung kirchlichen Lebens in der Stadt. Als Pröpstin obliegt ihr der leitende geistliche Dienst für 19 Gemeinden von St. Pauli bis Geesthacht. Ulrike Murmann stammt aus Kiel, studierte evangelische Theologie in München, Tübingen und Hamburg, ist verheiratet und hat drei Kinder.

Prof. Dr. Andreas Hamburger

Ich war jahrelang zerrissen, ob ich die Ehe mit meiner ersten Frau fortsetzen solle oder nicht. Sie war eine große Liebe gewesen, einmal, und wir haben zwei Kinder, daher fühlte ich mich gebunden und auch verpflichtet. Aber im Grunde sah ich keinen Weg mehr. Mit einem Freund reiste ich nach Nepal. In Katmandu stand ich auf einer Brücke über einem trüben Rinnsal. Tote Hunde lagen darin und Schweine und Kinder spielten in diesem maßlosen Dreck. Es war nicht zum Ansehen. Ich war kurz davor herunterzulaufen und die Mädchen und Jungen aus dieser üblen Brühe zu ziehen. Dann der Gedanke: Wenn ich die Kinder spielen lasse, wissend, dass sie sich eine grässliche Infektion einhandeln, dulde ich zwar, dass sie Schaden erleiden. Aber ich kann es gleichzeitig gar nicht verhindern. Denn es hat keinen Sinn, die Kinder da herauszuholen, sie laufen gleich wieder zu diesem Rinnsal. Ich begriff: Es ist sinnlos, in das Leben anderer einzugreifen, die in ihrem Leben sind. In dieser Sekunde über der Brücke war mir, als ginge im Grunde alles. Als sei ein Schritt in jede Richtung möglich. Es war ein Moment voller Ohnmacht und gleichzeitig voller Handlungsfreiheit.

In dieser Sekunde konnte ich zum ersten Mal bewusst denken: Du kannst dich trennen. Vorher war das nicht wirklich möglich. Beim Anblick dieses aussichtslosen Elends blitzte der Gedanke auf: Wie auch immer du dich in deiner Ehe entscheidest, du wirst jemanden verletzen. Deine Frau oder die Kinder oder dich selbst oder jemand anderen. Mir ging ein Satz von Walter Benjamin durch den Kopf: »Schicksal ist der Schuldzusammenhang des Lebendigen.« Wenn man lebt, kann man nicht anders, als schuldig werden.

Nach der Reise habe ich mich tatsächlich getrennt. Heute, Jahre nach der Scheidung, sind übrigens alle Familienmitglieder glücklich, allen geht es besser als vorher. Die Entscheidung war also richtig. Ich war nur zu feige, sie zu denken. Dafür brauchte es den Moment und die Assoziation auf der Brücke.

Prof. Dr. Andreas Hamburger lehrt Psychologie an der International Psychoanalytic University in Berlin und arbeitet als Psychoanalytiker (DPG), Lehranalytiker und Supervisor der Akademie für Psychoanalyse und Psychotherapie in München. Er forschte u.a. zu den vorsprachlichen Rhythmen der Mutter-Kind-Beziehung. Zuletzt veröffentlichte er als Herausgeber *Frauen- und Männerbilder im Kino. Genderkonstruktionen in »La Belle et la Bête« von Jean Cocteau*, Psychosozial-Verlag 2015, sowie zusammen mit Eckhard Frick *Freuds Religionskritik und der »Spiritual Turn«. Ein Dialog zwischen Philosophie und Psychoanalyse*, Kohlhammer 2015.

Christian Schoppe

Im Kalender entdeckte ich freie Tage. Ohne nachzudenken, buchte ich einen Flug nach Irland. Das erste Mal fuhr ich alleine in den Urlaub. Das ist sehr lange her. In Dublin angekommen fuhr ich mit dem Auto in Richtung Westküste. Mein vages Ziel war die Küstenstadt Clifden. Aber wie, auf welchem Weg? Keine Ahnung. Und dann stand ich an einer dieser zahllosen Kreuzungen mit diesen Brücken und Felsen, unten das Wasser und oben die Berge. Aber keine Wegweiser, weit und breit kein einziges Schild.

Früher hätte ich mit meiner Begleitung gemeinsam überlegt, in welche Richtung wir fahren: rechts, links, geradeaus. Jetzt dachte ich: Verdammt, du entscheidest in diesem Moment für dich allein, in welche Richtung du abbiegst. Du kannst hinfahren, wo du willst, und wirst immer irgendwo ankommen.

Am frühen Morgen entschied ich mich für eine Richtung und bog in eine Straße ein, auf der ich nicht mehr abbiegen konnte: die Sky Road. Die führt geradeaus in den Himmel, und tief unten befinden sich die unendlichen Weiten des Atlantiks. In dieser einsamen Weite traf ich auf eine versponnene Irin, die an der höchsten Stelle ihr Auto geparkt hatte und ein Kissen im Arm hielt, auf dem gestickt stand: Es gibt viele Sonnenaufgänge.

Wir leben immer nach Regeln und Vorschriften. Auch wenn uns das nicht bewusst ist, lösen wir ständig irgendetwas ein. An so einer Kreuzung schaut dich plötzlich etwas völlig Fremdes an. Und du hast das Gefühl: Ja, ich darf mich verlieben, in alles, was ich will. Es ist meine Freiheit.

Dafür steht dieser Moment. Seitdem falle ich nicht mehr auf Schilder rein.

Christian Schoppe ist einer der bekanntesten deutschen Fotografen. Er fotografierte Künstler wie Paul McCarthy oder Jeff Koons und Schauspieler wie Maria Furtwängler, Daniel Brühl, Til Schweiger und Loriot. Internationale Größen wie Philipp Starck, Alanis Morissette und die Red Hot Chili Peppers ließen sich ebenso von ihm ablichten wie Steffi Graf, Franz Beckenbauer und Uli Hoeneß. Seine Arbeiten finden sich u.a. in: Stern, Zeit Magazin, Weltkunst, Art, Vogue, Elle, Gala, F.A.Z., Time Magazin, SZ, Spiegel. Seit 2010 filmt und fotografiert Schoppe Art-Projekte für Louis Vuitton und Reportagen im Dior-Atelier.
www.christianschoppe.com

Dank

Was wäre ein Buch ohne seine Leserinnen und Leser! Daher bedanke ich mich zuerst bei Ihnen, die Sie ein Exemplar zur Hand genommen, darin geblättert und vielleicht für einen Moment Gefallen an dem Thema gefunden haben.

Ich bedanke mich ferner bei allen, die mir Mut machten und mich darin unterstützten, dieses Buch zu schreiben. Mein Dank gilt insbesondere dem Verlagsleiter Ulrich Ehrlenspiel, der mir vertraute und die Chance eines Erstlingswerkes schenkte.

Caroline Colsman, meiner Lektorin im Verlag, danke ich für ihre klugen Anmerkungen und die Telefonseelsorge in einsamen Schreibtisch-Momenten. Bei Anne Nordmann bedanke ich mich für das aufmerksame Lektorat, für große Einfühlsamkeit und ihre Freude an der gemeinsamen Wellenlänge.

Sehr herzlich danke ich allen Experten, die sich für meine Fragen viel Zeit genommen und mir im Gespräch engagiert und wohlgesonnen Auskunft gegeben haben. Ohne den inspirierenden Austausch mit so wunderbaren Menschen wie Bijan Amini, Ulrich Bauhofer, Jens Corssen, Andreas Hamburger, Natalie Knapp, Johanna Müller-Ebert, Ulrike Murmann, Katrin Rohnstock, André Daiyû Steiner, Marc Wittmann und Eva Wlodarek hätte das Buch so nicht entstehen können.

Den prominenten Persönlichkeiten, über die ohnehin viel geschrieben wird, bin ich ganz besonders dankbar, dass sie mir ihren unvergesslichen Moment im Leben anvertraut haben. Sabine Christiansen, Ina Müller, Cornelia Poletto, Bärbel Schäfer, Barbara Schöneberger und Dennenesch Zoudé begeisterten mich schon als Chefredakteurin. Michaela May und Marianne Sägebrecht lernte ich kennen und schätzen, als ich an dem Buch arbeitete. Allen danke ich von Herzen für ihr offenes Ohr und die persönlichen Zeilen.

Mein Dank gilt auch meinem Freund, dem Fotografen Christian Schoppe. Mit viel Geduld und feinem Gespür holte er mit seiner Kamera das Bestmögliche aus mir heraus.

Meiner lieben Kollegin Ulrike Fach danke ich für ihren berührenden Beitrag im Buch sowie für das sorgfältige Ausarbeiten der praktischen Übungen.

Meiner Freundin Christiane Bruszis danke ich für ihren Mut, einen so intimen wie sensiblen und lehrreichen Text öffentlich zu machen.

Meiner Patentochter danke ich für unsere Nähe und ihren offenen Geist, nicht nur im Interview.

Tamara Waeger, best friend seit Jahrzehnten, bin ich zutiefst dankbar. Für ihre Antworten, Anregungen und die schonungslose Ehrlichkeit, die unsere Freundschaft ausmacht. Danke, Tamara.

Johannes von Dohnanyi danke ich für das feste Band, das seit unserer Kindheit besteht und nie reißen möge. Gemeinsam mit seiner Martina stärkt er mir den Rücken, nicht nur beim Schreiben.

Bei meiner früheren Kollegin und heutigen Freundin Julia Möhn bedanke ich mich für kostbares »Plankton«, für Loyalität und ein großes Herz, auch beim Mitlesen.

Ich danke Tijab und Noi von der Chockdee-Thaimassage für die richtigen Griffe im richtigen Moment.

Ich danke meinen wunderbaren Yogalehrerinnen Elke Diefenbach, Petra Algier und Anna Rech. Alle drei haben mich ein Stück weit durch die Buchseiten getragen. Und mich immer wieder mit mir selbst verbunden.

Mein ganz besonderer Dank geht an Susanne Trebitsch, Andrea Florschütz und Inge Nijhuis, an meine Hamburger »Fuertas«. Ohne euch kein Lachen und kein Zähneklappern. Ohne euch kein Buch.

Der Dank an meinen Mann Hubertus und meine Tochter Sophie ist ohne Worte.

Literaturverzeichnis

Borwin Bandelow: *Das Angstbuch. Woher Ängste kommen und wie man sie bekämpfen kann*, Rowohlt, Reinbek 2004.

Susanne Hofmeister: *Wo stehe ich und wo geht's hin? Wie Sie den roten Faden im Leben finden*, Gräfe und Unzer, München 2014.

Jon Kabat-Zinn: *Gesund durch Meditation. Das große Buch der Selbstheilung*, O.W. Barth, München 2001.

Jon Kabat-Zinn: *Jeder Augenblick kann dein Lehrer sein. 100 Momente der Achtsamkeit*, O.W. Barth, München 2010.

Stefan Klein: *Alles Zufall. Die Kraft, die unser Leben bestimmt*, Rowohlt, Reinbek 2004.

Stefan Klein: *Zeit. Der Stoff, aus dem das Leben ist*, S. Fischer, Frankfurt 2006.

Hans J. Markowitsch: *Die Kraft der Erinnerung*, (Interview) in: *Myway*, Ausgabe 11/2014.

Cees Noteboom: *Rituale*, Suhrkamp, Berlin 1995.

Hartmut Rosa: *Resonanz. Eine Soziologie der Weltbeziehung*, Suhrkamp, Berlin 2016.

Wilhelm Schmid: *Wer liebt, ist besonders kreativ*, (Interview) in: Die Zeit, Ausgabe 13.05 2015.

Werner Siefer: *Der Erzählinstinkt*, Hanser, München 2015.

Stefanie Stahl: *Leben kann auch einfach sein: So stärken Sie Ihr Selbstwertgefühl*, Ellert & Richter, Hamburg 2015.